KB130178

채널을
돌리다가

채널을 돌리다가

SF 보는법, 읽는법, 만드는법

곽재식 에세이

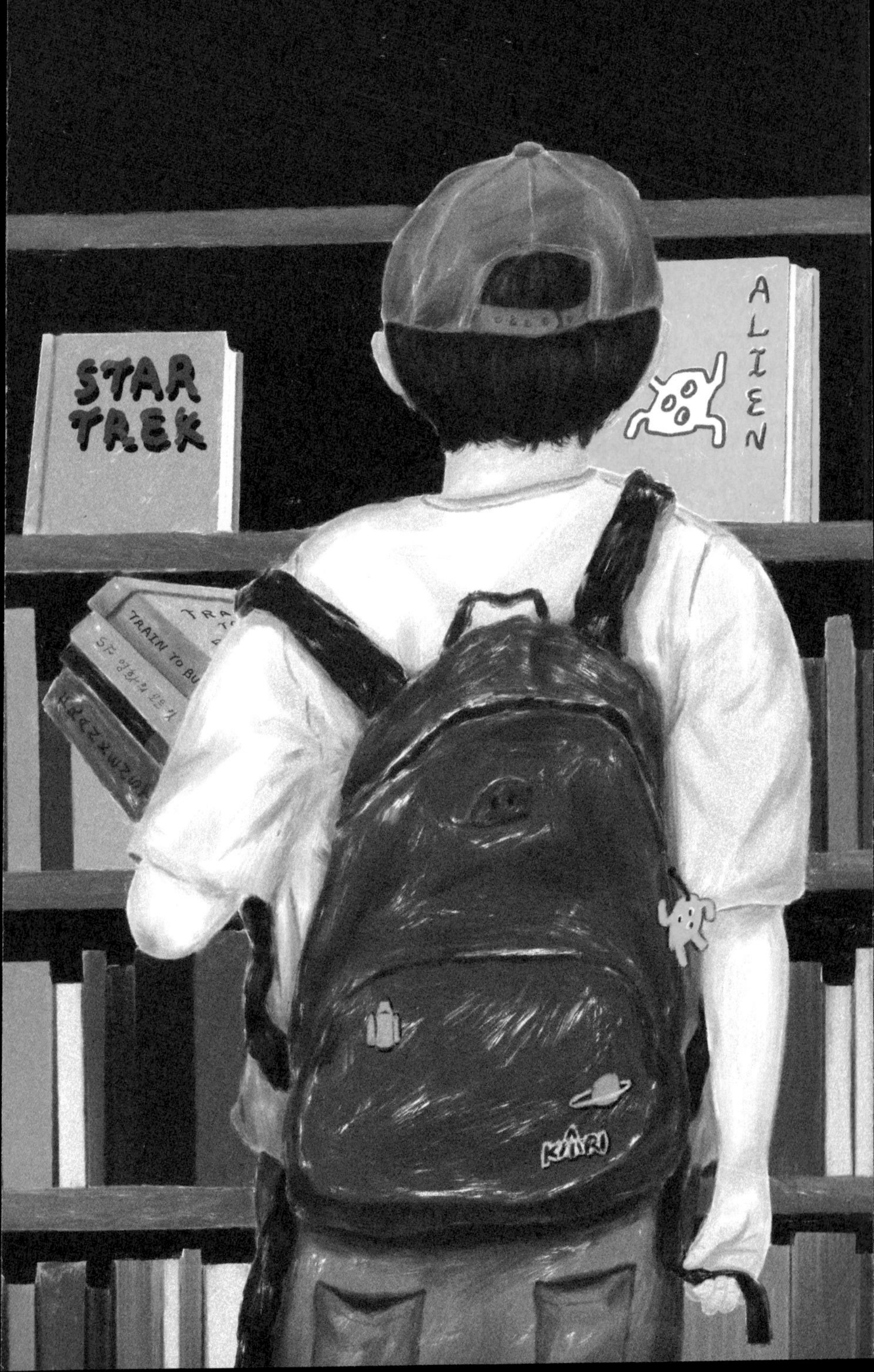
STAR TREK
ALIEN

일러두기

- 국립 국어원의 외래어 표기법을 따르되, 영화와 TV 시리즈명 일부는 발표 당시 표기대로 두었다.
- 단행본과 장편소설은 『 』로, 단편소설과 영화, TV 시리즈는 「 」로, 도서와 영화의 시리즈명은 〈 〉로 표시했다.
- 미개봉작의 경우, 국내에 소개된 제목으로 표기했다.

서문

21세기 초만 해도 TV에서 영화를 방영해 주면 그걸 녹화하는 사람이 많았다. 이때 녹화란 〈VHS 비디오테이프〉라고 하는 작은 플라스틱 상자 안에 TV 방송국에서 보내 주는 내용을 저장해 두는 것을 말한다. 여러 번 보고 싶은 영화라서 그렇게 저장해 두는 경우도 있었고, TV 영화는 일부러 한국어 더빙판을 챙겨 두려고 저장해 두는 경우도 있었다. EBS의 「심슨 가족 The Simpsons」이나 KBS의 「X 파일 The X Files」 한국어 더빙판은 원판 못지않게 한국 성우의 목소리 연기를 좋아하는 사람이 많았다.

그 시절에는 〈예약 녹화〉라는 것도 있었다. 예약 녹화란 시간과 방송 채널을 미리 맞춰 두면 비디오가 정해 놓은 시각에 작동해서 TV 프로그램을 저장하는 기능을 말한다. 예를 들어, 새벽 1시에 11번 채널에서 방송하는 프로그램을 2시간 20분 동안 녹화하라고 입력해 놓으면, 새벽 1시가 되었을 때 기계가 저절로 작동하면서 11번 채널에서 방송하는 내용을 저장한다. 이 기능은 밤늦은 시각에 방송해서 보기 힘들었던 프로그램을 녹화해서

낮에 다시 보기에 유용하다.

한편으로 미리미리 설정해 두면 비디오가 알아서 TV 프로그램을 녹화해 주기 때문에 방송을 놓치지 않는다는 장점도 있다. 1990년대에는 이렇게 방송 시각과 채널을 설정하고 예약 녹화를 하는 방법이 무척 복잡했기 때문에 전자 제품 회사들이 〈우리 기계로는 쉽게 예약 녹화를 할 수 있다〉라고 경쟁적으로 광고하기도 했다.

나는 예약 녹화 기능을 이용해서 심야나 새벽 시간대에 TV에서 방영한 영화를 녹화해 두곤 했다. 그리고 시간이 날 때 그 영화를 재생해 보았다. 그 무렵 같은 아파트, 같은 동에 살던 사람이 영어 교육 비디오테이프 시리즈를 재활용 분리수거 함에 왕창 버린 적이 있었는데, 그걸 주워 와서 스무 개인가 되던 비디오테이프를 전부 다 영화로 채워 버린 적도 있었다. 누군가 영어를 잘하고 싶다는 희망을 품고 산 비디오테이프였을 텐데, 원래 담겨 있던 내용은 1초도 보지 않고 영화로 꼭꼭 덮어 써버렸다.

그렇게 해서 본 영화들 중에는 굉장히 재미있고 감동적인 것이 있었다. 그렇지만 재미없고 허무맹랑한 것도 많았다. 이런저런 방송국에서 사람들이 TV를 안 볼 것 같은 시간에 틀어 주던 영화가 뭐 그리 대단히 재미있는 것들만 있었겠는가? 그래도 나는 그냥 〈그런가 보다〉 하면서 대충 손에 잡히는 대로 봤다. 토요일 저녁 깊은 밤에 거실에서 몇 주 전에 녹화해 놓은 엉뚱한 영화를 보고 있으면, 자다가 깬 아버지가 걸어 나와서 〈너는 저런 이상한 걸 또 보고 있냐〉라고 투덜거리셨다. 그 목소리와 말투도 기억난다. 그런 일이 족히 수십 번은 있었다.

영화를 보다 보면 무엇인가를 깊이 느낄 때가 있었다. 저런 곳에 가보면 좋겠다, 저런 일을 겪으면 재미있겠다, 나는 저런 인간은 되지 말아야지, 저런 상황에서 저렇게 행동하면 참 치졸해 보이는구나……. 영화를 보다가 그런 생각을 마음에 품었다.

그렇게 나는 여러 영화에서 작으면 작은 대로, 크면 큰 대로 많은 영향을 받았다. 어릴 때나 학창 시절에 남들과 다른 특별한 경험을 쌓아 나간 적도 없고, 딱히 엄청난 열정을 불사르며 뭔가를 해본 적도 없다. 그렇다고 색다른 취미가 있었던 것도 아니고, 음악이나 스포츠나 게임을 잘하는 편도 아니었다. 그러니 고만고만하고 평범한 삶 속에서 영화를 보는 것 정도가 무엇인가를 느끼고 고민하고 빠져들 기회가 아니었나 싶다. 아마 멋있는 취미가 생겼거나 여기저기 즐겁게 놀러 다닐 기회가 많았다면 영화 보는 취미도 점차 사그라들었을지 모른다. 세월이 흐르고 어른이 되어서도 여전히 영화를 보는 것이 여가를 보내는 편안한 취미로 남게 되었다.

그러는 사이에 점차 영화 보는 데 깊이 빠져들게 되었다. 희귀한 비디오테이프를 구해서 〈말로만 듣던 이 영화가 사실은 이런 내용이었구나〉 하고 알아보거나, 한국에 소개되지 않은 영화

DVD를 해외에 주문해서 보는 재미도 알게 되었다. 한글 자막이 없는 영화를 몇십 번씩 돌려 보면서 내용을 추리하던 것도 돌아보면 재미난 추억이다. 어찌어찌 미국 영화 한 편을 스무 번쯤 반복해서 보다가 겨우 대충 무슨 말을 하는 것인지 이해할 수 있게 되면 〈이게 바로 이런 내용이었구나. 그래서 사람들이 명작이라고 하는구나〉 하는 생각에 기뻤다.

　이 책은 그렇게 내가 영화를 보면서 떠올린 생각들을 정리해 본 것이다. 영화에 관한 이야기는 다 재미있겠지만 여기서는 SF 영화에 집중했다. SF는 내가 읽고 쓰기 좋아하는 분야이고, 경력도 조금은 쌓아 놓은 분야라고 생각한다. 마침 요즘은 한국에서 SF가 주목을 받고 있는지라, SF 영화를 통해 SF에 대해서 이야기해 본다는 발상도 괜찮게 들리는 듯하다.

　물론 내가 하는 이야기들은 영화의 의미를 진지하고 심각하게 분석하는 수준에 이르지는 못한다. 그렇다고 SF 영화를 통해 과학을 공부하게 해주겠다는 야심에 찬 도전도 아니다. 그냥 SF 소설가로서, 또 화학 업계에서 일해 온 과학 기술인으로서 이런저런 영화를 보면서 한 생각을 친구와 함께, 동료와 함께 재미있게 떠들어 보는 정도이다. 그런 만큼 보통 사람의 눈높이로 지금의 세상과 미래 세상에 대해 생각할 거리들을 살펴본다는 식의 친근한 맛은 있을 거라고 본다.

　돌아보면 나는 그냥 영화 보는 것 자체를 좋아하는 것 같다. 영화라는 것은 세상 사람들에게 재미있는 것을 보여 주고 싶다는 목표로 성격도 다르고 재주도 다른 사람들이 모여서 그 나름대로 열심히 만든 결과물이다. 그런 결과를 생생한 화면과 음향으로 지켜볼 수 있다는 점을 나는 좋게 생각했다. 그런 마음으로 영화를 보면 재미없는 영화건, 취향에 안 맞는 영화건 나쁘지 않게 볼 수 있다. 그러다 보면 피곤한 일상에서 잠시 쉬어 가거나 답답한 마음이 조금은 풀어지는 기분도 든다.

세상을 살다 보면 너무 적적하거나 이상하게 외롭다는 생각이 들 때가 있다. 나만 다른 사람만큼 잘 살고 있지 못하다는 생각에 짜증이 치밀 때도 있고, 뭘 어떻게 살아야 잘 사는 건가 싶어 막막하고 갑갑할 때도 있다. 그럴 때 기분을 바꾸어 볼 겸 영화를 한 편 보는 건 어떨까? 좋은 친구가 될 자신이 있는 것은 아니지만, 이 책이 옆에서 같이 영화를 봐주는 친구 역할을 해줄 수 있다면 무척 기쁠 것이다.

2022년 극장 앞에서
곽재식

차례

혹성탈출

Planet of the Apes
1968

미리니름의 세계

「혹성탈출」은 번역 제목이 헷갈리는 영화이다. 일단 제목에 들어가는 〈혹성〉이라는 말부터 이상하다. 이 말은 원래 한국에서 〈행성〉이라고 하는 것을 일본에서 부르던 말이다. 조선 시대 이전에도 태양계의 행성들을 그대로 행성이라고 불렀으므로 별로 헷갈릴 이유가 없던 말인데, 일본 책과 일본 번역을 따라 하다 보니 괜히 혹성이라는 말을 쓰게 된 듯싶다.

오히려 조선 시대에는 지금 우리가 화성이라고 부르는 것을 〈형혹성〉이라고 불렀다. 그래서 자칫 〈혹성탈출〉이라고 하면 화성에서 탈출하는 이야기로 착각될지도 모른다. 그러나 「혹성탈출」의 배경인 이상한 행성을 화성이라고 생각하면 영화의 내용과는 너무 멀어진다. 이 영화는 주인공이 사고로 알 수 없는 이상한 행성에 떨어져 모험을 하게 된다는 내용이다. 그렇기 때문에 〈이 행성은 사실 화성이다〉라는 식으로 어디인지 정해 놓으면 정체불명의 행성을 헤매는 이야기와는 전혀 들어맞지 않는다. 영화를 끝까지 보면 이런 특징은 점점 더 중요해진다.

이 영화의 원래 제목은 〈Planet of the Apes〉이다. 번역하자면 〈유인원들의 행성〉이라는 뜻인데, 제목대로 침팬지나 오랑우탄 같은 유인원들이 꼭 사람 같은 문화를 이루고 사는 행성이 영화의 무대이다. 그러니 번역 제목에도 이런 사실이 어느 정도 드러나도록 하는 편이 좋았으리라고 생각한다. 더군다나 1971년에 나온 속편의 제목이 〈Escape from the Planet of the Apes〉이다. 그대로 번역하면 〈유인원들의 행성 탈출〉이라는 뜻인데, 만약 〈Planet of the Apes〉를 〈혹성탈출〉이라고 번역한 것을 살린다면 이 속편은 〈혹성탈출 탈출〉이라고 번역해야 한다. 이래서는 아무래도 괴상하다.

그런데도 처음 한국에 들어올 때 「혹성탈출」로 소개되고 알려졌기 때문에 아직도 이 영화 시리즈는 〈혹성탈출〉 시리즈로 불린다. 요즘에는 사람들이 혹성이라는 말은 일본어 표현이라는 사실을 알기 때문에 한국어에서 거의 사라졌지만 「혹성탈출」만은 꿋꿋이 살아남았다. 심지어 2017년에 나온 속편조차 한국에서는 「혹성탈출: 종의 전쟁 War for the Planet of the Apes」으로 개봉했다.

잘 알려진 시리즈 제목을 그대로 살리는 것은 당연한 일이라고 생각한다. 그렇지만 이 영화의 내용을 생각해 보면 여전히 볼 때마다 조금 껄끄러운 제목이라는 느낌이 든다. 특히 첫 영화인 1968년 작 「혹성탈출」의 내용을 돌아보면 제목에 〈유인원의 행성〉혹은 의미의 차이가 있더라도 차라리 〈원숭이들의 행성〉 같은 뜻이 들어 있었으면 훨씬 더 좋지 않았을까 싶다. 「혹성탈출」의 충격적인 마지막 장면이 바로 그 제목을 돌이킬 때 더 살아나기 때문이다.

처음 나왔을 때 이 영화는 마지막 장면이 완전히 의외의 내용이라 놀라운 것으로 유명했다. 영화 전체를 단 한 장면으로 엎어 버리는 영화라는 말이 있을 정도였다. 마지막 10초 때문에 영화 전체의 내용이 완전히 뒤집혀 지금까지 본 내용을 다른 방식으로 한 번 더 해석하게 해주는 영화라는 이야기가 파다하게 돌았다. 이 영화를 보지 않은 사람들에게 결말을 미리 말해 주는 것은 영화 보는 재미를 망치는 짓이라고 할 수 있었다.

스포일러? 미리니름!

결말을 미리 알려 주는 바람에 영화 보는 재미를 떨어뜨리는 것을 〈스포일러spoiler〉라고 한다. 무엇인가를 〈망치는 짓〉이라는 뜻이다. 한때는 한국어로 번역해서 〈미리니름〉이라는 말도 꽤 쓰였다. 한국에서는 영화 「식스 센스The Sixth Sense」에서 극 중 브루스 윌리스Bruce Willis의 정체를 영화 보기 전에 알려 주는 것이 재미를 확 망쳐 버리는 심한 미리니름으로 악명이 높았다. 「식스 센스」를 상영하고 있는 극장 앞에서 영화를 보려고 기다리는 사람들을 향해 큰 소리로 〈브루스 윌리스는 어쩌고저쩌고다〉라는 한마디를 외치고 간 악한 사람이 있었다는 소문도 널리 알려진 편이다. 실제로 그 한마디를 미리 듣는 것만으로 영화를 보는 재미의 적지 않은 부분이 날아가 버린다. 지금도 그 소문은 유명한 편이라서 〈브루스 윌리스는 어쩌고저쩌고다〉라는 말이 미리니름의 상징이자 대표로 자리 잡고 있는 듯하다.

사실 「혹성탈출」의 결말은 지금 보면 그렇게 놀랍지는 않다. 비슷비슷한 내용이 많이 나와서 〈결말이 특이하다는데 혹시 이런 것인가〉 하는 의심을 해본다면 어렵지 않게 맞힐 수 있다. 물론 그렇다고 해도 〈그런 결말을 어떤 연출로, 어떤 화면을 통해 표현했는가〉 하는 것은 직접 영화를 보아야만 훨씬 깊은 감상으로 느껴질 내용이기는 하다. 게다가 「혹성탈출」의 수많은 속편들은 그 결말을 전제로 하여 제작되었다. 속편들의 포스터만 찬찬히 보더라도 1편의 충격적인 결말은 거의 상식처럼 느껴질 정도이다. 따지고 보면 「혹성탈출」은 미리니름을 언급하기에는 너무 오래된 영화이고, 영화 세계에서 이미 고전의 위치에 자리 잡은 영화 아닌가 하는 생각도 잠깐 해본다.

2022년 시점에서 돌아본다면 「혹성탈출」이 나온 1968년은 54년 전이다. 시점을 바꾸어 1968년으로 거슬러 올라가면 그 시점에서 54년 전은 1914년이 된다. 한국의 유명한 단편소설인 황순원 작가의 「소나기」나 김유정 작가의 「동백꽃」은 1914년보다 한참 후에 나온 글이다. 그런데 다시 한번 생각해 보자. 두 소설도 예상하기 어려운 결말에 무게를 싣고 있다. 그렇지만 1968년에 누군가 「소나기」나 「동백꽃」의 결말을 논평하는 글을 써서 보여 준다고 해서 그게 미리니름이라 읽는 재미를 망쳤다고 말하는 사람은 많지 않을 것이다.

그와 달리, 셜록 홈스가 등장하는 추리 소설들은 21세기인 지금도 여전히 결말이 무엇인지, 범인이 누구인지 알려 주는 것이 예의 없는 행위로 취급된다. 〈셜록 홈스〉 시리즈의 첫 번째 소설은 1887년에 나왔으므로 사람들 사이에 알려진 지 135년이 지났다. 한의학자인 이제마가 사람의 체질에 따른 사상 의학을 책으로 정리한 것이 1894년이니 〈셜록 홈스〉 시리즈는 사람들이 사상 의학을 알기도 전에 나온 책이라고 할 수 있다. 범위를 전 세계로 넓혀 본다면 〈셜록 홈스〉 시리즈의 유명한 단편들은 「소나기」나 「동백꽃」보다 읽은 사람이 더 많고 더 알려진 이야기일 것이다. 그렇지만 누구도 〈셜록 홈스〉 시리즈의 결말을 함부로 이야기하지는 않는다. 누군가 도서관의 책에 범인이 처음 등장할 때 〈이 사람 범인임〉이라고 낙서를 해놓는 것이 읽는 사람의 재미를 확 망쳐 버리는 사악한 장난으로 악명이 높을 정도이다.

그렇다면 책을 쓴 사람이 결말의 의외성, 결말을 숨기고 싶어 하는 마음에 얼마나 공을 들였느냐가 중요한 판단 근거인지 모른다. 모르긴 해도 「소나기」나 「동백꽃」의 작가는 추리 소설 작가들만큼 결말을 꽁꽁 숨겨 놓아야 한다고 생각하지는 않았을 것이다. 이렇게 생각하면 이야기의 형식이나 이야기를 쓴 작가의 의도에 따라 어떤 사실을 미리 아는 것이 미리니름이 되기도 하고 안 되기도 한다고 말해 볼 수 있겠다.

하지만 한 번 더 생각해 보면, 이것도 그렇게 쉽고 간단한 기준으로 따질 수 있는 문제는 아니다. 「소나기」나 「동백꽃」이 반전과 결말을 숨기기 위해 작가가 각별히 주의를 기울인 소설은 아닐 거라고 말하기는 했지만, 그래도 결말을 전혀 모른 채 읽어야 그 이야기를 쓰고 읽던 때의 감상을 온전히 느낄 수 있는 것 아닐까?

「소나기」에서 결말에 남녀 주인공이 어떻게 되느냐 하는 것은 거의 한국인의 상식에 속한다고 할 만하다. 그렇지만 처음 황순원 작가가 이 소설을 썼을 때는 그 이야기를 본 사람이 아무도 없었을 것이다. 남녀 주인공이 과연 어떻게 되는지 아무것도 모르고 이야기를 읽기 시작한 독자들은 결말을 처음으로 접하면서 다양하고 복잡한 감정에 빠졌을 것이다. 그렇게 읽을 때 소설은 더 신선하고, 더 강렬하고, 더 높은 긴장 속에서 다가오게 된다.

나는 아주 어릴 때 우연히 「소나기」를 읽게 되어서 그게 그런 내용이고 그런 식으로 끝날 거라고는 전혀 짐작도 못 했다. 그래서 강한 느낌을 받았다. 만약 문학 참고서에 실린 줄거리 요약본을 전에 본 적이 있다든가, 어린이들을 위해 짤막하게 요약해 둔 〈만화로 보는 소나기〉 같은 것을 먼저 보았다면, 그래서 결말을 아는 채로 「소나기」를 읽었다면 그 감상을 그대로 느낄 수 있었을까? 그러기는 어려웠을 거라고 생각한다.

실화에는 미리니름이 없을까?

좀 더 나아가 보자. 조선 시대에 나온 『춘향전』이나 『심청전』의 내용은 누구나 다 안다. 어린이들조차도 다 안다. 나 역시 어릴 때 그림책으로 각색되어 있는 짤막한 이야기로 내용을 익혔다. 그 후에도 만화라든가, 어린이용 인형극 같은 것으로 여러 번 보았다. 『춘향전』에서 정체를 숨긴 이몽룡이 잔치에 참석했다가 마지막에 암행어사 출두를 외치며 들이닥치고, 『심청전』에서 심청이 잔치를 열고 아버지가 찾아오도록 하여 만나게 된다는 결말도 당연히 아주 어릴 때부터 알고 있었다. 『심청전』에서 심청이 죽지 않고 살아온다고 말한다고 해서 〈왜 이야기의 중요한 반전을 멋대로 밝히느냐〉고 따질 사람은 아마 이 글을 읽는 독자 중에는 없을 것이다.

나는 고등학교 때 우연히 『춘향전』과 『심청전』의 내용을 판소리로 다시 접하게 되었다. 열성적인 노래와 화려한 운율로 살아나는 가사, 절묘한 풍경 묘사와 폭발하는 감정 표현으로 채워진 내용이 판소리 완창에 담겨 있었다. 그 감격은 지금도 기억난다. 다들 골백번은 들어 보았을 뻔한 이야기, 뻔한 결말 장면을 판소리로 듣는 것뿐이었는데 몇 시간 동안 이야기를 이어 온 소리꾼의 노래와 감정이 마지막으로 폭발하는 결말 장면에 이르자 분위기는 완전히 달아올랐다. 관객들 중에는 눈물을 글썽이는 사람이 적지 않았다.

그때부터 나는 생각하게 되었다. 만약 내가 『춘향전』이나 『심청전』의 내용을 전혀 모르는 상태에서 처음부터 판소리로 그 풍성한 내용과 연출을 그대로 접했다면 얼마나 감격적이었을까? 심청이 살아 돌아온다는 내용을 뻔히 알면서 판소리를 들었을 때도 그 정도로 재미있었는데, 만약 이야기가 어떻게 될지 몰라서 심청의 운명에 대해 안타까워하고 궁금해하고 다음 사연을 조마조마하게 기다리며 판소리를 들었다면 얼마나 더 감동적이었을까? 그런 생각이 들었다.

그러고 보면 고전이 된 이야기들은 그 뼈대와 파편이 사람들 사이에 널리 알려진 탓에 제 모습 그대로 제맛을 즐길 기회가 사라진 것 같기도 하다. 요즘 우리는 반전으로 유명한 「비밀의 숲」이나 「러브, 데스+로봇 Love, Death & Robots」 같은 TV 시리즈들을 보고 즐기지만, 한편으로는 세상이 변하는 사이에 수백 년 동안 수천만 명의 사람들이 명작이라고 감동했던 『춘향전』이나 『심청전』을 조선 시대 사람들이 처음 듣고 보고 느끼던 감격 그대로는 느낄 수 없게 된 것이다.

이런 식으로 나가다 보면 실화를 다룬 이야기조차 결말을 미리 알려 주는 것이 미리니름이 되는 사례를 떠올려 볼 수 있을 것이다.

　실화는 신문, 방송, 책을 통해 알려진 내용이고, 결말이 숨겨져 있기는커녕 오히려 사람들이 사실을 밝혀 널리 알리려고 애쓰던 이야기이다. 그러니 실제 사건을 소재로 한 이야기에서 결말을 미리 알려 준다는 것은 애초에 말도 안 되는 소리 같다. 일제 강점기의 독립운동을 다룬 영화가 있는데, 누가 1945년 8월 15일에 결국 한국인들이 광복을 맞이한다는 결말을 이야기해 준다고 해서 그것을 미리니름이라고 할 수 있을까? 이런 것은 그냥 사실로, 세상이 다 기억하고 있는 이야기이다. 그렇다면 과연 실화를 다룬 이야기에는 미리니름이 없을까?

　그렇지는 않을 것이다. 잘 알려지지 않은 사실을 다루어 소개하는 내용이라면 그 이야기를 재미있게 재구성하여 영화나 소설로 만들었을 때도 결말은 끝까지 감추어져야 하는 장면이 될 수 있다. 2020년 모잠비크에서 굉장히 놀라운 수법의 대형 금융 사기 사건이 발생했다고 해보자. 그리고 극히 절묘한 수법으로 사기를 친 범인이 의외로 사람이 아니라 인공 지능 상담 프로그램으로 드러났다고 치자. 만일 이런 사건이 모잠비크 사람들 사이에서는 꽤 유명한 이야기였다고 하더라도 그 이야기를 한국 영화로 만든다면 한국 사람들은 잘 모르는 사연일 가능성이 높다. 그렇다면 범인의 정체는 끝까지 숨겨야 하는 비밀이 된다. 미리 알려 주지 않아야 영화를 보는 내내 〈도대체 누가 범인일까〉 하고 궁금해하면서 영화에 더 깊게 빠져들게 된다. 그래야 끝까지 보고 나서 범인의 정체가 인공 지능 프로그램이라는 사실이 드러날 때 충격이 커진다.

경우에 따라서는 심지어 꽤 알려진 사실이고 오랫동안 널리 회자된 실화라고 하더라도 그것을 처음 접하는 사람은 그 사실을 모른 채 봐야 감동이 커지기도 한다.

조선판 스팀펑크

1980년대 MBC에서 방영된 「조선 왕조 5백 년」이라는 사극 시리즈를 예로 들어 보자. 그중에 1985~1986년에 걸쳐 방영된 〈임진왜란〉에서는 조선과 일본 사이에 벌어졌던 전쟁의 이야기를 다루었다. 이 이야기에는 임진왜란을 겪은 각계각층의 사람들이 등장하는데, 전쟁을 맞아 이리저리 도망 다니는 것밖에 할 수 없던 허균 같은 선비의 이야기가 나오는가 하면, 한편으로는 전쟁터에서 대포를 쏘고 말을 타고 달리며 싸우는 장군들의 이야기, 전쟁에 대해 고민하고 갈등하는 임금과 정치인들의 이야기도 엮여 나왔다.

이 TV 시리즈는 시작하기 전에 제목을 보여 주는 장면이 굉장히 인상적이었다. 보통 TV 사극은 처음에 제목을 보여 주고, 웅장한 음악과 함께 그 사극에 등장하는 주요 인물들이 놀란 표정으로 되돌아보는 장면 같은 것을 보여 주는 경우가 많다. 대체로 출연료 순서대로 배우들을 보여 주면서 배우의 얼굴 옆에 이름을 표기해 준다. 그런데 〈임진왜란〉은 제목을 보여 주는 장면에 배우가 아무도 나오지 않는다. 그냥 텅 빈 저녁 바다 위를 느릿느릿 떠가는 거북선의 위풍당당한 모습만 계속 나온다. 음악이 흐르고 제작진이 소개되는 동안 거북선은 천천히 해가 지는 노을을 향해 나아간다.

이런 장면은 대단히 시적이었다. 실제 임진왜란의 상징으로 꼽기에 부족함이 없는 거북선을 보여 주고 있으니 주제와도 어긋나지 않거니와, 망망한 저녁 바다를 홀로 나아가는 모습이 전쟁의 온갖 고난을 이겨 내면서 꿋꿋하게 전진한다는 느낌을 전해 주었다. 한편으로 아무도 없는 저녁 바다를 가로지르는 모습이 〈저런 식으로 밤새 몰래 움직여 내일 아침 어디인가를 기습하러 가는 것일까〉 하는 기대감을 심어 주기도 했다.

또 한편으로 커다란 거북선이 움직이는 모습을 보여 주면서 특수 촬영 기술이 훌륭한 TV 연속극이라는 사실을 선전할 수 있었다. 내 눈에는 어째 거북 모양을 하고 움직이는 거대한 로봇처럼 보이면서 그 장면이 더 신기하고 환상적으로 느껴졌다. 전쟁이라는 큰 위기를 맞아 비현실적인 괴물 같은 기계를 만들어 바다를 수호하는 듯한 신화적인 느낌이 들기도 했다. 나무와 톱니바퀴로 만든 조선 시대의 대형 로봇이라니, 스팀펑크steampunk를 보는 것 같은 묘한 감상도 슬쩍 들었다. 그래서 나는 이 사극을 매우 재미있게 보았다.

여러 사람이 나오는 군상극이라고는 하지만 〈임진왜란〉에서 가장 주인공처럼 등장한 인물은 김무생 씨가 연기한 이순신 장군일 수밖에 없었다. 나는 그때 이순신 장군 이야기를 처음 보았다. 사람들이 전쟁에 시달리며 괴로워하고 있는데, 멋진 영웅으로 등장한 이순신이 대활약을 하면서 전쟁의 분위기를 바꾼다. 중간에 억울한 일을 당하며 백의종군을 하지만 결국 제자리로 돌아온다. 그러다 명량 해전에서 위기를 맞는 등 고난도 겪지만 꿋꿋이 헤쳐 나간다. 그리고 다시 큰 승리를 거둔다. 사람들은 환호한다. 전쟁은 곧 끝이 날 것 같다.

이제 결말은 당연히 수많은 영웅담이나 동화처럼 〈오래오래 행복하게 살았습니다〉로 끝날 줄 알았다. 전쟁이 끝나고 은퇴한 이순신은 편안히 지낼 것이다. 그가 많은 사람들의 존경을 받으며, 매일같이 찾아와 감사 인사를 드리는 사람들에게 떡이나 과자 같은 것을 받아먹으며 여유롭게 지내는 것이 결말일까 싶었다.

그런데 놀랍게도 결말에 이순신이, 주인공이, 이제 모든 고난을 극복하고 전쟁을 끝내는 일만 남겨 둔 우리의 영웅이 총을 맞아 전사하는 내용이 나왔다. 얼마나 안타깝고 슬프고, 한 번도 경험해 보지 못한 이상한 감정에 휩싸였는지 모른다. 이순신의 일생은 족히 4백 년 가까이 수많은 사람들에게 너무나 잘 알려진 이야기였다. 하지만 이 TV 연속극을 따라가면서 처음 이순신 이 야기를 접한 나에게는 결말을 미리 알지 못했기에 훨씬 큰 감동 과 충격을 깊게 느낄 수 있던 기회였다. 단순히 조선이 전쟁에서 이기고 지는 문제를 넘어서서 〈세상 돌아가는 운수란 것이 이렇 게 알 수 없구나〉 싶어서 세상살이란 과연 무엇인가에 대해 생각 하게 될 정도였다.

고전을 읽어야 하는 이유

반전과 결말에 대해 이런저런 이야기를 했는데, 여러 영화를 보다 보면 꼭 결말만 문제인 것은 아니다. 영화 중에는 중반부의 전환점이나 초반부의 상상을 깨는 흐름 전환이 신기해서, 그걸 모르고 보는 게 영화를 보는 재미가 되는 경우도 적지 않다.

예를 들어, 「매트릭스The Matrix」에는 초반에서 중반으로 넘어 갈 때 주인공이 약을 먹으며 진실을 깨닫는 장면이 나온다. 이 장 면은 모르고 보아야 진실의 충격을 제대로 느낄 수 있다. 그래야 영화가 던지는 질문과 사상에 더 깊게 심취할 수 있을 거라고 생 각한다. 다른 예로는 「플라이The Fly」라는 영화가 있다. 이 영화 에는 과학 실험 실패로 인해 파리와 사람이 섞인 괴물이 등장한 다. 요즘에는 그 사실이 굉장히 유명하다. 괴물이 어떻게 생겼는 지도 꽤 알려진 편이다. 그렇지만 처음 이 영화를 본 관객들은 화 면에서 괴상한 괴물의 모습을 보고 충격과 함께 겁을 먹었을 것이다. 그 느낌이야말로「플라이」를 보는 제맛이었을 것이다.

세상의 많은 영화들 중에는 전환점이나 줄거리상 비밀만이 아니라 다양한 방식으로 관객의 기대를 초월하며 의외의 효과를 노리는 것들이 있다. 갑자기 기대하지 못했던 구성이 펼쳐져 호기심을 끄는 영화도 있거니와, 상상하기 어려웠던 연출을 보여주는 영화도 있다.

「제5도살장Slaughterhouse-Five」은 초반에 제2차 세계 대전을 다룬 역사극처럼 시작해 놓고 갈수록 시공간이 마구 뒤섞이는 형태로 되어 있다. 그런 사실을 모르고 보면〈뭐 이런 영화가 있나〉라며 이상하게 여기게 되는데, 그 이상한 느낌을 강하게 느끼는 만큼 끝까지 영화를 보면 지나간 시간의 의미와 한계에 대해 이야기하는 영화의 주제가 더 크게 다가온다.

「심연The Abyss」은 바다 깊은 곳에서 이상한 것을 만난다는 내용이고, 끝까지 봐도 결국 그런 내용이 핵심이다. 보통은 누가 살고 죽는가 하는 것이 결정적으로 중요한 문제일 텐데, 따져 보면「심연」에서는 그런 내용이 크게 중요하지 않다. 이 영화의 맛은 바다 깊은 곳에서 나타난 것이 도대체 어떻게 생겼는지, 그것들이 어떤 식으로 화면에 등장하는지 놀라움 속에서 지켜보는 것이다. 그런 것들을 보고 감탄하고 놀라는 것이 이 영화의 재미이다. 만약「심연」을 보기 전에 관련 자료를 살펴보다가 이 영화에 나오는 이상한 것의 사진을 미리 본다면 영화를 보는 재미는 줄어들 것이다.

이렇게 보면 세상의 수많은 이야기는 그에 관해 떠도는 이야기들을 접하기 전에 재빨리 먼저 보는 것이 이야기를 제대로 즐길 기회를 최대한 누리는 방법인 것 같다. 그렇지만 어떤 이야기에 대해서는 결코 미리 알지 않겠다고 철저히 집착하는 것도 무척 피곤한 일이다. 경우에 따라서는 오히려 사전 지식을 갖고 보아야 재미가 더 커지는 이야기도 적지 않다. 그러니 어떤 것이 더 좋은 방침이라고 쉽게 말하지는 못하겠다.

어릴 때 고전을 읽는 것이 좋다고들 한다. 그 이유로는 일찌감치 언어 능력과 감성의 폭을 키울 수 있고, 미리미리 풍부한 교양을 쌓을 수 있으며, 수학 능력 시험에 나오는 다양한 문학 지문에 친숙해질 수 있다는 점 등을 언급한다. 그렇지만 사실 어릴 때 고전을 읽어야 하는 진짜 이유는 미리니름에 노출되기 전에 최대한 재미있는 이야기를 제대로 즐겨 볼 수 있기 때문은 아닐까?

환상특급

The Twilight Zone
1959~1964

반전의 기술

아직도 많은 사람들이 1980년대 KBS에서 방영된 미국 TV 시리즈 「환상특급」을 기억한다. 이 시리즈는 요즘의 「러브, 데스 +로봇」처럼 한 편이 다음 편과 연결되지 않고 그 이야기만으로 그냥 끝이 나는 형식이다. 여러 이야기를 그때그때 짤막짤막하게 단편 영화처럼 여러 편 보여 준다. 한국에서는 〈단막극〉이라고 불렀던 이야기들이 비슷한 방식이었고, 〈앤솔러지 시리즈〉라고 하기도 한다. 1990년대에는 MBC에서 「환상여행」이나 「테마게임」 같은 앤솔러지 시리즈를 제작해 꽤 인기리에 방영한 적도 있다.

「환상특급」은 그중에서도 SF와 판타지를 주로 다루어 신기하고 기괴한 내용들을 보여 주면서 인기를 끌었다. 보통 한 편에 두세 개 이야기를 보여 주었는데, 강렬한 효과를 높이기 위해서 불과 몇 분밖에 되지 않는 아주 짧은 이야기를 만들어 보여 줄 때도 있었다. 부모가 자신을 제대로 돌봐 주지 않자 어린이가 어린이를 위한 동물원에 가서 부모를 동물원에 맡겨 가둬 두고 착한 새

부모로 교환해서 같이 집으로 온다는 이야기 같은 것이 그 예시이다. 이런 이야기는 채 10분도 되지 않았다.

한국에서는 1980년대에 새로 제작된 시리즈가 가장 유명한 편이지만, 사실 1950년대 말에서 1960년대에 걸쳐 방영된 흑백판 「환상특급」이 원판이다. 원래 제목은 〈The Twilight Zone〉인데, 원판 역시 한국에서 「제6지대」라는 제목으로 방영된 적이 있다. 그렇지만 이때는 그다지 많은 사람들에게 알려지지 못했다. 그래서 지금은 원판 시리즈도 한국에서는 오히려 〈1960년대판 「환상특급」〉이라는 이름으로 불리곤 한다. 1983년에는 「환상특급」 극장판이 개봉된 적도 있었다. 이 영화의 내용을 기억하는 사람은 그렇게 많지 않을지라도 특정 장면을 기억하는 사람은 꽤 있을 것이다. 두 사람이 차를 타고 가다가 한 사람이 〈진짜 이상한 거 봤어〉라고 말을 거니까 옆에 있던 사람이 〈이런 거?〉라면서 괴물로 변신해 놀라게 하는 장면이다. 이 장면은 꽤 알려지지 않았나 싶다.

비슷한 형식의 미국 TV 시리즈로 「제3의 눈」이라는 것도 있다. 이 역시 1960년대에 나온 「The Outer Limits」가 원판인데, 1990년대에 새로 제작된 시리즈가 한국에 소개되어 KBS를 통해 〈제3의 눈〉이라는 번역 제목을 달고 나와 제법 알려지기도 했다. 「제3의 눈」은 처음 시작할 때 TV 화면에 괴상한 점, 선, 곡선 모양을 보여 주고는 〈우리가 지금부터 여러분이 보고 듣는 것을 조절할 것입니다〉라는 기이한 말을 하면서 환상의 세계로 들어가도록 최면을 거는 듯한 장면으로도 유명했다.

여기서는 「환상특급」과 「제3의 눈」에 나오는 이야기들을 통해 SF에 자주 나오기 마련인 여러 가지 반전의 수법을 유형별로 정리해 보고자 한다. SF는 소재 자체가 신기해 보이는 내용을 다루는 경우가 많다. 그 내용과 줄거리만으로 놀라움을 주기도 한다. 그러므로 숨겨 둔 진실이 드러나거나 전혀 예상하지 못했던 방향으로 흘러가면서 이야기가 전환되거나 반전되기도 한다. 이야기가 놀랍고 충격적일수록 주제도 더 힘을 받게 된다. 그러니 이런 의외의 전환, 놀라운 결말을 하나하나 따져 보는 것은 중요한 일이다.

그런데 사람들이 찾아볼 수 있는 영화를 소개하면서 그 이야기의 결말까지 그냥 언급해 버리면, 영화를 실제로 찾아볼 사람들에게는 폐가 될 것이다. 김이 빠질지도 모른다. 그래서 나는 영화 대신에 지금 굳이 찾아보는 사람은 많지 않으리라 생각하는 흘러간 TV 시리즈인 「환상특급」과 「제3의 눈」의 에피소드들을 소개하면서 이야기를 풀어 보려고 한다. 만약 언제인가 두 시리즈를 굳이 구해서 볼 생각이 있는 독자라면, 이다음부터 언급할 이야기를 읽을 때 유의하시기를 부탁드린다.

범인 같지만 범인이 아닌 인물

예로부터 영미권에서 쓰던 표현 중에 〈붉은 청어red herring〉라는 말이 있다. 이 말은 반전을 만들기 위해 일부러 관객을 오해하게 하려고 등장시키는 인물이나 소재를 말한다.

가장 대표적인 예는 옛날 추리 소설이다. 이런 이야기를 생각해 보자. 살인 사건이 발생한다. 희생자 주변에는 곁에서 어슬렁거리던 험상궂고 무섭게 생긴 사람이 있다. 알고 보니 이 사람은 희생자에게 원한도 깊은 인물이다. 누가 봐도 이 사람이 범인일 가능성이 가장 높을 것 같다. 그렇지만 알고 보니 놀랍게도 별로 의심 가지 않던 사람이 진범이라는 결론이 난다. 이런 이야기에서 처음에 범인같이 보였던 험상궂은 사람을 붉은 청어라고 한다.

추리 소설에서 이렇게 첫 등장에 딱 범인일 것 같은 인물이 범인인 경우는 드물다. 대개는 범인이 아니라 붉은 청어에 불과하다. 왜냐하면 가장 범인일 것 같은 사람이 그냥 범인이면 너무 당연해서 독자에게 놀랍고 신기한 느낌을 주지 못하기 때문이다. 반면에 이런 수법은 너무 많이 나와서 요즘은 다들 잘 속지 않는다는 문제도 있다. 그래서 요즘은 첫 등장에 딱 범인일 것 같은 인물이 어이없게도 결말에서 진짜 범인이라는 식의 줄거리가 가끔 나오기도 한다. 미국 TV 시리즈 「형사 콜롬보Columbo」는 아예 붉은 청어 수법을 포기하고 그냥 처음부터 범인이 누구인지

36

가르쳐 주고 시작한다. 다만 형사 콜롬보가 범인의 속임수를 어떻게 간파해 나가는가 하는 데 집중한다.

요즘 추리 소설에서는 붉은 청어, 즉 범인 같지만 범인이 아닌 인물을 대놓고 써먹기란 쉽지 않다. 그러나 다른 형태의 소설이나 영화에서는 조금씩 틀을 바꿔서 비슷한 수법을 활용해 볼 가능성이 아직 남아 있다고 생각한다. 관객들의 편견을 이용해서 오해하게 할 만한 인물을 슬슬 들이밀어 〈이런 이야기겠거니〉 하고 짐작하게 이끌다가 결말에서 〈사실은 그게 아니었지롱〉 하고 뒤집는 수법을 SF에서는 종종 쓸 수 있다는 이야기이다.

그 사례로는 1990년대판 「제3의 눈」 에피소드 〈상대성 이론 Theory of Relativity〉을 꼽아 볼 수 있다.

이 이야기에는 머나먼 외계 행성을 처음으로 발견한 지구인 탐사대가 나온다. 지구인 탐사대는 그 행성에서 파충류를 닮은 흉측한 외계인을 만난다. 외계인들은 지구인들을 먼저 공격하지는 않지만 불안하게 날뛰는 모습을 보여 준다. 게다가 기술력은 부족해 보이지만 본성은 좀 사나운 것 같다. 탐사대는 이 행성에서 지내기 위해서는 흉측한 외계인들이 없는 편이 더 안전할 거라고 생각한다. 결국 지구인 대원들은 흉측하고 사납게 생긴 외계인들을 몰살시키기로 결정한다. 그 과정에서 외계인들의 체력이나 기술력이 예상보다 더 부족하다는 것을 알고 이상하게 여긴다. 어쨌든 외계인들을 몰살시키는 작업은 더욱 쉬웠다.

그런데 알고 보니 지구인 탐사대가 발견한 행성은 외계인들의 고향 행성이 아니었다. 이야기의 무대인 행성은 외계인들의 고향 행성 근처에 있는 일종의 자연 보호 구역이었다. 기술이 엄청나게 발달한 외계인들의 고향 행성은 따로 있었다. 그 자연 보호 구역 행성의 몇 안 되는 외계인들은 사실 외계인의 아이들이었다. 외계인 아이들이 싱그러운 자연을 찾아서 소풍을 온 것이었다. 그러니까 지구인 탐사대는 아무 힘이 없는 어린 외계인들을 몰살시킨 것에 지나지 않았다. 결말에 이르면 이 사실이 고향 행성에 알려지고, 분노한 외계인들은 엄청난 기술력으로 탐사대를 한 방에 파멸시킨다. 그뿐만 아니라, 죄를 지은 지구인 종족을 처벌하고자 지구를 완전히 전멸시킬 결심으로 대함대를 출동시킨다.

무질서하게 날뛰고 얼굴이 흉측하게 생겼다는 것만으로 화면 속에 등장한 외계인들을 일단 무섭고 나쁜 것이라고 시청자들이 무심코 생각하게 만든다. 그러나 그 외계인들은 범인 같지만 범인이 아닌 인물, 붉은 청어였다. 외계인의 모습을 지구인의 시각으로 판단한 편견이었을 뿐, 흉측한 외계인들은 소풍을 온 연약한 외계인 아이들이었다. 지구인들은 굉장한 오판으로 그 대가를 치른다.

조금 덜 노골적인 방식으로 산뜻하게 붉은 청어 수법을 써볼 수도 있다. 역시 1990년대판 「제3의 눈」에 나오는 〈감정과 이성

Hearts and Minds〉이라는 이야기가 좋은 예시가 될 만하다.

주인공 일행은 적과 싸우는 병사들이다. 이들은 몸과 정신의 집중력을 높여 주는 약을 먹고 열심히 싸운다. 적들은 무척 혐오스럽고 잔인하게 생긴 악마 같은 외계인 무리이다. 주인공 일행은 철저히 인정사정 봐주지 않고 적을 무찌른다. 그런데 알고 보니 집중력을 높여 주는 약이라고 해서 먹은 것은 정신을 조작하는 환각제였다. 그 환각제는 상대방을 증오스럽게 보이도록 정신을 바꿔 놓는 약이었다. 약 기운이 떨어진 상태에서 정신을 차리고 보니 혐오스러운 외계인 무리라고 생각해서 몰살시킨 상대방은 그냥 같은 사람들이었다.

여기까지도 일단 붉은 청어를 쓴 것인데, 이 이야기의 결말에는 붉은 청어가 하나 더 마련되어 있다. 주인공은 자신의 과오를 깨닫고 상대방과 대화하려 한다. 그런데 알고 보니 상대방도 주인공과 같은 종류의 약물을 사용하고 있었다. 상대방의 눈에는 주인공이야말로 혐오스럽고 잔인한 악마로 보일 뿐이다. 결말에 대화를 시도하던 주인공의 노력은 전혀 받아들여지지 않는다. 상대방은 주인공을 바로 사살한다.

이 이야기에서 약물을 사용해 환각을 보고 있던 주인공은 원래 무자비한 공격을 가한 쪽이었다. 악인이었다. 이때 시청자는 주인공이 악인이므로 당연히 상대방은 무고하고 불쌍한 피해자이자 착한 인물이라고 무심코 오해하게 된다. 그러나 사실은 그

것이 아니었다. 주인공은 붉은 청어였다. 주인공 쪽이 범인 같지만 범인 아닌 인물이었다. 그리고 상대방이 피차 마찬가지로 환각제에 중독된 악인이었다는 사실이 드러난다.

꼭 붉은 청어 수법은 아니더라도 주인공이 신비롭고 이상한 물건을 얻어 몰래 사용하고 있었는데, 결말을 보면 그 이상한 물건을 상대방 쪽에서도 쓰고 있었다는 식의 이야기 구조는 반전을 집어넣는 이야기에 자주 쓰이는 수법이다.

좋은 일 같지만 나쁜 일

이것은 〈범인 같지만 범인이 아닌 인물〉과 비슷한 발상이지만 방향과 각도를 약간 틀어서 반전을 만드는 수법이다. 옛날 동화에도 많이 나오고, 굉장히 자주 사용되는 방식이기도 하다.

가장 케케묵은 사례를 골라 보라면, 그리스 로마 신화에 나오는 미다스 이야기를 꼽아 볼 수 있을 것이다. 미다스는 손을 대는 것은 무엇이든 황금으로 바꾸는 초능력을 얻고 기뻐한다. 이제 무한한 부를 얻을 수 있을 거라고 생각했기 때문이다. 그렇지만 음식을 먹으려고 붙잡으니 음식도 황금으로 변하고, 사랑하는 사람을 손으로 만지면 그 사람도 황금으로 변해 버린다. 여간 불편하고 괴로운 것이 아니다. 그래서 미다스는 후회하고 괴로워한다.

이런 이야기 구조는 SF에서 한동안 거의 정형화되어 쓰이기도 했다. 무엇인가 새로운 기술이 나온다. 사람들은 그 기술에 열광한다. 그런데 알고 보니 무서운 부작용이 있다. 이럴 수가. 정말 그럴 수도 있겠네. 파멸. 끝.

이런 이야기는 대단히 흔하다. 사람을 영원히 살 수 있게 해주는 약이 개발된다. 곧 인구가 너무 많아져서 지구가 혼란스러워진다. 혹은 영원히 살 수 있는 세상이니 다들 죽음을 너무나 두려워하여 사고나 재난을 당하지 않으려고 항상 두려워하며 사는 겁쟁이들의 세상이 된다. 그래서 사람들은 오히려 불행해진다.

휘발유 대신 맹물로 움직이는 자동차가 개발된다. 주인공은 그 기술을 외국 회사에 팔아 부자가 된다. 그 때문에 예전 방식의 자동차를 만들던 회사들이 다 망하고 한국 경제는 엉망이 된다. 주인공은 모든 한국인들의 적인 매국노로 지목된다. 그리하여 해외로 몰래 탈출하려다가 몰매를 맞는다. 약간 공교로운 연출을 덧붙인다면, 그렇게 몰매 맞을 위기에 쫓겨 도망치다가 자동차에 부딪혀 교통사고로 최후를 맞이한다고 꾸며도 되겠다.

흔한 방식이다 보니 「환상특급」과 「제3의 눈」 양쪽에 비슷한 에피소드가 여러 편 나왔다. 1990년대에 방영된 「환상여행」이나 「테마게임」에도 이런 방식으로 반전을 꾸민 이야기가 꽤 있었던 기억이 난다. 그런 만큼 이런 식으로 이야기를 만들면 무난해 보이지만 한편으로는 뻔한 느낌이 들기도 한다.

조금 더 절묘하게 선과 악, 좋은 일과 나쁜 일의 분명치 않은 경계를 이용하면 훨씬 재미난 이야기를 만들 수 있다. 예를 들어, 1980년대판 「환상특급」의 〈좀 평화롭고 조용히A Little Peace and Quiet〉 에피소드는 많은 사람들이 기억하는 오묘한 이야기이다.

이 이야기에서 주인공은 주변의 시간을 멈출 수 있는 장치를 얻게 된다. 주부인 주인공은 아이들이 맨날 시끄럽게 뛰어놀며 귀찮게 하는 것에 질려 있었다. 그래서 이 장치를 이용해 시간을 멈춘 뒤 편안하고 조용하게 지낼 시간을 얻는다. 그 외에도 시간을 멈출 수 있는 장치를 이용해 이런저런 재미난 일을 한다.

어느 날 주인공은 핵전쟁이 일어났고, 곧 세상 이곳저곳에 핵미사일이 떨어져 세계가 끝장날 거라는 뉴스를 보게 된다. 주인공은 경악하여 시간을 멈춘다. 그리고 바깥에 나가 보니 다른 나라에서 발사한 핵미사일이 하늘을 가로질러 날아와 지금 곧 머리 위에서 떨어지기 직전 상태에 멈춰 있는 것이 보인다. 주인공은 어찌할 바를 모르고 핵전쟁 직전에 멈춰 있는 세상을 보며 울부짖을 뿐이다.

이게 다 꿈이었다

반전을 만드는 가장 성의 없고 허탈한 방법으로 〈이게 다 꿈이었다〉 수법이 있다. 온갖 위기와 문제와 고난이 주인공에게 잔뜩 몰려오고, 도대체 이 엄청난 위기를 어떻게 헤쳐 나가야 할지 막막한 상황이다. 관객들은 어떤 놀라운 일이 벌어져 이 엄청난 문제를 해결해 나갈지 궁금해하고 기대하며 결말을 기다린다. 그런데 결말을 보니 그냥 〈이게 다 꿈이었다〉 하고 넘어가 버린다. 허망할 수밖에 없다.

그러므로 〈이게 다 꿈이었다〉는 쓰면 안 되는 수법이라고 알려져 있다. 실제로 예전에 망한 영화들을 보다 보면 이야기를 풀어 나가다가 도저히 방법이 없어서 〈조금 전까지 본 것은 꿈일 뿐이었다〉 하면서 넘어가는 것들이 가끔 있었다. 1980년대 무렵의 한국 영화 중에도 몇 편이 생각난다. 그 정도로까지 막 나가지는 않더라도 공포 영화에서 굉장히 무서운 장면을 던져 두기는 했는데 다음 장면으로 연결하기는 마땅치 않은 경우에 그 장면을 주인공이 꾼 꿈으로 처리하고 진행하는 경우가 상당히 자주 보인다.

그렇지만 〈이게 다 꿈이었다〉도 잘 사용하면 제법 재미있는 경우가 있다. 두 가지 사례를 소개해 보려고 하는데, 공교롭게도 둘 다 지금까지 있었던 이상한 상황을 완전히 반대로 뒤집는 이야기를 갖다 붙여서 결말을 꾸미고 있다.

1960년대판 「환상특급」의 〈사람 혹은 모르는 사람Person or Person Unknown〉 에피소드는 아침에 잠에서 깨어났더니 갑자기 세상 사람들이 내가 누구인지 알아보지 못한다는 미치고 팔짝 뛸 노릇인 상황에서 시작한다. 결혼해서 같이 지내던 부인도 내가 누구인지 몰라서 놀라고, 회사에 가도 아무도 나를 모르며, 내가 일했던 흔적도 남아 있지 않다. 내 옛 친구도 나를 모르고, 내가 태어나고 살았다는 기록도 남아 있지 않다. 나는 정신 병원에 끌려갈 신세이다. 도대체 된 영문일까?

결말에 다다르면 주인공은 다시 아침에 잠에서 깨어난다. 〈이게 다 꿈이었다〉로 이야기가 이어진 것이다. 주인공은 모든 게 꿈이었다는 사실을 깨닫는다. 그리고 악몽을 꾼 것에 불과하다고 생각하며 안도한다. 그런데 정신을 차리고 일어나자 이번에는 정반대의 상황이 펼쳐진다. 자기 집에서 자기 아내라고 하는 사람을 보니 주인공이 전혀 모르는 사람이다. 주변 사람 모두 낯선 사람들인데 다들 주인공에게 아는 척을 하며 어울려 지낸다. 그게 결말이다.

다른 사례를 들자면 1960년대판 「환상특급」의 에피소드인 〈한밤의 태양 The Midnight Sun〉도 유명하다. 이 에피소드는 지구가 점차 멸망해 가는 이야기로 시작한다. 뭔가 문제가 생겨 지구와 태양 간의 거리가 약간 가까워지는 현상이 일어난다. 우주 전체로 보면 별것도 아닌 차이지만 그 덕분에 세상은 엄청나게 더워진다. 이대로라면 온 세상이 너무 더워서 망할 것 같다. 사람들은 피난을 가거나 폭동을 일으키는 등 지구 종말의 분위기도 같이 뜨거워진다. 주인공은 계속해서 더위와 열기에 시달리며 괴로워하고 절망해 간다. 결말이 가까워지면 주인공이 그리고 있던 그림의 물감이 열기에 녹아 줄줄 흐른다. 그림으로나마 남겨 둔 시원한 폭포 풍경조차 엉망으로 망가진다.

다음 장면에서 주인공은 정신을 차린다. 알고 보니 〈이게 다 꿈이었다〉인 상황이다. 사실 주인공은 정신이 오락가락하는 와중에 꿈을 꾸고 있었던 것이다. 꿈에서 깨어나자 현실은 오히려 정반대로 지구가 태양과 멀어져서 세상이 얼어붙으며 종말을 맞이하고 있는 상황이었다.

〈이게 다 꿈이었다〉식의 반전을 결말에서 사용하지 않고 초반부나 중반부에 지혜롭게 활용하면 이야기를 좀 더 색다르게 꾸밀 수도 있을 것이다. 예를 들어, 지금까지 현실이라고 생각했던 것이 가상 현실이라는 이야기라든가, 꿈과 현실이 헷갈리는 상황의 모호한 느낌을 교묘하게 이용한 이야기들을 생각해 볼 수 있다.

이런 이야기들은 1960년대판 「환상특급」에도 비슷한 것이 있었지만 세월이 흘러 사이버펑크cyberpunk가 유행한 이후에 더 많아진 느낌이다. 1990년대 말, 2000년대 초에는 〈매트릭스〉시리즈가 큰 인기를 끌고 나서 비슷한 수법을 활용한 이야기들이 한바탕 잔뜩 쏟아지기도 했다.

기본 합의를 뒤집어라

추리 소설 중에는 서술 방식에서 무심코 독자가 전제로 두게 되는 사항을 뒤집어엎어 의외의 반전을 만드는 이야기들이 있다. 일본 추리 소설계에서는 흔히 〈서술 트릭〉이라고 하는 방식인데 〈서술 트릭은 글로 쓰는 이야기의 허점을 파고드는 방식이므로 영화나 TV로 만들 수는 없다〉는 속설이 인터넷에 널리 퍼져 있기도 하다. 그렇지만 영화나 TV에서도 비슷한 방법으로 의외의 반전을 만드는 경우가 가끔 보인다.

예를 들어, 배우들이 나와서 연기를 하며 어떤 이야기를 보여준다고 해보자. 우리는 그것이 우리가 사는 현실과 비슷한 이 세상 어디인가에서 일어날 수 있는 일을 작가가 상상해서 보여 주는 것이라고 생각한다. 기본적으로 TV, 영화, 연극에서 보여 주는 이야기란 그런 것이기 때문이다. 이런 것은 따로 말 안 해주어도 다들 그렇게 생각하는 공통의 이해이다.

일일 연속극에서 주인공이 혼잡한 지하철을 타고 패션 회사에 출근하는 장면이 나온다면, 따로 설명이 없어도 그 장면은 당연히 대한민국 서울에서 연속극이 방영되는 무렵에 벌어지는 일을 그리고 있는 것이라고 다들 생각한다. 그게 뉴욕에 있는 회사인데 유독 한국 지하철과 비슷하게 생긴 열차가 도입된 가까운 미래에 마침 한국인 직원들만 출근해서 일하고 있는 회사의 장면을 보여 주는 거라고는 아무도 생각하지 않는다. 배경이 뉴욕이라는 것을 알리는 장면이 따로 더 나온다면 모를까. 그런데 그런 식으로 관객이 무심코 받아들이는 기본 합의를 뒤집어 버리면 반전을 만들 수 있다.

1990년대판 「제3의 눈」에 나오는 〈새로운 삶A New Life〉 에피소드에서 주인공은 종교 단체 같은 것에 빠져서 그 단체가 운영하는 숲속의 공동 생활 시설에 들어가게 된다. 그런데 살다 보니 그 단체가 수상쩍어 도망치려고 한다. 그 과정에서 사실 그 단체는 외계인들이 사람들을 노예로 부리기 위해 운영하는 곳이라는 사실을 알게 된다.

주인공은 숲을 지나 산 넘고 물 건너 탈출하려고 한다. 그런데 알고 보니 주인공이 머물던 숲속의 공동 생활 시설이라는 곳은 꼭 지구의 숲처럼 내부를 꾸며 놓은 거대한 우주선이었다. 애초에 주인공은 종교 지도자들을 따라 공동 시설로 갈 때 버스를 타고 간 것이 아니라 도시 하나만 한 우주선에 실려 간 것이었다. 외계인들이 만들어 놓은 커다란 동물원 우리나 다름없는 거대한 우주선 속에 내내 붙잡혀 있었던 것이다. 외계인의 우주선은 지구에서 어마어마하게 멀리 떨어진 곳에 있으므로 그 거대한 우주선 안에 꾸며 놓은 환경 속에서 아무리 산을 넘고 물을 건너 봐야 주인공은 결코 고향으로 돌아갈 수 없다.

우리는 영화나 TV에서 산과 들을 보여 주면 당연히 그게 우리가 사는 세계의 평범한 산과 들이라고 생각한다. 너무나 당연해서 굳이 그런 것을 〈지구의 어느 산〉이라고 자막으로 알려 주지도 않는다. 그 당연한 생각을 뒤집는 것이다. 사실은 그 장소가 꼭 지구의 산과 들처럼 꾸며 놓은 외계인의 거대한 우주선이라는 이야기를 갖다 붙이면 놀라운 반전이 된다. 제대로 된 반전을 집어넣은 이야기들 중에는 이런 부류가 자주 눈에 뜨이는 듯싶다.

어떤 사람이 화면에 나와서 주인공처럼 연기를 하면, 우리는 당연히 그 사람을 주인공으로 여기고 우리가 이해할 수 있는 사람일 거라고 생각한다. 좀 더 나아가서 주인공이라는 이유로 선한 인물일 거라고 생각하는 경우도 흔하다. 그리고 주인공이 쌓아 나가는 이야기를 마음속에 받아들여 나가며 내용을 이해한다. 그러므로 그 당연한 전제와 상식을 엎어 버리면 반전이 이루어진다.

1960년대판 「환상특급」의 〈시간의 늦음The Lateness of the Hour〉 에피소드에서는 로봇과 자동 기계를 싫어하는 주인공을 보여 준다. 그런데 결말을 보면 이 주인공이야말로 겉모습이 사람과 아주 비슷하게 생긴 로봇이라는 사실이 밝혀진다. 주인공은 당연히 사람이라는 상식을 뒤엎어 버리는 이야기이다.

SF 영화 중에는 주인공이야말로 악당이라는 식으로 이야기가 흘러가는 경우도 있고, 주인공에 대한 고정 관념을 이용해서 초반에 꼭 주인공처럼 등장했던 인물이 알고 보니 주인공이 아니라는 식으로 돌아가는 이야기도 있다. 무심코 배경이 현대라고 생각하며 지켜보았는데, 끝날 때쯤 보니 5천 년 후의 미래에 사는 사람들이 20세기 모습으로 꾸민 민속촌 같은 곳에서 겪는 이야기라는 식으로 흘러가는 경우도 있다. 조금 더 궁리하면 이런 반전을 역방향으로 넣는 것도 가능하다.

옛날 컴퓨터 게임 중에 이런 것이 있다. 주인공은 검과 마법을 이용해서 괴물들을 물리치고 마왕과 싸우는 모험을 한다. 이런 이야기는 당연히 우리가 사는 세상이 아닌 상상 속의 세상, 현실이 아닌 마법의 나라를 배경으로 하는 이야기라고 받아들이게 된다. 그런데 결말에 이르면 사실 이 게임 속 세상은 상상 속의 마법 나라가 아니라 지금 인류의 문명이 멸망한 후 먼 미래의 지구였다는 사실이 드러난다. 괴물이라고 생각한 것은 미래 시대에 탄생한 유전자 조작 생명체 같은 것이고, 주인공이 사용하는 마법은 인류 문명이 멸망하기 전에 남겨 놓은 최첨단 과학 기술 장치의 위력이었다는 사실이 밝혀진다.

내가 무척 좋아하는 1960년대판 「환상특급」 에피소드 중에 〈출구를 찾는 다섯 명의 등장인물 Five Characters in Search of an Exit〉 이라는 이야기가 있는데, 그것도 이런 부류에 속한다.

이야기가 시작되면 알 수 없는 이상한 벽으로 막힌 공간에 다섯 사람이 갇혀 있다. 장군, 어릿광대, 발레리나 등 개성 있는 인물들이다. 그들은 왜 자신들이 거기에 와 있는지, 그곳이 어디인지 알지 못한다. 어떤 사람은 그곳에서 탈출할 방법을 찾아야 한다고 생각하고, 어떤 사람은 그곳에서 그냥 가만히 있자고 한다. 온갖 방법으로 그곳의 정체가 무엇인지, 왜 자신들이 그곳에 있는지 알아내려고 하지만 모든 것은 수수께끼이다. 다섯 사람은 서로 토론하고 갈등하고 논쟁한다.

마침내 한 사람이 온갖 고난과 역경 끝에 가까스로 벽 너머를 보려고 한다. 그러다 건너편으로 떨어지는데, 그때 이야기의 시점이 완전히 바뀐다.

시점이 바뀐 이야기에서 한 어린이가 양철통 바깥으로 떨어진 인형을 본다. 어린이는 인형을 다시 양철통 안으로 집어넣는다. 양철통 안에는 장군, 어릿광대, 발레리나 등 인형 다섯 개가 있다. 그뿐이라는 이야기이다.

TV나 영화에 인물이 등장해 고민하고 번민하면, 우리는 그가 사람이고 그가 겪는 일은 의미 있는 사건이라고 받아들인다. 그게 서로 간에 말은 안 해도 제작진과 시청자가 합의한 불문율이다. 그런데 이 이야기는 바로 그 점을 공격한다. 사실 모든 것은 다섯 개의 인형이 양철통 안에 들어 있을 뿐인 의미 없는 상황이었다. 놀라운 이야기이자 예상치 못한 반전이 된다.

내친김에 마지막으로 한 걸음만 더 나아가 보자.

실제로 인형의 머릿속에서도 플라스틱 분자들이 열에 의해 항상 떨리고 있을 것이다. 그런 현상에 별 의미가 없을 뿐이다. 사람의 머릿속에서 뇌세포의 화학 반응으로 일어나고 있는 생각과 고민은 그보다 얼마나 더 의미가 있는 현상일까? 세상이 어떤 곳인지, 삶의 의미가 무엇인지 찾아가려고 하는 사람의 삶이 양철통 안에 던져진 다섯 개의 인형과 얼마나 다른 것일까?

다시 보기를 시작하시겠습니까?

반전 만들기

붉은 청어

관객을 오해하게 하려고 등장시키는 인물이나 소재를 말한다. 누가 봐도 범인일 것 같은 사람은 붉은 청어일 뿐, 진짜 범인은 꼭꼭 숨어 있다. 이 수법을 역으로 이용해서 범인일 것 같던 인물이 진짜 범인이라는 식의 반전도 가능하다.

좋은 일일까, 나쁜 일일까?

미다스는 손을 대는 것은 무엇이든 황금으로 바꾸는 능력을 얻고 기뻐한다. 사랑하는 사람마저 황금으로 변해 버리기 전까지는……. 선과 악, 좋은 일과 나쁜 일의 분명치 않은 경계를 이용하면 재미난 반전을 만들 수 있다.

이게 다 꿈이었다

아주 잘 사용해야만 효과적이다. 특히 초반부나 중반부에 지혜롭게 활용하면 이야기를 색다르게 꾸밀 수 있다. 영화 「매트릭스」를 떠올려 보자.

기본 합의 뒤집기

주인공은 다 선한 사람일까? 산 넘고 물 건너 탈출한 곳도 우주선 안이라면? 관객이 당연하게 받아들이는 기본 합의를 공격하면 예상치 못한 반전이 된다.

스타쉽 트루퍼스

Starship Troopers

1997

거대한 괴물들

영화 「스타쉽 트루퍼스」는 지구의 군인들이 괴물처럼 생긴 외계 동물들과 전쟁을 벌인다는 내용이다. 외계 동물들은 꼭 지구의 곤충처럼 생겼는데, 확연히 다른 점은 바로 크기가 크다는 것이다. 이 영화 속의 벌레처럼 생긴 외계 동물들은 사람보다 약간 더 크다. 대략 황소 한 마리 크기쯤 되는 것 같다.

곤충처럼 생겨서 크기만 이렇게 큰 이유는, 그래야 지구의 군인들과 싸울 때 위협적으로 보이기 때문이다. 이 영화는 지구 군인들이 끝없이 몰려드는 엄청난 숫자의 외계 동물들을 상대로 총을 마구 쏘아 대며 부수고 다니는 장면을 보여 준다. 실제로 우리는 일상생활에서 개미 같은 곤충이 떼로 몰려다니는 장면을 자주 보기 때문에 이런 싸움 장면은 인상적으로 보일 수 있다. 한국어에는 〈개미 떼처럼 많다〉라는 관용 어구가 있을 정도이다.

그런데 외계 동물의 크기가 진짜 개미만 하다면 화면에 등장했을 때 무섭고 위협적으로 보이지는 않을 것이다. 그렇기 때문에 적어도 사람을 위협할 수 있을 정도로는 커야 한다. 그렇다고 해서 너무 커서도 안 된다. 이 영화의 주인공은 총을 들고 뛰어다니며 수류탄을 던지는 현대의 보병 병사 같은 군인이다. 그러니까 뛰어다니면서 총을 쏘기에 적당한 상대여야 한다. 만약 벌레처럼 생긴 외계 괴물이 산만큼 커다란 크기라면 총질을 하며 싸우는 이야기에 적당한 적수로 보이지는 않을 것이다. 총 몇 발로 당해 낼 수 없으니 싸움 구경의 재미가 살지 않을 것이고, 반대로 그렇게 커다란 괴물이 총 몇 발을 맞고 쓰러진다면 그것은 그것대로 또 맥 빠지고 싱거운 느낌일 것이다.

그래서 「스타쉽 트루퍼스」에서는 외계 동물을 사람보다 조금 큰 정도면서 개미 떼처럼 몰려다니는 습성이 있는 것으로 표현했다. 이 정도면 병사들끼리 총을 쏘며 다투는 전쟁 영화와 비슷하게 장면을 만들어 보여 줄 수 있으면서, 동시에 벌레치고는 아주 커다란 괴물이 나타났다는 이상하고 위협적인 느낌도 살려 줄 수 있다.

무엇인가 덩치가 커다란 것이 나타나는 모습은 사람을 원초적으로 놀라게 하는 면이 있다. 낚시 잡지의 표지에 커다란 물고기를 붙잡은 사람의 모습이 실린 것을 보면 앞뒤 사정을 제쳐 두고 일단 신기해 보인다. 큰 짐승을 만나면 피하는 게 좋다는 동물적인 본능이 먼 옛날 유인원 시절부터 지금의 사람에게까지 전해졌기 때문인지도 모르겠다. 옛날이야기에도 집채만큼 커다란 호랑이가 나타났다는 대목은 거의 상투적이라고 할 수 있을 정도로 자주 나온다. 아주 커다란 지네가 나와서 사람이 바치는 제물을 먹는다는 전설도 잘 알려져 있고, 커다란 뱀이 나타나서 사람을 괴롭힌다는 전설도 이곳저곳에 퍼져 있는 편이다.

SF의 시대가 시작되자 바로 그런 옛 전설에서 보이던 커다란 괴물 이야기를 SF 느낌으로 풀어내는 이야기들도 나오게 되었다. 나는 과학이나 기술과 관련된 상상력을 동원해서 막연한 꿈이나 마법 같은 이야기도 무슨 무슨 기술을 이용하면 현실에서 볼 수 있을지 모른다고 설명해 주는 것도 SF의 재밋거리 중 하나라고 생각한다. 이렇게 하면 옛 신화나 환상 소설에 나올 법한 기적 같은 이야기를 소재로 살려 써서 신기한 느낌을 살리면서도 과학 기술이 발전하면 그런 일이 실제로 일어날지 모른다는 현실감도 어느 정도 줄 수 있다.

괴물이 태어나는 장소

1950년대 영화 제작진들이 그런 목적을 위해 이용했던 소재는 바로 핵무기와 방사능에 대한 공포였다. 1945년에 첫선을 보인 핵무기는 과거의 무기들에 비해 위력이 너무나 막강해서 사람들을 겁에 질리게 하기에 충분했다. 〈이렇게 강한 무기로 싸움을 벌이다가 자칫 잘못하면 온 세상이 홀랑 다 멸망할 수도 있는 것 아닐까〉 하는 걱정을 담은 SF물도 하나둘 나오게 되었다.

그런 핵무기에 대한 으스스한 느낌을 전설 속에 자주 나오는 덩치 큰 괴물에 섞은 이야기가 바로 방사능 돌연변이 이야기 아닌가 싶다. 방사선을 쬐어 주면 돌연변이가 발생하는 경우가 많다고 하고, 핵무기를 사용하면 방사선이 많이 나온다고 하니, 핵무기가 폭발한 곳 근처에서 생물이 돌연변이를 일으켜 거대한 괴물이 태어나게 되었다는 식으로 이야기를 꾸미면 얼추 들어맞는다고 상상했지 싶다.

이렇게 하면 그저 환상 속의 세계를 배경으로 갑자기 마법사의 마법으로 거대한 도마뱀 괴물이 나타났다고 이야기하는 것보다 더 구체적이고 그럴듯한 느낌이 난다. 그런 괴물 도마뱀이 과학 기술이 발전한 어느 나라 근처에서 나타났다고 이야기를 만들 수 있다.

게다가 이렇게 이야기를 만들면 좀 황당한 내용이라고 하더라도 과학 기술과 관련된 현실에 근거해서 이야기들을 갖다 붙이기가 좋아진다. 예를 들어, 핵무기와 관련되어 방사선을 많이 쬐는 일이 일어나려면 핵무기와 관련된 실험을 하는 곳 근처에서 사건이 벌어져야 한다. 이런 핵무기 실험은 사람이 없는 외딴곳에서 벌어지기 마련이다. 자연히 괴물이 처음 나타나는 곳도 사람이 없는 외딴곳이 된다. 실제로 사막 한가운데나 바다 한가운데의 외딴섬 같은 곳이 잘 알려진 핵 실험 장소였다.

그러므로 돌연변이로 거대한 괴물이 태어나는 장소도 사막 한가운데나 바다 한가운데가 될 거라고 해야 이야기가 들어맞는다. 그러면 사막이나 바다에서 볼 수 있는 생물이 덩치가 커져서 괴물로 변하는 이야기로 연결할 수 있다. 곧 사막에서 탄생한 괴물이 점차 도시를 향해 접근하는 이야기가 될 것이다. 그렇다면 사막을 지나가는 고속 도로의 자동차를 탄 사람들이나 여행객들이 먼저 괴물을 발견하고 공격당할 것이다. 그리고 사람들은 사막 방향에서 오는 괴물로부터 도시를 방어하기 위해 나설 것이다. 이런 이야기들이 그럴듯하게 자연스레 이어져 나갈 수 있다.

물론 방사능이 돌연변이를 잘 일으킨다고 하지만 겨우 그런 이유 때문에 생물이 갑자기 그렇게 커다란 괴물로 변하는 일은 거의 불가능하다. 그런 상상은 정확한 과학이라고는 할 수 없다. 그렇지만 과학 기술과 관련된 소재이기 때문에 그다음 이야기들은 현실적으로 있음 직하게 이어 붙일 수 있다. 만약 과학 기술과 아무 상관 없이 마법사가 마법으로 괴물을 만들어 내는 이야기라면 그 괴물을 어디에서 만들어 내는지, 그 괴물은 누구 눈에 먼저 뜨이는지, 그 괴물과 언제, 어디서 싸우게 되는지 작가가 그저 상상 속에서 이런저런 조건을 떠올려 지어내야 한다. 〈괴물 만들기 마법을 하려면 햇빛의 기운을 많이 받아야 하므로 햇빛이 잘 드는 곳에서 괴물을 처음 만들었다〉는 식으로 사연을 그냥 혼자서 지어내야 한다. 그런 이야기도 그런 이야기 나름의 맛이 있고 소중한 것이기는 하다. 하지만 실제 상황, 현실의 배경과 어울려 그럴듯해지는 SF와는 다르다.

1950년대에 나온 초기의 방사능 괴물 영화들은 괴물이 탄생하는 과정은 과장이 심했을지언정 나름대로 제법 진지하게 지적하는 바가 있기도 했다.

그들!

1954년 작 「뎀Them!」은 핵 실험으로 인한 방사능 오염 때문에 개미들이 거대한 괴물로 자라나서 사람들을 공격한다는 내용을 다루고 있다. 이렇게 보면 1950년대에 유행한 여느 방사능 괴물 영화들과 별다를 바 없다. 1954년이면 이런 영화들이 본격적으로 쏟아지기 시작한 초기이므로 「뎀」은 그런 방사능 괴물 영화의 선배 격에 해당하는 영화라고 생각해 볼 수도 있다.

1950년대라면 뻔히 드러나 있는 벌판에서 대놓고 핵폭탄을 터뜨리고 멀리서 장군들이 그걸 구경하면서 멋있다고 감탄하던 시절이다. 1960년대 중국에서 핵 실험에 성공했을 때 병사들이 그 장면을 구경하면서 환호하는 모습을 촬영해 놓은 영상도 꽤 유명한 편이다. 프랑스는 1990년대까지도 본토에서 멀리 떨어진 태평양으로 함대를 보내 물속에서 핵폭탄을 터뜨리며 핵 실험을 했다. 물론 핵 실험을 하는 사람들도 생각이 아주 없는 사람들은 아니어서 당장 주변에 사는 사람들을 위협하는 곳에서 핵 실험을 하지는 않았다. 외딴 사막이나 깊은 바닷속에서 핵 실험을 했다. 얼핏 보면 핵 실험이 사람에게 당장 피해를 끼치는 것 같지는 않았다.

그렇지만 핵 실험은 주변의 생태계를 파괴하는 것이 사실이다. 정도의 차이는 있겠지만 핵 실험 때문에 어느 정도의 동물과 식물 들은 단숨에 죽거나 오염된다. 그러한 생태계 파괴로 인해 사람도 간접적으로나마 피해를 입을 수 있다. 「뎀」에서는 사람이 살지 않는 사막에서 핵 실험을 하기 때문에 당장은 별 피해를 입지 않는다. 그러나 그 핵 실험이 별것 아닌 개미를 괴물로 바꾼다. 그래서 개미들이 사람을 습격하게 된다. 이런 내용이므로 생태계 파괴로 인한 간접적인 피해 때문에 사람이 고통받을 수 있다는 우려를 담아낸 영화로도 볼 수 있다.

「뎀」은 그럭저럭 볼만한 정도로, 딱히 감동적이라고 하기는 힘든 영화이다. 또한 내용 면에서 생태계 파괴를 조심해야 한다는 사상을 이끌었다고 한다면 과장일 것이다. 하지만 1950년대 중반부터 사람들 사이에 싹트고 있던 생각을 보여 주기는 한다. 즉 기술 문명의 빠른 발전이 생태계를 파괴한다면, 결국 사람들에게도 피해를 줄 거라는 걱정스러운 분위기를 반영하는 영화라고 볼 수 있을 것이다.

이런 생각은 환경 오염과 생태계 피해를 걱정하는 여러 분야로 퍼져 나갔다. 사람에게 당장 큰 피해가 없으며 조금 들이마셔도 별로 위험하지 않은 살충제가 있다고 해보자. 그런 살충제라고 해도 아무 곳에나 막 뿌리면 벌레를 죽이는 과정에서 생태계를 파괴할 가능성이 있다. 그 바람에 새나 벌도 죽게 되고, 다른 해충이 번성하거나 식물이 죽어 가기 시작할지도 모른다. 곧이어 새들을 먹고 사는 짐승들도 죽어 갈 수 있고, 그러다 보면 사람에게도 피해가 돌아올 수 있다. 1950년대 말이 되면 레이철 카슨Rachel Carson 같은 작가와 여러 학자들의 연구가 이어지면서 환경을 보호하고 생태계를 보존해야 한다는 주장이 본격적으로 힘을 얻게 된다.

SF 속의 거대한 괴물은 그 외에도 여러 가지 방식으로 새로운 사상에 영향을 끼치는 방법으로 활용되었다. 아무래도 쉽게 눈에 뜨이고 어떻게 활용해도 최소한 흥미는 끌 수 있는 소재인 만큼 일단 거대한 모습으로 화면에 들이밀고 나면 무슨 소재건 거기에 얽어 놓기 좋았던 것이다.

커다랗고 멍청한 물체

1958년 작 「50피트 우먼Attack of the 50 Foot Woman」은 사악한 남편 때문에 마음고생하던 주인공이 15미터가 넘는 크기로 거대해져 동네를 부수고 다니며 화풀이를 한다는 내용이다. 이 영화는 거의 끝나기 직전까지 거대해진 주인공이 나오지도 않으면서 계속 시간을 끌고, 막상 거대해진 주인공을 보여 주는 짧은 장면도 특수 촬영이 부실한 편이다. 정작 영화 자체보다는 〈50피트 우먼〉이라는 제목과 영화 포스터가 주던 감상이 더 강한 영화였다고 생각한다. 그렇지만 이런 영화조차도 과거 성차별과 가부장제가 굳건하던 시대, 억압받는 여성의 처지와 그런 여성의 분노를 보여 주는 상징으로 충분히 영향을 줄 수 있었다. 그렇다 보니 의외로 여러 영화에 간접적으로 영향을 미치기도 했고, 이곳저곳에 자주 인용되는 영화로 자리 잡을 수도 있었다.

「쥬라기 공원Jurassic Park」이나 한국 영화 「괴물」에 나오는 공룡과 괴물도 마찬가지로 생각해 볼 수 있을 것이다. 둘 다 커다란 괴물을 등장시켜 재미난 이야기를 하면서 동시에 거기에 여러 이야기를 엮는다. 「쥬라기 공원」은 생태계 통제의 어려움이나 유전자 조작 기술 남용의 위험성과 연결된 영화였고, 「괴물」은 환경 오염이나 언론과 군중 심리의 관계에 연결된 영화라고 볼 수 있을 것이다. 유전자 조작 기술이 어떤 것인지 길게 설명하는 글을 보여 주는 것보다 일단 티라노사우루스가 거대한 덩치로 화면에 나와 울부짖는 장면을 보여 주고 난 뒤에 이야기를 펼치는 것이 더 재미있게 들어온다는 뜻이다.

SF 영화에서 거대한 개미나 공룡보다도 더 커다란 괴물을 찾아보는 것도 그다지 어렵지는 않다. 단 크기가 점점 커져 갈수록 괴물은 여러 가지 이야깃거리보다는 〈세상에 저렇게나 큰 것이 있다니〉라는 느낌으로 관객의 시선을 끄는 역할에 치중하는 것으로 보인다.

「듄Dune」에 나오는 모래벌레sandworm만 해도 커다란 것을 보여 준다는 위압감과 이야기를 연결하는 소재들이 잘 엮여 있다는 느낌이 든다. 이 영화에 나오는 모래벌레는 모래로 된 사막이 드넓게 펼쳐진 외계 행성에서 긴 세월 점점 커져 가는 거대한 생물이다. 그 때문에 사람들은 모래벌레를 신처럼 숭배하기도 하고, 힘이 센 가축처럼 활용하려고 들기도 한다. 영화 속에서는 거대한 고래의 열 배 정도 되는 크기로 나오는데, 원작 소설을 보면 길이가 수백 미터이고 굵기는 지름 몇십 미터는 되는 훨씬 더 거대한 생물이라고 한다. 혹시 SF에 그보다 더 큰 괴물은 없을까?

물론 있다. 〈우리 영화에 나오는 괴물이 더 크다〉, 〈아니다, 우리 영화 속편에는 더욱더 큰 괴물이 나온다〉 식으로 다툼을 하듯이 큰 괴물, 더 큰 괴물을 SF 영화에 등장시키는 것이 유행일 때도 있었다. 특히 우주를 배경으로 하는 영화에서 우주라는 곳이 이렇게나 신기하고 이상한 것이 많은 넓디넓은 세상이라는 느낌을 짧고 간략한 장면으로 보여 주기 위해서 거대한 괴물을 한 번씩 보여 줄 때가 많았다. 「스타워즈 에피소드 5: 제국의 역습 Star Wars Episode V: The Empire Strikes Back」에는 입을 벌리고 있는 모습이 커다란 동굴처럼 보여서 그 속에 우주선이 착륙할 수 있을 정도인 괴물이 나온다. 그 괴물이 나오는 장면이 짭짤했다고 생각했는지 〈스타워즈〉 시리즈에는 그보다 더 커다란 괴물이 몇 번 더 나오기도 했다.

「캐빈 인 더 우즈 The Cabin in the Woods」는 환상적인 분위기의 공포 영화로 출발하지만 후반으로 갈수록 SF 느낌이 물씬 풍겨 오는 영화이다. 이 영화 막판에는 아주 커다란 거인 괴물이 등장한다. 괴물의 손과 팔 정도만 보여 주기 때문에 몸집이 얼마나 큰지는 알 수 없지만, 적어도 어지간한 도시 하나 정도는 되어 보인다. 이 괴물은 돌아다니면서 지구라는 행성 자체를 쪼개 버리기 때문에 세계 전체를 상대할 수 있는 덩치라고 보면 되겠다.

이즈음 되면 점차 큰 괴물, 더 큰 괴물을 등장시키는 것은 조금씩 우스꽝스러워지기 시작한다.

옛날 SF 소설 중에는 일단 엄청나게 커다란 것을 등장시켜서 〈내가 이렇게나 어마어마한 이야기를 한다〉며 괜히 무게를 잡는 것들이 많았다. 〈한 척에 10만 명이 타고 있는 엄청나게 거대한 우주선 1억 척이 모여 있는 은하계 최대의 군대가 나타나 결전을 벌이려고 한다〉 같은 말로 시작해서 다른 소설에서는 볼 수 없는 거대한 이야기를 한다고 떠벌리는 것이다. 이런 식의 이야기는 조롱거리가 되기 쉬워서 SF 팬들 사이에는 〈커다랗고 멍청한 물체Big Dumb Object〉, 약자로 〈BDO〉라는 용어가 있을 정도이다. 별것 없으면서 괜히 눈길을 끌어 보려고 혹은 대단한 이야기인 척하려고 일단 크기가 큰 무엇인가를 들이밀고 시작한다는 점을 지적한 말이라고 볼 수 있겠다.

그렇다고 큰 괴물이 나온다고 해서 무조건 멍청한 이야기인 것은 아니다. SF 소설 중에는 한입에 행성 하나를 먹어 치울 수 있는 거대한 괴물이나, 태양만큼 커다란 별 속에서 자라나 알을 깨듯이 별을 깨면서 나오는 괴물 같은 것들도 나온다. 그런 괴물이 나오는 소설 중에도 제법 근사하게 이야기를 꾸며 놓은 것들이 없지는 않다. 지구를 작은 공처럼 손안에 들고 있는 커다란 우주 거인의 모습을 떠올려 보자. 이런 모습은 신화에 등장하는 지구를 창조한 거인의 모습과 비슷하게 보여 주는 수법으로 거의 정착되었다는 느낌이 들 정도이다. 또한 이런 모습은 세계를 단숨에 멸망시킬 수 있는 엄청난 힘을 가진 악당의 모습으로도 간편하게 표현될 수 있다.

SF 역사상 가장 큰 괴물은 무엇일까?

소설이라면 몇 글자를 써서 세상에서 가장 큰 괴물을 표현하는 것이 딱히 힘든 일은 아닐 것이다. 나도 한 단편에서 은하계 하나가 생물의 세포 하나의 역할을 하는, 말도 안 되게 커다란 우주 괴물에 대해 쓴 적이 있다. 게다가 〈우주 전체보다도 훨씬 더 크고 상상할 수 있는 거대한 괴물보다도 무조건 더 거대하여 앞으로 나올 모든 괴물보다도 더욱더 큰 극한의 괴물보다 더 큰 괴물〉 같은 말도 해보자면 어렵지 않다. 일단 그렇게 BDO를 등장시켜 놓고 이야기를 몇 줄 쓰면 SF 역사상 유례를 찾기 어려울 만큼 큰 괴물을 등장시킬 수는 있다.

그렇지만 많은 사람들에게 알려진 SF 영화로 제한을 해본다면 지금까지는 「맨 인 블랙Men in Black」 마지막 장면에 나오는 거대한 우주 괴물이 가장 큰 축에 속하지 않을까 싶다. 실제로 우리가 사는 은하계는 수백억, 수천억 개의 별이 모여 있는 덩어리이다. 그런데 「맨 인 블랙」 마지막 장면에는 은하계 하나를 작은 공깃돌 크기로 여겨지게 할 만큼 거대한 괴물이 잠깐 등장한다.

갤럭시 퀘스트

Galaxy Quest

1999

클리셰

영화나 소설에 너무 자주 나오는 상투적인 장면을 흔히 〈클리셰cliché〉라고 부른다. 한국에서 그렇게 많이 쓰는 말은 아니었는데 영화 평론가로도 맹활약하는 듀나 작가가 자신의 웹사이트에 클리셰들을 사전 형태로 만들어 올려 두면서 2000년 전후로 알게 모르게 스멀스멀 사람들 사이에 퍼져 나갔다. 곧 영화평을 쓰는 기자들, 작가들, 평론가들, 영화 좋아하는 사람들이 이 말을 쓰게 되었다. 그러다 보니 이제는 많이들 알아듣는 단어가 된 것 같다.

모험 영화에는 결말에 가면 남녀 주인공이 서로 사랑에 빠지는 이야기가 너무나 많다. 애초에 사랑을 찾아 만나고 헤어지는 연애담이었다면 그런 결말은 당연하다고 할 수 있겠지만, 그와는 별 상관 없이 폭탄 테러범의 공격을 피해 버스를 타고 시내를 질주하는 영화라든가, 세계 정복을 꿈꾸는 미치광이에게 맞서 세계를 돌아다니며 목숨을 건 모험을 하는 영화에서도 왜인지 결말 즈음이 되면 남녀 주인공이 서로 눈이 맞는 경우가 허다하다. 심지어 주인공급 남녀이기만 하면 첫 장면에서 적으로 등장하거나 서로 굉장히 싫어하는 사이라고 해도 결말에서 사랑에 빠질 때가 적지 않다. 지금 돌아보니, 첫 장면에서 굳이 싫어하는 사이로 나온 남녀라면 도리어 결말에서 사랑에 빠질 확률은 더 높아지는 것 같다.

이런 식으로 영화 속 세상에서만 너무 자주 등장하는 장면들은 사례가 쌓이고 시간이 지나면서 점차 뚜렷이 눈에 띄게 된다. 막판 즈음이 되어 〈하하, 너희는 모두 내 손아귀에서 놀아난 거야〉 따위의 대사를 읊어 준 뒤에 친절하게 자신의 의도와 세계 정복 계획을 기나긴 설명으로 해설해 주는 악당 두목이 나오는 장면이라든가, 주인공이 별 볼 일 없는 평범한 사람인 줄 알았는데 알고 보니 위대한 누구누구의 숨겨진 자손이고 그렇기 때문에 굉장한 재주를 갖고 있다는 식의 이야기는 수백 번, 수천 번 나왔지만 요즘 영화에도 잘도 나온다.

이런 부류의 상투적인 장면을 역이용하거나 뒤집는 영화들도 있다. 그런가 하면 노골적으로 웃음거리로 사용하거나 비웃는 영화도 있다. 「오스틴 파워: 제로 Austin Powers: International Man of Mystery」는 첩보 영화의 남자 주인공이 과도할 정도로 줄기차게 영화의 모든 여자 등장인물들의 사랑을 받곤 한다는 상투적인 내용을 웃음거리로 활용했다. 그래서 「오스틴 파워: 제로」의 주인공은 볼품없이 생겼고, 얼빠진 대사만 주절거리며, 심지어 과거에서 미래로 시간을 건너뛰어 온 바람에 수십 년 전에 유행이 지난 엉성한 모습으로 돌아다니는데도 여성 등장인물들이 심심 찮게 사랑의 눈빛을 보낸다는 농담이 이어진다. 그 얼토당토않은 모습이 우스꽝스러워 보이는 것이다.

이런 영화를 두고 평론가들은 〈클리셰를 비틀었다〉는 말로 설명하곤 한다. 그런데 사실 〈클리셰를 비틀었다〉는 말 자체도 너무 많이 나와서 이제는 클리셰가 되었거니와, 그냥 뻔한 방법으로 클리셰를 비트는 바람에 결과 자체도 별다를 것 없이 지루해지는 영화도 적지 않다.

그래도 SF 영화의 클리셰와 정면으로 대결하여 성공을 거둔 유명한 사례가 몇 있다. 「프랑켄슈타인」을 패러디한 「영 프랑켄슈타인Young Frankenstein」은 패러디 영화, 나아가서 코미디 영화의 고전 반열에 오르는 데 성공했다. 〈스타워즈〉 부류의 우주 모험 영화, 스페이스 오페라space opera의 클리셰들을 대거 연결해 웃음거리로 삼은 「스페이스볼Spaceballs」 역시 성공한 영화로 평가받고 있다. 「퓨처라마Futurama」나 「릭 앤 모티Rick and Morty」 같은 TV 시리즈 역시 SF물의 상투적인 장면들을 놀림거리로 삼거나 코미디의 출발 재료로 활용해서 이야기를 풀어 나갈 때가 많다.

내가 빨간 셔츠잖아!

한편 「갤럭시 퀘스트」는 SF 영화의 클리셰를 충실히 다루면서도 그냥 웃기고 넘어가는 경지에서 한 발 더 나아가 절묘한 재미와 감동을 잡아채기도 했다. 그 덕택에 나는 이 영화를 굉장히 재미있게 보았고, 이만큼 멋진 영화가 참 드물지 않으냐고 생각할 정도로 깊은 감동을 받기도 했다.

시작만 보면 「갤럭시 퀘스트」는 구식 TV 시리즈의 클리셰를 웃음거리로 삼는 것이 바탕인 영화이다. 영화 제목인 〈갤럭시 퀘스트〉는 극 중에서 오래전에 인기를 끈 TV 시리즈의 제목이다. 이 시리즈는 「스타트렉」과 비슷한 점이 많은 이야기로, 우주의 탐사선이 이 행성, 저 행성을 돌아다니며 관찰하고 조사하다가 아슬아슬한 모험을 겪는다는 내용이다.

그런 내용이다 보니, 무서운 외계의 악당들이 있는 행성을 돌아다닐 때 대원들 중에 가끔 희생자가 발생하기도 했다. 그런데 매주 다시 등장해야 하는 주연급 인물이 희생되면 다음 편을 만들 수가 없으니, 희생당하는 역할을 하는 사람은 꼭 계급이 낮은 하급 대원인 경우가 많았다. 「스타트렉」에서 이런 대원은 빨간 제복을 입고 나올 때가 많았기 때문에 아예 〈빨간 셔츠red shirt〉라는 표현이 고난을 당하고 있다는 사실을 보여 주기 위해 희생되는 역할을 맡은 단역 배우를 일컫는 용어로 정착될 정도였다. 「갤럭시 퀘스트」에서는 샘 록웰Sam Rockwell이 맡은 배역이 모험을 하다가 자신이 하필 딱 그 빨간 셔츠 역할을 하고 있다는 사실을 스스로 눈치챈다. 그러자 〈내가 빨간 셔츠잖아, 이러다 나 죽는 거 아니야〉라면서 겁을 먹는 장면이 나온다.

이렇게 「갤럭시 퀘스트」는 옛날 SF 시리즈의 클리셰로 웃기면서 동시에 그런 TV 시리즈를 사람들이 왜 좋아했는지, 왜 그런 이야기를 좋은 추억으로 간직하고 있는지 보여 주는 영화이기도 하다.

이 영화는 흘러간 TV 시리즈에 나오던 우주 함대와 외계인 종족 같은 것들이 놀랍게도 우주 저편에 실제로 있다는 점을 핵심으로 삼는다. 그리고 그곳에 간 TV 시리즈 배우들이 우주를 넘나드는 모험을 현실 세계에서 진짜로 펼치게 된다. 이런 방식으로 예전 TV 시리즈의 감성을 살리고, 그것을 깨끗한 컴퓨터 그래픽과 현대적인 감각이 풍부한 요즘 이야기로 보여 주는 재미를 동시에 버무려 낸다. 그 과정에서 일견 유치한 이야기를 보면서 꿈을 품던 마음도 돌이키게 해준다. 그런가 하면 팍팍한 현실에서도 하루하루 살아가야 한다는 고백을 담은 영화이기도 하다. 그런 이야깃거리들이 즐거운 코미디와 신나는 SF 모험담을 따라 흘러간다. 그러니 그렇게 재미있을 수가 없다.

클리셰를 다루는 영화 중에는 왜 비슷비슷한 장면이 그렇게 많이 나오는지 근본 원인을 잘 따져서 새롭고 참신한 방식으로 멋진 장면을 창조하는 영화도 있다. 그런 결과를 보면 존경스럽다는 생각이 든다. 「갤럭시 퀘스트」 역시 그런 영화이다. 이 영화에는 영화 속에 나오는 시한폭탄은 딱 0초가 되는 순간 해체에 성공할 때가 너무 많다는 점을 지적하며, 그런 클리셰의 특성을 영화 속에서 새롭게 활용하는 장면이 나온다. 이 영화가 얼마나 깊이 클리셰를 이해하고 활용하는지 보여 준다고 할 만한 대목이다.

나다운 게 뭔데?

세월이 지나면 한때는 유행하던 클리셰가 점차 사라져 버리기도 한다. 대본을 쓰는 작가들 사이에서 이런 장면은 너무 많이 쓰여서 이제 따라 하기에는 질린다 싶어 시들기도 한다는 뜻이다.

1980~1990년대 즈음에는 악당이 총을 쏘아서 주인공이 맞았는데 알고 보니 가슴팍 주머니에 누군가 소중한 선물로 주었던 숟가락 같은 것이 있어서 그게 총알을 대신 맞고 튕겨 주었기 때문에 주인공은 살아남았다는 부류의 이야기가 참 많이 나왔다. 또 「돌아오지 않는 해병」 같은 1960년대 한국 영화에는 전쟁터에서 총을 맞은 주요 등장인물이 굉장히 길게 슬픈 대사를 말하다가 생명이 다하는 장면이 무척 많이 나왔다. 그러나 요즘 전쟁 영화에서 이런 장면은 거의 멸종되었다.

2000년대 즈음 한국 연속극에는 슬퍼서 술을 마시고 취한 여자 주인공에게 남자 조연이 〈이런 모습 너답지 않아〉라고 말하면 여자 주인공이 〈나다운 게 뭔데?〉라고 소리치는 장면도 굉장히 많이 나왔다. 〈이런 모습 너답지 않아〉, 〈나다운 게 뭔데?〉라고 대사를 주고받는 모습은 한번 언론에서 이런 장면은 꼭 나온다면서 놀림거리가 된 후로 삽시간에 별로 나오지 않게 되었던 것 같다. 이렇게 쉽게 포기할 수 있는 장면이었다면 뭐 하러 그렇게 많이 집어넣었나 싶을 정도이다.

1990년대 초까지만 해도 남자 주인공 두 사람이 뭔가 오해가 생겨서 서로 주먹질을 하며 격투를 벌이는데 막상막하라서 승패를 가리기 쉽지 않으며, 그 후에는 왜인지 두 사람이 정이 들어서 친구가 된다는 식의 이야기도 매우 많았다. 이런 식의 이야기가 남자 주인공의 강하고 거칠면서도 시원하고 담대하며 배포가 큰 성격을 보여 준다고 여긴 것 아닌가 싶다. 한동안 온갖 영화, 연속극, 소설, 만화에서 남용되다가 1990년대 후반에 학교 폭력, 주취 폭력 문제가 심각해지면서 사그라들었다. 요즘은 아주 가끔 쓰이는 것 같다.

그렇지만 반대로 새롭게 태어나는 클리셰도 있다. 너무 많이 봐서 지겹다 싶은데 아직도 사라지지 않는 클리셰도 있다. 이 가운데 요즘 자주 눈에 뜨이는 클리셰의 유형 몇 가지를 밝혀 보고자 한다.

클리셰의유형

(1) 어린이의 죽음 때문에 한이 맺혀서 복수하려는 우주 해적

전통적으로 옛날이야기에는 부모님의 원수를 갚기 위해 모험을 한다거나 싸움에 나선다는 이야기가 거의 무절제할 정도로 많았다. 그런데 최근 10년 사이에는 그 이야기를 어린이의 죽음이 대체하고 있는 것 같다. 어린이가 비참하게 목숨을 잃는 장면은 아무리 영화라고 해도 일단 보는 것만으로 지나치게 충격적이기 때문에 옛날 할리우드 영화에는 아예 나오는 경우가 드물었다. 그렇지만 요즘에는 강렬한 충격과 자극을 주어야 주인공의 동기를 더 설득력 있게 전할 수 있다는 생각 때문인지 무척 자주 활용되는 것 같다.

나는 주인공이 악당의 악한 점 때문에 맞서 싸우려고 한다는 이야기가 더 명확하고 좋지 않나 생각한다. 독재자는 독재를 한다는 점이 악하기 때문에 주인공이 맞서 싸운다는 이야기가 더 좋다고 본다. 독재가 왜 나쁜 것인지 똑똑히 표현할 만한 방법이 별로 생각나지 않으니까 그냥 독재자가 어린이의 목숨을 빼앗는 장면을 끼워 넣어 보여 준다. 그러고 나서 어린이가 목숨을 잃었으니까 주인공이 분노해서 싸운다는 이야기는 핵심을 피해 가는 것 아닌가?

그나마 이런 이야기가 많지 않았을 때는 클리셰라는 생각까지는 들지 않았다. 하지만 비슷비슷한 동기로 움직이는 주인공을

최근에 너무 많이 본 것 같다. 요즘에는 이런 장면이 나오면 〈주인공이 좀 더 주목을 받게 하려고 괜히 제작진이 어린이 목숨을 빼앗는 장면을 넣었네〉싶은 느낌이 먼저 든다.

(2) 갈등 끝에 친구가 주인공을 향해 광선총을 쏘는데 알고 보니 주인공 뒤에 있는 악당을 쏜 것

주인공은 친구에게 자신의 정체를 밝힌다. 사실 나는 지구인이 아니라 흉측한 모습의 외계인이고, 지난번 폭발 사건의 범인이다. 그렇지만 지구의 군인들이 나를 붙잡아 가둬 놓고 연구를 하려고 했기 때문에 어쩔 수 없이 그런 행동을 한 것뿐이다. 나를 믿어 주고 도와 달라.

흉측한 본모습을 드러낸 주인공을 보고 친구는 갈등한다. 친구는 주인공을 향해 광선총을 겨누고 있다. 방아쇠만 당기면 광선이 발사되고, 주인공은 목숨을 잃을지도 모르는 상황이다. 어떻게 될까? 설마 그래도 주인공인데 여기서 총을 맞을까? 친구는 그래도 친구인데 정말 주인공에게 총을 쏠까? 주인공이 자신의 정체를 여태 속였으니 친구의 놀라움과 분노를 생각하면 총을 쏠 수도 있을 것 같다.

관객들은 아슬아슬하게 지켜본다. 그때 총소리가 극장에 울려 퍼진다. 화면에는 총을 쏜 친구의 얼굴이 한가득 잡힌다. 이럴 수가, 주인공이 총에 맞다니. 놀랍다. 영화가 이렇게 진행되

다니…….

　그렇지만 다음 장면을 보니 주인공은 총에 맞지 않았다. 친구는 주인공 방향으로 총을 겨누기는 했지만 바로 뒤에서 다가오고 있던 주인공을 공격하려는 로봇을 대신 쏘아 맞힌 것이었다. 결국 주인공을 믿기로 결심하고 오히려 도와준 것이다. 다음 장면에서 친구는 주인공과 같은 편이 되어 뛰어간다.

　이런 장면, 굉장히 여러 번 본 것 같지 않은가? 꼭 총이 아니라 칼을 쓸 때도 있고, 화살을 겨눌 때도 있고, 다른 무기를 쓸 때도 있는데 하여튼 요점은 같다. 한참 뜸을 들이다가 주인공을 공격하는 줄 알고 놀라게 하는데, 알고 보니 주인공이 아니라 주인공 뒤에 오던 적을 공격한 것이다. 주인공에게 무기를 겨눈 상대는 사실 적이 아니라 주인공의 동료인 것으로 판가름 난다.

　이런 장면은 영화 앞뒤와 별 상관 없이 들어갈 수 있다. 어차피 주인공은 끝까지 이야기를 끌고 가야 하니 그 장면에서 총을 맞고 퇴장할 수는 없다. 뜸을 들이며 총을 쏠까 말까 하다가 〈앗, 어떻게 주인공이 여기에서 총에 맞을 수가〉라면서 놀라게 하지만, 그 놀라움은 2초 후면 없어질 인스턴트 놀라움에 지나지 않는다. 나는 이런 장면은 2초 정도 아슬아슬함을 끄는 효과밖에 없다고 생각한다. 주인공이 놀라운 활약을 하거나 독특한 재주를 부려서 위기를 극복하는 것도 아니고, 그냥 가만히 서 있기만 하다가 친구의 결단에 따라 모든 게 정해지니까. 조금은 친구라는 인물을 살려 주기도 한다. 어쨌거나 갈등 속에서 큰 위기를 지나왔다는 느낌은 줄 수 있다. 그러나 비슷한 장면이 너무 많이 나왔던 것 같다. 그래서 이제는 왜 또 저러나 싶은 생각이 먼저 든다.

왜 그런 장면을 넣는지 이해는 간다. 친구가 주인공의 숨겨진 비밀을 깨닫는 전환점이라면, 뭔가 극적인 사건이 펼쳐지기는 해야 할 것이다. 그런데 영화에 다른 내용도 많다 보니, 그런 사건을 따로 하나 지어내서 영화 속에 끼워 넣기는 어렵다. 잠깐 몇 초 사이에 목숨이 걸린 중요한 장면인 것처럼 하면서 친구가 주인공 편이 될지, 악당 편이 될지 결단을 내리는 방법으로 뚝딱 한 장면 집어넣으면 제일 좋을 것 같다. 그러니 이런 방법을 쓰고 또 쓰게 되는 것이다.

(3) 선택된 사람들만 사는 우주 기지

기독교 문화권의 여러 나라에서 전래되어 온 전설을 보다 보면 하늘 위에 있는 나라가 모든 것이 완벽한 세계로 나오는 경우가 자주 있다. 이런 전설 속의 인상과, 미래 세계에는 하늘 위 높은 곳에 가면 모든 것이 깨끗하게 관리되는 부유한 사람들만의 우주 기지가 있을 거라는 이야기는 서로 어울린다. 특히 지상은 환경이 오염되어 더럽고 혼란스러우며 지옥 같은 곳인데, 우주선을 타고 천상으로 가면 부유한 사람들의 천국 같은 세상이 있다는 식으로 상황을 꾸며 놓는다고 해보자. 그러면 그 느낌은 더욱 옛 전설이나 신화와 비슷해진다.

듀나 작가는 이런 것을 〈나 좀 보소 상징주의〉라고 불렀다. 지상은 지옥, 우주의 기지는 천국을 상징한다. 그렇지만 동시에 천국과 지옥이 그대로 선악은 아니다. 사실 천국에 사는 것은 가난한 사람들을 내쫓은 소수의 부자들이다. 그들은 자신들만을 위하는 차별 위에 위선적인 천국을 건설했다는 이야기가 된다.

이야기를 그렇게 꾸미면 상징으로는 괜찮지만 다른 이야기를 덧붙여 실감 나게 꾸려 가는 것이 어려워진다. 옛 신화에서는 하늘 구름 위에 신선과 옥황상제가 사는 천상의 아름다운 세상이 있다는 것이 그럴듯하게 생각되었을지 모르지만, 사실 현실적으로는 우주 바깥 세상이 아무리 좋아 봐야 지구보다 좋기란 어렵기 때문이다.

영화 「엘리시움Elysium」에는 온통 공기가 오염되고 물도 더러워진 지구가 나온다. 반면 우주에 있는 기지에서는 부자들이 깨끗한 공기와 물을 즐기면서 산다. 옛 신화와 전설에 잘 들어맞기는 한다. 그렇지만 그 소재를 재미나게 펼쳐 가며 이야기를 덧붙이기가 어렵다. 왜냐하면 우주에는 깨끗한 공기와 물은커녕 아예 공기나 물 자체가 없기 때문이다. 우주에 띄워 놓은 기지에서 물과 공기를 얻으려면 지구에서 실어 가는 수밖에 없다. 우주의 허공 속에서 물과 공기를 만들 수는 없다. 우주 기지야말로 지구에 의존하며 얽매여 살아야 한다는 상황이 도리어 훨씬 더 자연스럽다.

다시 말해서 지구가 아무리 더럽게 오염되었다고 하더라도 우리 태양계에서는 지구가 사람이 살기에 가장 좋은 낙원이다. 달이나 금성에 아주 멋진 세계를 건설하기 위해 물을 만들어 내는 별별 해괴한 장치를 잔뜩 만들어 둔다고 해도 그보다는 그냥 지구에 있는 더러운 물을 걸러서 쓰는 방법이 훨씬 간편하다. 만약 지구와 우주를 나누어 힘 있는 사람들이 더 좋은 곳에 가야 하는 상황이라면, 힘없는 사람들이 우주로 쫓겨난다는 이야기가 도리어 훨씬 더 그럴싸하다. 아무리 지구가 더럽게 오염되고 살기 힘들게 파괴된다고 해도 이 삭막한 우주에서 지구만큼 좋은 곳은 없다.

아닌 게 아니라, 과거에 나온 SF 중에는 그런 구도를 살리는 것들도 없지 않았다. 힘 있는 사람들이 지구에 살고, 힘없는 사람들이 우주에 사는 이야기. 오히려 지상을 차지하고 있는 것이 성공한 사람들이고, 거기에서 밀려난 사람들이야말로 천상을 떠돈다는 내용이었다. 「블레이드 러너Blade Runner」에서 지구 밖 외계 행성은 상상할 수도 없는 끔찍한 일을 감내하며 생존해야 하는 무시무시한 곳이고, 「토탈 리콜」에서 화성은 항상 공기가 부족해 허덕이며 겨우겨우 버텨 내야 하는 곳이다. 설령 지구가 오염되어 살기 어렵게 된 미래를 다루는 이야기라고 하더라도 부유한 사람들이 모여서 잘 먹고 잘 사는 곳은 우주가 아니라 지구

안에 장벽이나 방어 막을 건설해 둔 곳이다. 「로건의 탈출Logan's Run」이 거기에 해당하는 사례이다.

이야기를 이렇게 사리에 맞게 꾸미면 기본 배치가 실제 과학 기술에 들어맞기 때문에 더 부드럽게 다른 이야기로 이어 나가기가 좋다. 예를 들어, 우주는 살기 힘든 곳이어서 고생스럽게 돌아다니던 인조인간들이 더 나은 삶을 찾아 우주에서 지구로 내려온다는 이야기로 이어 갈 수 있다. 그렇게 하면 이 인조인간들이 마치 우주에서 온 침입자처럼 보통 사람들 사이를 돌아다니며 사건을 일으킨다는 이야기로 이어 갈 수도 있다. 한편 화성 사람들이 자신들도 지구의 사람들처럼 살고 싶어서 공기를 달라고 시위를 한다는 등의 소재와도 자연스럽게 연결시킬 수 있다.

요즘 들어 유독 우주 바깥에 부유한 사람들이 사는 세상이 있다는 이야기가 인기를 얻는 이유는 무엇일까? 나는 일론 머스크Elon Musk나 제프 베이조스Jeff Bezos 같은 유명한 갑부들이 막대한 돈을 뿌려 가며 우주 로켓을 개발하는 현실의 상황을 반영하고 있는 것 아닌가 싶다. 부자들이 괴상하게 보일 정도로 우주사업에 큰돈을 투자한다는 사실이 자주 보도되고 있다. 그러니 영화 제작진도 어쩐지 우주를 부자들의 상징으로 느끼고 있는 것 아닐까? 그렇다면 성공한 사람들만 모여 사는 천국 같은 곳을 하늘 바깥에 개척하려 한다는 옛 시대의 신화가 실리콘 밸리의 부자들 때문에 오래간만에 다시 유행으로 돌아왔다는 뜻이 된다.

클리셰의 유형

어린아이의 죽음으로 복수에 나선 우주 해적

주인공이 부모님의 원수를 갚기 위해 복수에 나선다는 이야기가 변형된 것이다. 강렬한 충격과 자극으로 주인공의 동기를 전해야 한다는 생각 때문인지 최근에 부쩍 자주 활용된다.

친구가 총을 쏘는데 알고 보니 주인공 뒤에 있는 악당을 쏜 것

본모습을 드러낸 주인공에게 총을 겨누는 친구. 조마조마한 상황에서 총소리가 울려 퍼지며 화면에 절망 어린 친구의 얼굴이 한가득 잡힌다. 물론 우리는 알고 있다. 총알은 뒤에서 몰래 다가오던 악당을 향한 것임을……

선택된 사람들만 사는 우주 기지

기독교 문화에서 천국이 하늘 위에 있기 때문일까? 실제로는 지구가 아무리 오염되었다고 하더라도 우리 태양계에서는 지구가 사람이 살기에 가장 좋은 곳이다. 만약 지구와 우주를 나누어 힘 있는 사람들이 더 좋은 곳에 가야 한다면, 힘없는 사람들이 우주로 쫓겨난다는 이야기가 더 설득력이 있다.

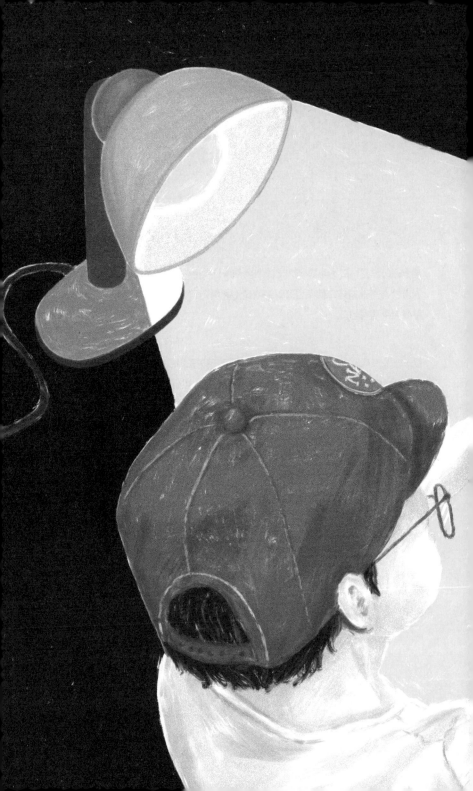

2장. SF 만드는 법

▶

백 투 더 퓨처 2

Back To The Future Part II
1989

세상에서 가장 재미있는 영화

　세상에서 가장 재미있는 영화는 무엇일까? 보는 동안 지루할 틈 없이 신이 나고, 보다 보면 완전히 빠져들어서 어떤 이야기가 펼쳐질지 기다리게 된다. 어찌나 재미있는지 영화가 끝날 무렵이 되면 시간이 지나가는 것이 아까워서 시계를 보게 된다. 영화 상영 시간이 2시간이라던데, 벌써 1시간 40분이 지났구나. 이제 20분만 더 지나면 이 재미있는 영화가 끝이 나는 거네. 시계를 다시 쳐다보면 10분 정도가 흘렀다. 이 영화가 10분밖에 안 남았다고? 끝나는 거 너무 싫은데……. 짜릿하고 통쾌한 결말로 끝을 맺고 나면 아쉬움에 젖어 비슷한 이야기가 더 이어져 나가기를 기다리게 된다. 견디다 못해 한 번 더 봐도 이 영화는 재미있다. 심지어 처음 볼 때보다 더 재미있다.

　이런 영화가 있을까? 나는 친구들에게 영화가 너무 재미있어서 보다가 남은 시간을 확인해 본 경험이 있느냐고 물어본다. 그러면 친구마다 무슨 영화를 볼 때 그런 적이 있다고 이야기해 준다. 한 친구는 TV 연속극을 볼 때 그런 적이 있다고 한다. 어떤 배우가 멋지게 나오는 연속극, 어떤 배우가 웃기고 정답게 나오는 연속극이 있어서 마치 그리운 사람을 보는 것처럼 계속 그 사람이 나오는 세상의 이야기를 보고 싶은데 정해진 때가 오면 끝날 수밖에 없으니 아쉬워서 시간을 확인하게 된다고 한다. 한 친구는 재미있는 만화나 책을 읽을 때 남은 분량이 줄어드는 것이 아까워서 읽다 말고 남은 부분이 얼마나 되는지 가늠해 본 기억이 있다고 대답하기도 한다. 내 경우에는 추리물 시리즈인 「형사 콜롬보」를 볼 때 이야기가 끝나는 게 아쉬워서 TV를 보다 말고 자꾸 시계를 쳐다본 기억이 있다.

그 정도로 재미있는 영화가 있을까?

어떤 영화가 재미있다고 느끼는 기준은 사람마다 다를 수밖에 없다. 그렇다면 가장 많은 숫자의 사람들에게 이런 재미를 전해 준 영화가 가장 재미있는 영화일까? 그것도 쉽게 평가할 수 없다. 남은 시간을 확인할 정도로 재미있었다는 감상을 인구의 70퍼센트에게 끌어낸 영화가 있다고 치자. 그런데 그 정도는 아니지만 무척 재미있는 영화라는 평가를 100퍼센트에게 끌어낸 영화가 있다고 한다면 둘 중에 〈더 재미있는 영화〉는 무엇일까. 혹은 어떤 영화가 50퍼센트의 사람에게는 너무 재미있어서 평생 동안 마음속에 간직할 정도지만 나머지 50퍼센트의 사람에게는 너무 재미가 없어서 졸릴 정도라면, 그 영화가 적당히 75퍼센트의 사람에게 재미를 주는 영화보다 더 재미있다고 할 수 있을까?

가장 재미있는 영화 측정법

시대에 따라 재미가 크게 변하는 영화도 있다. 개봉된 직후에는 엄청난 인기를 끌었지만 몇 년 지나지 않아 영화가 다루는 소재가 낡은 것이 된다거나 심지어 기분 나쁜 것이 되어 인기를 잃는 경우는 흔한 편이다. 예를 들어, 1980년대 후반에 나온 「영구와 땡칠이」는 당시 주연 배우 심형래 씨의 인기와 간결한 어린이용 코미디가 드물다는 상황이 겹쳐서 개봉 직후 어린이들 사이에 굉장한 인기를 끌었다. 그렇지만 그때 「영구와 땡칠이」를 재미있게 본 어린이라 하더라도 나이가 들어서 굳이 재미있는 영화를 보겠다고 이 영화를 다시 찾아보거나 권하는 사람은 드물 것이다.

어떤 영화는 처음보다 두 번째로 볼 때 더 재미있고 더 깊이 와닿는다. 반대로 처음에는 신나게 볼 수 있지만 두 번 볼 생각은 별로 들지 않는 영화도 있다. 영화를 보는 동안 대체로 재미있다고 느꼈지만 몇몇 장면이 딱 보기 싫어서 다 보고 나서도 별로 흥겹지 않은 영화가 있고, 초반 50분 정도는 지루하지만 그 이후에 본격적으로 사건이 터져 나온 후로는 정신없이 이야기 속에 빠져들게 되어서 굉장히 재미있다는 평을 받는 영화도 있기 마련이다.

그러므로 애초에 〈가장 재미있는 영화 측정 방법〉 같은 것을 개발하기는 아주 어렵다. 답을 찾기 어려운 문제이다. 그래도 많은 사람들이 동의할 만한 몇 가지 추천작을 생각해 볼 수는 있을 것이다. 오직 재미를 최대의 목적으로 노리고 만든 흥행용 오락 영화 중에 아무래도 〈세상에서 가장 재미있는 영화〉의 후보작들이 있을 것 같다. 1980년대에 나온 대형 모험 영화들이나 1990년대에 나온 액션 블록버스터 대작들이라면 〈세상에서 가장 재미있는 영화〉에 도전할 만하지 않을까? 「E.T.」, 〈인디아나 존스Indiana Jones〉 시리즈, 「터미네이터」, 「터미네이터 2」, 「스피드Speed」, 「다이하드Die Hard」, 「다이하드 3」, 「더 록The Rock」 같은 영화들이 이 부류로 묶일 수 있을 것이다.

그렇지만 이런 영화들도 모든 사람들의 동의를 받지는 못할 것이다. 관객에 따라서는 다소 느릿느릿 진행되는 「다이하드」나 「더 록」의 초반부가 지루하다고 하는 사람들도 있을 것이고, 「터미네이터」의 특수 효과가 옛날 방식이라서 거슬린다고 하는 사람도 있을 것이다. 「E. T.」가 너무 어린이들 중심이라서 공감하기 어렵다고 하는 사람도 없지는 않을 거라고 짐작해 본다.

나는 정말 재미있는 영화들 중에서도 결말까지 잘 마무리된 것을 알고 있다. 이 영화에 버금갈 만한 영화는 현재까지 없지 않나 싶다. 바로 「백 투 더 퓨처 2」이다. 이제부터 「백 투 더 퓨처 2」의 마지막 장면에 대해 세세하게 이야기해 보려고 한다.

번쩍하는 찰나의 순간

〈백 투 더 퓨처〉 시리즈는 시간 여행 이야기로, 「백 투 더 퓨처 2」의 주인공들은 1950년대의 과거에서 자신들이 원래 살던 시기인 현대로 돌아가려고 한다. 「백 투 더 퓨처」 1편이 1985년에 개봉되었으므로 주인공들이 돌아가려고 하는 시대도 1985년이다. 1955년 시점에서는 30년 후의 미래로 가는 것이므로 제목 그대로 이 영화는 〈미래로 돌아가〉려는 이야기이다.

주인공 일행은 시간 여행을 할 수 있는 타임머신을 타고 가야한다. 〈백 투 더 퓨처〉 시리즈의 타임머신은 지금까지도 영화 속의 타임머신으로 많은 사람들에게 잘 알려져 있는 들로리언 Delorean 자동차를 개조한 기계이다. 특히 「백 투 더 퓨처 2」에서는 들로리언이 하늘을 날 수 있도록 개조되어 있다. 주인공들은 하늘을 날아다니는 들로리언을 잡아타고 고향으로, 미래로 돌아가야 한다.

곁가지 이야기지만 이 영화에서 하늘을 날아다니는 자동차의 모습이 인상적이었기 때문에 지금까지도 하늘을 날아다니는 자동차의 예시로는 「블레이드 러너」와 함께 이 영화 「백 투 더 퓨처 2」를 자주 거론하는 듯하다. 최근에는 드론이나 전기 자동차를 개발하고 있는 회사들이 하늘을 날아다니는 자동차를 개발하겠다는 포부를 선전하는 경우가 종종 눈에 뜨인다. 이런 회사들이 수십억 원, 수백억 원을 투자해서 굳이 하늘을 날아다니는 자동차를 개발하겠다고 하는 것도 어쩌면 「백 투 더 퓨처 2」가 많은 사람들에게 인상적이었기 때문일지도 모른다. 그리고 보면 그냥 재미 삼아 보는 오락 영화이자 황당무계한 타임머신을 다루는 영화라고 하지만 어느 심각한 영화 못지않게 긴 세월 많은 사람들에게 영향을 끼치며 기술 개발과 경제 발전의 방향을 바꾸고 있는 영화가 「백 투 더 퓨처 2」라는 생각도 든다.

그런데 이 영화에서는 마지막 장면 직전에 하늘을 떠다니던 타임머신 자동차가 갑자기 어디인가로 사라져 버린다. 이날은 폭풍우와 번개가 강하게 치는 날이었고, 이런 사실이 전편 「백 투 더 퓨처」에서 매우 중요한 이야깃거리였다. 전력이 부족해진 타임머신을 작동시키기 위해 번개를 이용한다는 이야기가 나왔기 때문이다. 그리고 갑자기 하늘에서 난데없이 번쩍하고 떨어지는 번개를 이용할 수 있었던 것은 미래에서 온 주인공들이 번개가 언제 칠지 이미 알고 필요할 때 써먹을 수 있었기 때문이다. 즉 번개는 멋진 볼거리인 자동차라는 기계와 시간 여행이라는 핵심 이야깃거리를 연결시켜 주는 소재이다. 절정 장면에서 번쩍거리며 화려한 볼거리가 되어 준다는 것도 좋은 소재가 되기에 썩 잘 어울리는 장점이다. 모르긴 해도 「프랑켄슈타인」으로 거슬러 올라가는 수많은 영화들이 긴 시간 동안 강력한 전기 충격을 주요 소재로 활용했던 것도 그 번쩍거리는 모습이 볼거리로 써먹기 좋아서였을 것이다.

「백 투 더 퓨처 2」의 말미에는 바로 그 번개를 맞는 순간 하늘에 떠 있던 들로리언 타임머신과 그 안에 있던 박사님이 사라져 버린다. 번개에 맞아서 무엇인가 고장 났기 때문일까? 모든 것이 산산조각으로 파괴되어 없어진 것일까? 갑작스러운 일이 영화 속에서도 갑작스럽게 일어난다. 〈백 투 더 퓨처〉 시리즈의 명망 높고 멋들어진 배경 음악이 여기에 맞춰서 기이하도록 갑자기 멈춘다.

주인공 마티 맥플라이는 놀라고 당황한 표정을 짓는다. 설령 그 모습이 화면에 나오지 않는다고 해도 관객 역시 똑같이 놀라움과 당황스러움을 느낄 수 있다. 도대체 타임머신은 어디로 갔을까? 다 부서졌나? 박사님은 어디로 사라졌나? 나는 집에 갈 수 있는 것인가? 영영 1950년대에 남는 수밖에 없나? 마티가 궁금해할 때 관객들도 똑같이 궁금해하게 된다. 이런 게 주인공의 시점에 몰입하는 것이라면, 이 시점에서 몰입을 방해하는 것은 정말 아무것도 없다. 무슨 일이 있었는지, 이제 어떻게 해야 할지, 어떻게 될지 보고 싶어 안달이 난다.

얕은수는 쓰지 않는다

요즘 영화라면 아마 십중팔구 다음 장면에서 갑자기 화면을 어둡게 만들고 뜬금없이 〈10년 후〉라는 자막을 띄울 것이다. 그리고 어떻게 되었는지 궁금한 마티와 박사님의 이야기 대신에 별로 궁금하지도 않았던 마티의 어머니, 아버지가 어떻게 살고 있는지를 한가롭게 보여 주는 장면으로 넘어갈 것이다. 관객이 궁금해서 안달하는데도 더 궁금하라고 뜸을 들이며 바로 답을 보여 주지 않는 것이다. 딴소리를 하면서 시간을 끈다. 궁금해하는 마음을 이용해서 이야기를 끌어가며 자꾸 다른 내용을 이것저것 끼워 넣는다. 그러다 한참이 지나서야 〈10년 전에 사실은 이렇게 되었다〉라며 무슨 대단한 비밀을 밝히듯이 사연을 밝힐 것이다. 그렇게 오래 기다리다 보면 기대는 높아지고 김은 빠져서 어지간한 비밀이 밝혀져도 재미가 없을 때가 많다.

「백 투 더 퓨처 2」는 그런 방법을 쓰지 않는다.

영화는 그대로 부드럽게 이어진다. 화면 한쪽에서 정체불명의 자동차가 나타난다. 누구일까? 동시에 비가 내리기 시작한다. 방금 번개가 쳤으니 비가 내리는 것은 당연한 결과이다. 마티는 비를 피할 정신이 없다. 친구인 박사님은 갑자기 사라져 생사도 알 수 없고, 집으로 갈 방편도 눈앞에서 없어져 버렸으니 막막한 절망감에 차 있을 것이다. 비가 내려서 머리와 옷이 젖는 것 정도는 문제가 아니다. 그만큼 놀란 상황이다. 마티가 쏟아지는 비를 그대로 맞고 있는 모습은 비가 내리건 말건 신경도 쓰지 못할 정도로 당황한 상태, 감정적으로 격한 상황이라는 점을 관객에게 보여 준다.

그때 정체불명의 자동차에서 중절모를 쓴 남자가 나타난다.

비가 내리는 밤, 남자의 정확한 모습은 보이지 않고 자동차 조명 빛을 가리는 그림자만 강렬하다. 마치 옛날 흑백 누아르 영화와 비슷한 모습이다. 쓸쓸한 로스앤젤레스의 밤거리, 위험한 여인이 나타나 사건을 의뢰하면 의심스럽다는 점을 뻔히 알면서도 냉소적인 농담을 중얼거리며 의뢰를 받아들이는 탐정. 그런 이야기 속의 장면을 떠올리게 한다. 주인공은 1955년의 과거에서 미래로 돌아가야 하는데 그러지 못하고 갇힌 상황이다. 1950년대에 유행한 영화에서나 자주 나오던 이런 장면이 펼쳐진다는 점은 멋지게 들어맞는다.

그리고 정체불명의 자동차에서 나타난 정체불명의 사나이가 이 모든 상황을 더욱 알 수 없게 만드는 말을 꺼낸다.

「마티 맥플라이 맞소?」

어떻게 갑자기 나타난 남자가 주인공의 이름을 알고 있는가? 주인공의 이름은 어찌어찌 알 수 있다고 해도 어떻게 박사님과 타임머신이 사라져 혼란스러운 상황, 이 가장 결정적인 상황에 딱 맞춰서 나타날 수 있단 말인가? 도대체 어떻게 이럴 수가 있는가? 이 사람은 누구인가? 마티를 붙잡으러 온 사람일까? 무슨 이유로? 마티가 무슨 범죄를 저질렀나? 아니면 박사님의 원수가 잡으러 온 것일까? 외계인들이 타임머신을 관리하는 시간 여행 규제 조직 같은 것을 만들었고, 그들이 보낸 요원일까?

안 그래도 당황스럽고 혼란스러운 상황에서 더욱더 이상한 상황이 터져 버린다. 주인공은 당황하고 혼란스러워한다. 관객도 똑같은 심정이 된다.

남자가 주인공에게 다가와서 모습을 드러내면 의문은 점점 더 깊어진다. 남자는 마티를 검거하려는 경찰 같지도 않고, 마티에게 원한을 품고 싸우려고 들지도 않는다. 그렇다고 외계인 같지도 않다. 그냥 1950년대 사람 같다. 그런 사람이 어떻게 지금 이 절묘한 순간에 주인공을 알아보고 나타날 수 있었을까? 왜 찾아온 것일까? 궁금증이 최고로 치달으면서 이런 이상한 상황은 도저히 설명할 수 없겠다는 생각이 든다. 영화 속 세상의 지어낸 이야기지만 관객은 너무나 답을 알고 싶어서 그 속에 들어가 있는 심정이 된다.

이런 상황에서 과연 수수께끼를 푸는 방법은 무엇일까? 어려운 수수께끼인 만큼 엉뚱하게도 답은 고정 관념을 파괴하는 것이다. 우리가 지금껏 예상한 사연, 보고 있던 방향과는 전혀 다른 쪽에서 답이 나온다. 그렇기에 답을 알게 되면 기막히고 놀랍고 통쾌하다.

정체불명의 사나이는 알고 보니 우편 전신 회사 직원이었다. 그는 편지를 전해 준다. 그 편지는 박사님이 보낸 것이다. 사라진 줄 알았는데 혹은 번개를 맞고 박살 나 분해된 줄 알았는데 사실 어디인가로 가서 살아 있었다는 뜻이다. 박사님의 편지 속에 이 이상한 상황의 답이 무엇인지 알려 줄 이야기가 있을 것이다. 이

94

제 그 정도는 기대할 수 있다. 가장 궁금했던 순간 문제가 조금씩 풀려 가는 듯한 느낌이 든다. 도대체 어찌 된 영문인지 편지를 보면 알 수 있다.

아마 요즘 영화라면 여기에서 아슬아슬하게 끊어 버리고 사연이 궁금하면 「백 투 더 퓨처 3」를 보라고 했을 것이다. 만약 그랬다면 아슬아슬하고 궁금한 느낌은 극으로 치달았겠지만 다음 편이 나올 때까지 기다려야 한다. 그동안 궁금증은 흐지부지 가라앉게 될 가능성이 높다. 사람들끼리 의견을 주고받다가 답을 알아낼지도 모른다. 〈하필 거기서 끊냐? 얍샵하다〉라고 반감을 품는 관객이 생길지도 모른다. 게다가 그렇게 해서 대단한 해답을 낸다고 해도 3편이 나올 때까지 오랜 시간을 기다린 관객 입장에서는 어지간해서 성에 차지 않을 것이다.

「백 투 더 퓨처 2」는 영화가 끝나기 전에 그 모든 것이 어떻게 된 영문인지 차근차근 알려 준다.

시간 여행을 이용하는 법

박사님은 번개를 맞기는 했지만 그렇다고 해서 타임머신과 함께 완전히 파괴되어 없어진 것은 아니었다. 다만 타임머신이 오류를 일으키는 바람에 1885년의 과거로 가게 되었다. 그런데 서부 개척 시대인 1885년에는 타임머신을 고칠 수 없었기 때문에 마티와 다른 시간대에 떨어져 있게 되었다.

그래도 방법이 없는 것은 아니다. 시간은 가만히 있어도 자연히 과거에서 미래로 흐르기 때문에 박사님은 주인공에게 연락할 방법이 있다. 1950년대까지 영업하는 우편 전신 회사에 자신이 쓴 편지를 수십 년간 보관하고 있다가 1955년의 정해진 날짜, 정해진 시각이 되면 주인공에게 전해 달라고 의뢰하면 된다. 그 방법을 이용해서 박사님은 자신이 쓴 편지를 수십 년 동안 묵혀 두었다가 주인공이 있는 시대가 되면 전달되도록 예약하는 방식으로 사연을 전한 것이다.

바로 그 시점에 주인공이 타임머신을 잃어버리고 당황한 채서 있을 거라는 사실을 아는 사람이 찾아오려면 이 일이 이미 벌어진 것을 알고 있는 미래의 누군가가 연락해야 할 것 같다. 하지만 사실은 그 시점까지 같은 일을 겪은 박사님이 과거로 간 상태에서 타임머신을 쓰지 않고 그냥 자연스럽게 흐르는 시간을 이용해 연락을 했다는 이야기이다. 미래에서 소식이 들려올 줄 알았는데 과거에서 소식이 들려왔다. 생각을 뒤집고 의외의 답을 들려준다.

게다가 그 답이 영화의 중심 소재인 시간 여행을 핵심으로 이용하고 있다. 서로 다른 시간대에 떨어진 사람들이 같은 공간에서 알고 있는 사실과 알게 되는 사실을 이용해 서로 영향을 주고받는 이야기이다. 그런 이야기를 영화 전체에서 가장 절체절명의 순간에 가장 궁금한 사연을 풀어내는 방법으로 보여 준 것이다. 만약 이때 박사님이 초능력을 지닌 외계인과 사랑에 빠져 있었는데, 그 외계인이 번개를 맞은 들로리언에서 박사님을 구해 주었고, 이제 주인공도 구해 줄 거라는 식으로 이야기가 진행되었다면 아무리 외계인이 멋있게 나오더라도 재미는 살지 않았을 것이다. 중심 소재가 시간 여행이니 어려운 문제의 답도 시간 여행에서 나와야 한다. 시간 여행 이야기에서 가장 궁금해할 만한 대목은 시간 여행을 중심에 두고 풀어 가야 재미가 산다.

박사님은 주인공에게 서부 개척 시대의 과거로 찾아와 자신을 구해 달라고 한다. 서부 개척 시대에서 만나 다 같이 미래로 돌아가자고 한다. 그러면서 박사님은 마티에게 1885년으로 올 수 있는 방법을 알려 주고 주인공은 그것을 실행에 옮기려고 한다.

이것이 「백 투 더 퓨처 2」의 결말이다. 그러므로 「백 투 더 퓨처 3」에서는 당연히 서부 개척 시대로 온 현대인들이 벌이는 모험담이 펼쳐진다. 시간 여행 이야기라면 당연히 현대인들이 역사 속의 과거로 가는 내용을 다루어야 하기 마련이므로 이런 이야기도 기대할 만한 것이다. 그리고 「백 투 더 퓨처 2」에서 대단히 멋지고 화려한 방법으로 3편은 바로 그 내용이 될 거라는 점을 알려 준 것이다.

「백 투 더 퓨처 3」 원리

「백 투 더 퓨처 3」는 1, 2편에 비해서는 재미가 덜하다는 것이

중론이고, 나도 거기에는 공감한다. 심지어 처음 보았을 때는 별로 재미가 없다고 꽤 실망하기도 했다. 그렇지만 가만히 마음을 가라앉히고 돌아보니 1, 2편이 워낙 재미있는 걸작이라서 비교되어 좀 재미없어 보이는 것뿐이었다. 사실 떼어 놓고 보면 「백 투 더 퓨처 3」만큼 볼만한 영화도 세상에는 결코 많지 않다. 이만하면 충분히 재미있는 영화이다.

별 상관 없는 이야기이기는 한데, 나는 여기에서 교훈을 얻어 〈「백 투 더 퓨처 3」 원리〉라는 것을 마음에 품고 산다. 글을 쓸 때 완전무결한 최고의 걸작 같은 것을 만들고자 애쓰면 안 된다. 「백 투 더 퓨처」1, 2편 같은 것은 쉽게 만들 수 있는 게 아니고, 나 같은 사람이 노력한다고 원할 때 막 만들어 낼 수 있는 게 아니다. 그런 것을 하려고만 하면 실망만 하게 되고 제때 끝낼 수도 없다. 몰두해 봐야 결과가 좋지 못한 일이 더 많을 것이다. 그래서 나는 소설을 쓸 때 항상 「백 투 더 퓨처 3」 수준을 염두에 두고 일하려 한다. 그래서 잘되면 그만해도 굉장히 훌륭한 것이고, 잘 안되어도 어느 정도는 가능한 목표를 위해 애쓴 것이기 때문에 남는 것은 있을 거라고 생각한다. 이게 내가 생각하는 「백 투 더 퓨처 3」 원리이다.

영화 바깥에서도 이런 교훈을 주었으니 「백 투 더 퓨처 3」로 이어지는 「백 투 더 퓨처 2」의 마지막 장면은 역시 돌아보아도 최고라고 생각한다. 혹시 아직 이 장면의 감흥을 제대로 느껴 보지 못한 분이 계신다면 한번 찾아보시기를 권해 드린다.

유일하게 아쉬운 점이 있다면 시간 여행 영화와는 관계없이 그동안 흐른 세월이다. 〈백 투 더 퓨처〉 시리즈의 배경인 1985년은 이 글을 쓰는 2022년 시점에 이미 37년 전이다. 「백 투 더 퓨처 2」 마지막 장면인 1955년에 주인공이 건너가지 못해 괴로워하던 30년의 시간보다도 영화가 나온 후 지금까지 흐른 시간이 더 길다. 멋진 타임머신도, 하늘을 나는 자동차도 없었지만 그저 자연히 흐르는 하루하루 세월의 속도를 타고 그보다 더 먼 시간을 세상 사람들이 다 같이 여행해 왔다는 이야기이다. 이런 생각을 하면 정신없이 재미있는 영화를 보고 나서도 기분이 좀 차분해지면서 여러 가지 생각이 든다.

스타워즈 에피소드 4 : 새로운 희망
Star Wars Episode IV: A New Hope
1977

기술, 미술, 음악의 아름다움

아마 1990년대 PC 통신을 통해서 온라인 동호회들이 이곳저곳에 생긴 것이 그나마 좀 규모가 있는 SF 팬 모임이 한국에서 활발히 활동한 시초가 아닐까 싶다. 1970~1980년대에도 SF 만화나 SF 애니메이션은 어린이들 사이에서 굉장한 인기였고, 어른들도 「V」같은 TV 시리즈를 널리 좋아하긴 했다. 하지만 팬클럽이나 동호회 활동이 활발하지는 않았던 것 같다. 과거에 SF 작가 모임이 한 번 결성된 적이 있었고, 모르긴 해도 학교 같은 곳에 SF 관련 소모임이 없잖아 있기는 했겠지만, 그래도 꾸준히, 오래, 활발히 활동한 것으로 보자면 PC 통신 온라인 동호회가 첫 시작이었던 것 같다.

그 시절 PC 통신 온라인 동호회에는 〈미국이나 일본에는 좋은 SF가 많은데 왜 한국에는 그런 SF가 없을까?〉라든가 〈한국 사람들은 SF라고 하면 어린이 동화 같은 것으로만 생각해서 답답하다〉 같은 글이 종종 올라왔다. 이야기가 그렇게 흘러가다 보면 〈사람들이 SF의 대표로 생각하는 뭐뭐는 너무 유치하고, 진정한

SF의 대표작이 되려면 뭐뭐 정도 되는 깊이가 있어야 한다〉는 식의 이야기도 많이 나왔다. 그런 이야기가 좀 더 이어지면 〈뭐 뭐는 진정한 SF라고 할 수 없고, 뭐뭐가 진정한 SF이다〉라는 말 도 심심찮게 들을 수 있었다.

그 시절 내가 충격을 받은 이야기 중에는 《스타워즈》 시리즈 는 진정한 SF라고 할 수 없다. 진정한 SF는커녕 그냥 SF라고도 할 수 없다〉라는 말이 있었다. 말인즉슨 〈스타워즈〉는 과학과 기 술, 미래 사회에 대한 진지한 성찰이 없는 그냥 환상적인 모험담 이므로 SF라고 할 수 없다는 이야기였다. 그 대신에 〈스페이스 오페라〉라고 불러야 한다고 했다.

이런 주장을 하는 사람들은 SF를 꾸준히 읽어 온 고수 독자들 로 보였다. 그래서 나는 정말 〈그런가 보다〉 했다. 다행히 SF 모 임에서는 그런 고수들도 비교적 친절한 편이어서 말을 함부로 하지는 않았다. 누가 〈저는 SF 중에서는 《스타워즈》를 정말 재미 있게 봤어요〉라고 글을 올린다고 해서 욕을 하지는 않았다. 그냥 점잖게 〈하하, 그런데 《스타워즈》를 SF라고 할 수는 없죠. 그런 건 그냥 스페이스 오페라라고 해주시면 좋겠습니다〉라고 지적 하는 정도였다.

스페이스 오페라

스페이스 오페라란 무엇인가? 아마도 20세기 중반 무렵에 영미권에서 생긴 말이 아닌가 싶다. 영미권에서 쓰던 말 중에 〈소프 오페라soap opera〉라는 말이 있다. 별 대단찮은 이야기이고 뻔한 내용이 많지만 그래도 시청률이 꾸준히 나오는 낮 시간대 TV 연속극을 조롱하듯이 부르는 말이다. 한 세대 전 오페라에 나올 법한 뻔한 이야기들을 전형적으로 따라 하면서 거창한 이야기인 듯이 굴지만 사실은 낮 시간대 TV나 라디오에 자주 나오는 비누, 그러니까 소프 광고를 붙이기 위해 적당히 만드는 연속극이라는 뜻이다.

스페이스 오페라는 바로 그 소프 오페라와 비슷하다고 해서 만들어진 표현이다. 즉 우주를 배경으로 하는 모험담인데 좀 뻔하고 전형적인 이야기를 일컫는 말이 스페이스 오페라이다.

그렇게 보면 〈스타워즈〉를 스페이스 오페라라고 부르는 것이 틀린 말은 아니다. 우주의 어느 행성을 지배하는 마왕이 있는데, 정의의 용사가 동료들과 힘을 합하여 이런저런 신기한 행성들을 돌아다니면서 모험을 하다가 마왕을 물리친다는 줄거리는 재미 삼아 읽는 스페이스 오페라의 기본 이야기 구조 그대로이다. 이런 이야기에 등장하기 마련인 광선총, 날쌘 우주 전투기, 이상하게 생긴 외계인 친구, 엉뚱한 로봇 친구도 〈스타워즈〉에는 다 나온다.

게다가 이런 이야기를 펼치는 과정에 딱히 과학과 기술의 의미나 미래 사회에 대한 성찰이 표현되어 있는 것도 아니다. 미래 사회에 대한 성찰은커녕 〈스타워즈〉 시리즈는 아예 시작하면서 부터 그 이야기가 〈아주 먼 옛날에〉 있었던 일이라고 자막으로 보여 준다.

아닌 게 아니라, 1930~1950년대 미국 SF 잡지 전성기에 이런 소재를 활용한 이야기가 많이 나왔다. 요즘 사람들이 웹툰이나 웹 소설을 좋아하는 것처럼 1930~1950년대 미국 사람들은 얄 팍하고 저렴한 잡지에 인쇄되어 나오던 이야기를 재미 삼아 많 이 읽었다. 요즘도 비슷하지만 이런 매체를 운영하는 사람들은 작가들에게 〈이런 식의 이야기가 요즘 유행한다〉라고 말하면서 그런 내용을 써 오라고 유도하기 마련이다. 그래서 한동안 비슷 비슷한 소재의 이야기가 온통 유행처럼 휩쓸고 지나가듯이 쏟아 져 나오곤 했다. 2010년대에 환생이나 시간이 반복되는 이야기 가 웹 소설에 유독 많이 나왔던 것처럼 20세기 전반 대중 소설 잡 지에는 이상한 환경의 머나먼 외계 행성에서 악한 지배자와 맞 서며 모험을 벌이는 용감한 영웅 이야기가 많이 나왔다.

그렇다고 해도 〈스타워즈〉는 진정한 SF라고 할 수 없다는 말 은 좀 괴상하다. 스페이스 오페라라고 하는 우주 모험담들이 쏟 아져 나오는 가운데 SF는 계속해서 발전해 왔다. 그리고 그 와중 에 색다른 SF들이 나올 수 있었다. 당시 온라인 동호회의 고수들 이 진정한 SF의 고전이라고 추켜세우던 SF 소설이 우주선을 타 고 도망치는 외계인 왕자 이야기와 나란히 읽힌 시대가 있었다.

나는 스페이스 오페라들이야말로 SF의 뿌리에서 멀지 않다고 생각한다. 스페이스 오페라야말로 바로 SF의 고향이라고 한다면 좀 과할지 모르겠지만, 고향으로 가는 길에 거치게 되는 커다란 기차역 정도는 된다고 생각한다.

아무래도 SF라고 하면 〈애들이나 보는 만화에 나오는 유치한 것〉이라는 생각이 워낙 앞서던 시대에 스페이스 오페라만이 SF의 전부는 아니라는 점을 당시 SF 팬들이 열성적으로 강조하다 보니 〈스페이스 오페라는 진정한 SF가 아니다〉 혹은 〈스페이스 오페라는 SF가 아니다〉라는 주장까지 가게 되었던 것 아닌가 싶다.

요즘은 다들 스페이스 오페라를 SF의 세부 구분 정도로 생각한다. 원래 그것이 평범한 사람들의 생각이었거니와, 한국에서 요즘은 제법 숫자가 늘어난 SF 작가들이 대체로 그렇게 생각하고 있다.

SF의 맛

나는 과학 기술에 대한 이야기와는 상당히 거리가 있어 보이는 〈스타워즈〉조차도 SF스러운 묘미는 충분하다고 생각한다. 심지어 그 점을 잘 살펴보면 〈스타워즈〉가 지닌 재미의 중요한 덩어리를 바로 볼 수 있다고 생각한다.

〈스타워즈〉에 과연 무슨 과학이 있을까? 제멋대로 하늘을 날아오르는 우주선이 도대체 어떤 원리로 떠오르는지에 대해서는 신경도 쓰지 않고, 기(氣)나 다름없는 〈포스 force〉가 중요한 소재로 등장하는 이야기가 〈스타워즈〉이다. 그렇게만 보면 거기에서 과학이나 기술과 연결되어 SF만의 묘미를 주는 요소를 찾아내기란 쉽지 않을 것 같다.

그렇지만 〈스타워즈〉에는 SF의 맛이 은은하게 깔려 있다. 특히 첫 번째 영화인 「스타워즈 에피소드 4: 새로운 희망」에서 그런 느낌을 찾기 쉬운 편이다. 일단 영화가 시작되면 바로 나오는 〈오래전 멀고 먼 은하계에〉라는 말부터가 과학과 기술의 묘미, SF만의 맛을 맛소금처럼 살짝 뿌리면서 출발하게 해주는 느낌이다.

「스타워즈 에피소드 4: 새로운 희망」은 신화나 전설에 나오는 영웅 서사시와 이야기 구조가 많이 닮았다. 인터넷에서 영어로 소설 쓰는 법이나 이야기의 구조에 관한 글을 검색해 보면 허다하게 나오는 것이 있다. 바로 〈스타워즈〉와 〈모노미스 monomyth〉라고 하는 신화의 이야기 구조를 비교하며 분석하는 내용이다. 그만큼 〈스타워즈〉는 마법 세계에서 펼쳐지는 이야기나 환상의 나라에서 벌어지는 이야기와 거의 비슷하게 펼쳐 낼 수 있다. 로봇, 그러니까 드로이드들 대신에 마법으로 움직이는 인형 병사들이 나오고, 광선 검 대신에 마법 검을 들고 싸운다고 하면 〈스타워즈〉와 크게 다르지 않게 사연을 펼쳐 나갈 수 있을 것이다.

그런데 〈스타워즈〉는 그렇게 하지 않고 이 이야기가 우리가 사는 우주의 어느 은하계에서 벌어진 이야기라고 한다. 그리고 그렇게 말하는 것만으로 조금은 더 그럴듯하고 약간은 현실에 있을 것도 같다는 느낌을 준다.

어차피 머나먼 곳에 있는 은하계건, 꿈과 환상 속의 마법 세계건 간에 우리가 갈 수 없고 알 수 없는 세계라는 점은 같다. 우리 은하계에서 가장 가까운 편에 속하는 안드로메다 은하계만 해도 빛의 속도로 백만 년을 넘게 가야 도달할 수 있는 곳이다. 그렇다고 해도 우리는 이 세상 어디엔가 그런 곳이 있다는 것을 안다. 그 정도만으로도 이야기가 주는 분위기는 살짝 달라진다.

어차피 지어낸 이야기이고 환상적인 이야기라는 것은 다 알고 본다. 하지만 아예 있을 수 없는 꿈의 나라에서 벌어지는 이야기라고 하는 것과 그래도 우리가 살고 있는 우주의 저편 은하계에서 벌어지는 이야기라고 하는 것은 느낌이 다르다는 뜻이다. 과학의 발전으로 1920년대 이후에는 아주 먼 우주에 다른 은하계가 있다는 것이 알려졌다. 〈스타워즈〉는 바로 그 사실을 슬쩍 걸고 넘어지는 것만으로 그냥 환상적인 이야기와는 다른 냄새를 풍기게 되었다. 이런 것이 마법의 세상에서 기사와 마법사가 싸우는 이야기와는 다른 스페이스 오페라만의 재미이다.

공주를 구출해 달라

나는 이렇게 굽이마다 살짝 과학 기술의 요소를 집어넣은 장면들이 이야기를 더 재미있게 만들어 주었다고 생각한다. 예를 들어, 공주가 자신을 구출해 달라고 말하는 영상을 사람들이 확인하는 장면을 보자. 공주의 입체 영상이 허공에 나타나서 실제로 거기에 있는 것처럼 이런저런 설명을 들려준다는 설정은 신기하고 환상적이다. 마법의 나라에서 마법사가 먼 곳에 있는 사람에게 환영을 보내 준다는 이야기와 크게 다를 바 없다. 그런 식의 신기한 재미가 영화를 보는 맛을 더한다.

그런데 〈스타워즈〉에서 공주가 구출해 달라고 말하는 영상은 마법의 환영이 아니라 기계에 저장된 입체 영상이다. 처음 보안을 해제하기 전까지는 영상의 내용을 다 볼 수 없고 끄트머리만 잠깐 반복해서 볼 수 있을 뿐이다. 그 부분만 계속 반복해서 재생된다. 마치 테이프나 저장 장치에 담아 놓은 음성이나 영상을 기계에 넣어 재생해 보는 요즘 기술과 비슷한 느낌이다. 뭔가 암호가 걸려 있어서 전체 내용을 볼 수는 없는데 파일 이름은 보인다거나 암호가 걸려 있지 않은 본보기 영상만 볼 수 있다거나 하는 느낌과 아주 비슷하다.

그렇다 보니 보안을 해제하면 공주가 말하는 영상을 다 볼 수 있을 것 같은 안타까운 느낌이 강해진다. 어떤 음성이나 영상이 고장 났는지 나올 듯 나오지 않는 그 느낌을 현대 과학 기술 세계를 사는 우리는 다 안다. 그래서 더 안타깝고 내용이 궁금해진다. 그냥 마법의 환영으로 공주의 허상을 보여 준다는 이야기에서는 이런 느낌을 줄 수 없다. 게다가 우리는 음성이나 영상을 저장하는 기술을 이미 알고 있기 때문에 과학 기술이 더 발달한 세계에서는 입체 영상도 비슷하게 기계에 저장할 수 있으리라는 사실을 짐작할 수 있다. 그렇기 때문에 〈스타워즈〉에서 입체 영상을 기계에 저장해 보낸다는 내용은 과학 기술적으로 그럴 법해 보인다. 그만큼 더 실감도 난다.

쓰레기통에 사는 우주 괴물

「스타워즈 에피소드 4: 새로운 희망」에서 내가 예전부터 가장 좋아하던 장면이 있다. 바로 주인공 일행이 악당 우주선의 쓰레기통으로 피신하는 장면이다.

이 영화는 악당 우주선이 엄청나게 크다는 것을 영화 시작부터 똑똑히 보여 준다. 그렇게 거대한 우주선이라면 우주선에 사는 사람들의 생활을 위해 복잡하고 거대한 쓰레기 처리 장치가 내부에 있을 거라는 점은 기술적으로 들어맞는다. 그러므로 커다란 우주선 구석구석을 이리저리 다니던 주인공이 쓰레기 처리 시설로 숨어든다는 점도 아귀가 맞는다. 실제로 사람들이 많이 타는 거대한 유람선이나 큰 군함의 경우에도 배관이나 쓰레기 처리 방법이 굉장히 복잡하다.

이 영화는 거기서 한술 더 떠서 쓰레기 속에 괴상한 우주 괴물이 살고 있다는 이야기로 이어진다. 소재 자체만 따지자면 옛날 신화나 전설, 환상 소설 속 모험담에 마왕의 성으로 가기 위해서는 성을 둘러싸고 있는 해자나 강을 건너야 하는데 물속에 용이 살고 있다는 이야기와 별반 다르지 않다. 다만 그 배경이 마왕의 성이 아니라 악당의 거대한 우주선에 딸린 쓰레기 처리 시설이라는 점에서 조금은 더 가깝고 실감 나게 느껴진다. 성을 둘러싸고 있는 해자는 요즘 사람들이 가깝게 느낄 수 없는 소재지만, 쓰레기 처리 시설은 훨씬 가깝게 느껴지는 소재이기 때문이다.

그렇다 보니 거기에 이상한 우주 괴물이 살고 있다는 이야기도 훨씬 생생하게 다가온다. 그냥 막연히 마왕이 기르고 있는 무서운 괴물이라는 느낌이 아니다. 온갖 생물이 사는 이 넓은 우주에 우주선 쓰레기장에 적응해서 살도록 진화한 생물도 하나 있을 법하다는 느낌을 준다. 자연의 오묘함과 기괴함을 전달해 주면서 그 괴물도 그냥 쓰레기 속에서 살도록 진화한 생물일 뿐이지 악당 편도, 그렇다고 주인공 편도 아니라는 재미난 입장을 만들어 주기도 한다.

이런 식으로 과학과는 거의 상관이 없는 듯한 이야기가 펼쳐지는 〈스타워즈〉조차도 그것이 재미난 스페이스 오페라인 이상 과학과 기술의 영역을 따라 상상하고 느낄 수 있는 사항들을 잘 활용한다.

〈스타워즈〉 속편을 만든다면

나는 〈스타워즈〉의 속편들은 이런 맛을 살리는 재미에 별로 집중하지 않는 것이 안타까웠다. 〈스타워즈〉 에피소드 1, 2, 3은 첫 영화에 나왔던 다스 베이더의 지난날들을 다루는데, 나는 시리즈의 핵심이 한 인물의 사연에 고정된다는 것이 아쉬웠다.

물론 영화나 소설이 크게 성공을 거두고 나면, 관객과 독자 들은 그 이야기 속의 인물들을 사랑하게 되는 법이다. 사람은 다른 사람을 사랑하는 동물인 만큼 어떤 이야기를 좋아하게 되면 그 이야기 속 인물들을 좋아하게 되고 인물들의 사연을 궁금해하게 된다. 그래서 소설이나 영화 속 인물을 소재로 광고도 하고 상품을 만들어 판매하기도 한다.

그렇지만 마음을 비우고 돌아보면, 어떤 이야기가 애초에 인기를 얻은 이유가 인물 때문만은 아닌 경우도 많다. 「스타워즈 에피소드 4: 새로운 희망」을 난생처음 본 사람이 그 영화를 루크 스카이워커라는 어느 평범한 젊은이가 다스 베이더라는 악의 제국 장군과 대결하는 이야기라고 설명할 것인가? 그럴 가능성보다는 인물들이 광선 검을 들고 우주선에서 싸우고, X 자 모양의 날개를 단 우주 전투기들이 어지럽게 다른 우주 전투기들과 싸우면서 계곡처럼 생긴 거대한 우주선에 계속 덤벼들며 도전하는 영화라고 설명할 가능성이 높다고 생각한다. 다시 말해서 「스타워즈 에피소드 4: 새로운 희망」은 루크 스카이워커나 레아 공주

만큼이나 광선 검과 삼각형 모양의 거대한 스타 디스트로이어 우주선이 주인공인 영화라고 생각한다.

그러므로 바로 그런 멋진 모습을 구상하고 표현한 미술과 생생하게 와닿도록 보여 준 특수 촬영 기술이야말로 이 영화의 진짜 재미였다고 생각한다. 만약 내가 〈스타워즈〉의 속편을 만들었다면, 그런 멋진 기계와 도구 들을 어떤 이야기 속에서 어떤 특수 촬영으로 보여 주는 것이 가장 재미있을지 떠올린 다음, 등장인물들은 거기에 맞게 지어내어 갖다 붙였을 것이다. 어차피 〈스타워즈〉는 제국, 공화국, 저항군 간의 거대한 싸움을 소재로 하는 커다란 이야기이다. 그러니 에피소드 4, 5, 6은 루크 스카이워커와 다스 베이더라는 사람들의 이야기였다고 해도 에피소드 1, 2, 3은 별 상관 없이 다른 행성에서 다른 싸움을 하는 다른 사람들의 이야기였어도 좋았을 거라고 생각한다.

나는 다스 베이더에 관한 뒷이야기보다 도대체 〈스타워즈〉에 나오는 멋진 우주선들은 누가 어떻게 만들었고, 그것이 어떻게 개량되었고, 어떤 전투에서는 무슨 활약을 했고, 어떤 전투에서는 안타깝게 파괴되었는지, 그런 이야기들이 오히려 더 다채롭고 재미있었을 것 같다. 그래서인지 나는 속편들 중에서는 데스 스타라는 거대한 무기를 들고 다른 인물들이 벌인 첩보전을 보여 준 「로그 원: 스타워즈 스토리 Rogue One: A Star Wars Story」를 가장 재미있게 보았다. 비슷한 맥락에서 제다이란 무엇인지, 포스의 진정한 가치란 무엇인지를 너무 부각해서 오랫동안 다룬 것도 과연 재미에 크게 도움이 되었나 싶다. 포스 같은 신비한 소재는 말 그대로 신비한 것으로 조금씩 알 듯 말 듯 다루면서 적당히 덮어 두어야 가치가 사는 것 아닐까?

바그너를 압도하는 음악

끝으로 〈스타워즈〉 이야기를 마치기 전에 끝내주는 주제 음악을 빼놓아서는 안 될 것 같다. 고전 음악에서 교향곡풍의 음악을 작곡하던 전통을 계승해 발전시킨 존 윌리엄스John Towner Williams의 음악은 〈스타워즈〉에서 가장 훌륭한 대목이다. 독일의 음악가 리하르트 바그너Wilhelm Richard Wagner는 유도 동기(誘導動機) 수법을 잘 썼던 것으로 유명한데, 나는 바그너가 〈스타워즈〉를 보면서 영화 음악을 들었다면 자신이 추구해 나가던 알 듯 말 듯한 마지막 목표를 실제 현실에서 완성한 사람을 보았다고 여기면서 완전히 압도되었을 것 같다.

〈스타워즈〉 주제 음악은 영화사 로고가 나오는 장면에서 흘러나오는 20세기 폭스 영화사 주제곡과도 멋지게 섞여 드는 것으로 유명하다. 옛날 〈스타워즈〉 음악이 담긴 음반을 사보면 맨 먼저 20세기 폭스 영화사 주제곡부터 나오게 되어 있었다. 두 음악이 어우러지는 맛을 그대로 느끼고 싶어 하는 사람들이 많았는지 영화사 주제곡조차 음반에 같이 담겨 있었다는 이야기이다.

이런 경우는 흔치 않다. 영화사 주제곡이 어떤 것인지 관객들은 신경도 쓰지 않는 것이 보통이다.

그리고 보면 〈스타워즈〉 속편들의 재미가 덜했던 것은 음악이 주는 감흥이 첫 영화보다 덜했던 것도 한 이유가 아닐까 싶다. 반대로 시리즈의 아홉 번째 에피소드인 「스타워즈: 라이즈 오브 스카이워커Star Wars Episode IX: The Rise of Skywalker」에서 몇몇 장면이 순간 멋지게 느껴진 것은 순전히 음악 때문이 아닌가 싶기도 하다. 한편으로는 이제 〈스타워즈〉 판권이 디즈니에 다 넘어가 버려서 더 이상 영화가 20세기 폭스 영화사 주제곡부터 시작하지 않는다는 점은 꽤히 좀 서운하다.

다시 보기를 시작하시겠습니까?

〈스타워즈〉 보는 순서

오리지널 3부작

「스타워즈 에피소드 4: 새로운 희망」, 1977

「스타워즈 에피소드 5: 제국의 역습」, 1980

「스타워즈 에피소드 6: 제다이의 귀환」, 1983

프리퀄 3부작

「스타워즈 에피소드 1: 보이지 않는 위험」, 1999

「스타워즈 에피소드 2: 클론의 습격」, 2002

「스타워즈 에피소드 3: 시스의 복수」, 2005

시퀄 3부작

「스타워즈: 깨어난 포스」, 2015

「스타워즈: 라스트 제다이」, 2017

「스타워즈: 라이즈 오브 스카이워커」, 2019

스핀오프

「로그 원: 스타워즈 스토리」, 2016

「한 솔로: 스타워즈 스토리」, 2018

출시순

오리지널 3부작 → 프리퀄 3부작 → 「스타워즈: 깨어난 포스」 → 「로그 원: 스타워즈 스토리」 → 「스타워즈: 라스트 제다이」 → 「한 솔로: 스타워즈 스토리」 → 「스타워즈: 라이즈 오브 스카이워커」

연대순

프리퀄 3부작 → 「로그 원: 스타워즈 스토리」 → 「한 솔로: 스타워즈 스토리」 → 오리지널 3부작 → 시퀄 3부작

슈퍼맨

Superman
1978

멋진 연기의 위력

조선 시대에 나온 고전 소설 『전우치전』에서 전우치는 여러 가지 괴상한 술법을 부려 악한 사람들을 물리치고 힘든 사람들을 도와주는 영웅이다. 전우치는 술법 스승을 모시고 공부를 열심히 하다가 다양한 술법을 부리는 이치를 깨닫게 된다. 조선 시대에 나온 이야기답게 주인공이 영웅이 된 이유는 그 방면의 공부를 잘했기 때문이라는 것이다. 조선 후기 서적인 『한죽당섭필(寒竹堂涉筆)』에는 전우치가 젊은 시절 우연히 요술을 잘 부리는 흰 여우의 책을 볼 기회가 있어서 다양한 술법을 부릴 수 있게 되었다는 전설이 실려 있기도 하다. 따지고 보면 이 역시 좋은 책을 보고 잘 공부했더니 영웅이 되었더라는 식의 이야기이다.

영웅이 영웅답게 특별한 힘을 갖게 된 데는 『전우치전』처럼 공부를 열심히 했기 때문이라는 것 말고도 여러 가지 이유가 있다. 여러 나라, 여러 시대의 다양한 이야기들을 보다 보면, 전우치처럼 공부를 열심히 했기 때문에 놀라운 힘을 갖게 되었다는 사례는 오히려 특이한 편에 속하는 것 같다.

영웅이 힘을 얻게 된 이유

종교적 전통이 강한 이야기 중에는 그 종교에서 섬기는 신이나 스승을 열심히 믿고 따르다 보면 깨달음을 얻어 기적적인 일을 할 수 있다는 형태가 많아 보인다. 중세 시대 유럽의 전설들을 보면 깊은 신앙심을 지니고 있기 때문에 위험한 일을 당해도 다치지 않는다든지, 무서운 맹수도 공격을 멈추고 복종한다든지 하는 이야기가 적지 않다. 하늘에서 신앙심이 깊은 사람에게 신비한 힘을 내려 주었고, 그래서 그 사람의 유적지에 가면 병든 사람이 건강해진다든가 하는 형식의 전설도 곳곳에 퍼져 있다. 그만큼 믿음의 힘은 놀랍고 강하다는 교훈을 줄 수 있어서 아마도 그런 이야기들이 더 힘을 얻어 빠르게 퍼져 나간 것 같다.

또 다른 유형으로는 그냥 영웅은 출생과 혈통 자체가 비범하기 때문에 신비로운 힘을 지닌 경우도 있다. 고대 그리스 로마의 신화와 전설 들은 이런 식인 경우가 많다. 누구의 아버지는 사람이지만 어머니는 불의 신이기 때문에 맨손으로도 불을 만들 수 있는 힘을 지녔다더라, 누구는 어머니가 사람이지만 아버지는 새들의 신이기 때문에 하늘을 날 수 있는 힘을 지녔다더라 하는 부류의 이야기들이 여기에 속한다. 이런 것들은 혈통을 중시한 옛 시대의 이야기 중에 자주 보인다.

그렇다고 이런 이야기가 꼭 고대 유럽에서만 유행한 것도 아니다. 광개토 대왕릉비의 내용을 보면 고구려 사람들은 자신들의 임금이 강물의 신, 하백의 자손이라고 새겨 놓았다. 조상이 강물의 신이므로 그 후손인 고구려 임금은 뛰어난 사람이라는 듯이 자랑한 것이다. 후대에도 고려 시대의 한반도에는 후삼국을 통일한 태조 왕건의 할머니가 사실은 용이었다는 전설이 있었다. 그러니까 왕건과 그 후손인 고려의 임금들은 용의 후손이기 때문에 알게 모르게 굉장히 놀라운 힘을 갖춘 사람들이고 존경을 받아 마땅하다는 것이다.

이런 식의 이야기가 예로부터 워낙 많다 보니 비슷한 내용이 현대에도 이어져 내려온 듯하다. 예를 들어, 1970년대 후반에 시작된 〈스타워즈〉 시리즈에서는 주요 등장인물이 포스라고 하는 괴상한 초능력을 잘 사용하는 거물들의 후손이기 때문에 역시 중요한 인물이라는 식의 이야기를 길게 펼쳐 나갔다. 21세기 이야기라고 할 수 있는 〈해리 포터Harry Potter〉 시리즈에서조차 누가 위대한 누구의 후손이라서 역시 위대한 피를 타고났다는 내용은 줄거리의 중요한 핵심이다.

짐은 외계인의 자손이다

SF의 세계에는 알고 보니 주인공은 외계인의 자손이기 때문에 주인공의 자격이 있다는 식의 이야기가 많다. 외계인은 지구의 사람들은 지니고 있지 않은 특별한 힘을 지닌 신비로운 종족으로 등장하곤 한다. 그렇기 때문에 그 자손도 지구에서 특별한 힘을 발휘해 남들은 하지 못하는 여러 가지 일을 할 수 있다는 식의 이야기로 이어지는 것이다. 기왕 질러 보는 김에 옛날이야기의 고귀한 혈통 이야기와 더 비슷하게 질러서, 주인공이 단지 외계인의 자손일 뿐만 아니라 외계인 나라의 공주나 왕자라는 식의 이야기도 찾아보기가 어렵지는 않다. 넓게 본다면 강경옥의 『별빛 속에』 같은 한 세대 전 한국의 SF 만화들 중에도 주인공이나 주인공의 주변 인물이 이런 식으로 등장하는 이야기를 얼마든지 찾을 수 있다.

이런 이야기들은 외계인이나 외계 행성같이 현대 과학의 분위기와 연결될 수 있는 소재를 조금 묻혀 놓았을 뿐 사실 고전적인 신화와 아주 가깝다. 고구려 임금의 조상이라는 물의 신이나 고려 임금의 조상이라는 용은 결국 사람이 아니다. 물의 신도, 용도 사람의 세상 바깥에 사는 신비롭고 고귀한 종족이다.

심지어 고구려 임금의 시조를 설명하는 주몽 이야기에서는 그 아버지 해모수가 용이 끄는 신비로운 수레를 타고 하늘에서 내려오는 것으로 되어 있다. 이런 이야기는 고구려 사람들이 외계인이라는 단어를 사용하지 않았을 뿐이지 사실 외계인이 괴상한 우주선을 타고 하늘에서 내려온다는 내용과 크게 다를 바가 없다. 용이 끌고 다니는 수레와 알 수 없는 원리로 작동하는 초공간 도약 엔진은 사실상 같은 것이다. 설명할 수 없는 물체지만 놀라운 일을 할 수 있다는 이유로 그 시대 사람들이 좋아할 만한 멋진 이름을 붙여 놓았을 뿐이다.

그렇게 생각해 보면 영화 「슈퍼맨」은 이런 이야기의 대표로 꼽을 만한다. 주인공 슈퍼맨은 머나먼 외계 행성에서 찾아온 외계인이라는 고귀한 혈통을 지니고 있기 때문에 영웅이 될 수 있다.

이 영화는 슈퍼맨이 어떻게 하늘을 날 수 있고, 어떻게 엄청나게 빠르게 움직일 수 있는지 세밀하게 설명하는 데 초점을 두지는 않는다. 그것은 지구인의 기술로 이해할 수 없는 신비로운 외계인의 힘이라고 이야기하면 충분하다. 한마디로 고구려의 임금 주몽은 해모수의 자손이기 때문에 날아다니는 돌을 타고 하늘 위로 올라갈 수 있다는 옛 전설이나, 헤라클레스는 제우스의 자손이기 때문에 힘이 세다는 옛 신화와 비슷한 소리이다. 신비로운 하늘나라 사람의 자손이라고 설명하면 충분하지 어떻게 날아다닐 수 있는지, 왜 힘이 센지 세세하게 따져서 설명할 필요는 없다. 마찬가지로 슈퍼맨이 〈크립토나이트 kryptonite〉에 약하다는 약점도 그냥 그런 게 있다고 하고 넘어가면 된다. 한국 민담에 소금을 뿌리면 귀신을 물리칠 수 있다거나, 귀신은 팥을 싫어한다는 이야기와 크게 다르지는 않다고 생각한다.

그렇게만 따진다면 「슈퍼맨」은 SF의 소재들을 충분히 활용하지는 못한 영화라고 할 수 있을지도 모른다. 재미있는 SF들은 대개 과학과 기술이 이야기에 어떻게 영향을 미치며, 그 관계에 어떤 문제가 들어 있는지 추적하면서 내용을 두껍게 쌓아 간다. 그런데 「슈퍼맨」에는 알 수 없지만 하여튼 그렇다는 식의 내용이 너무 많다. 이런 이야기는 과학 기술이 강조되기 좋은 SF보다는 조금 더 공상적인 내용에 무게를 싣는 환상 소설 계통에 걸맞을 것이다. 아닌 게 아니라 「슈퍼맨」을 보면 그런 환상 소설이나 동화 느낌이 나는 것도 사실이다.

SF의 새로운 맛

그러나 그저 그뿐만은 아니다. 오히려 다른 방향에서 「슈퍼맨」에는 SF의 재미를 물씬 살려 주는 새로운 맛이 들어 있다.

「슈퍼맨」에는 이 이야기가 신화의 형식을 따르고 있다는 점을 아예 정면으로 보여 주면서 그 방향으로 확 밀어붙인 것처럼 연출된 장면들이 있다. 그런 장면 속에서 이 영화가 도리어 신화에서 다룰 만한 주제를 다루는 이야기라는 점을 펼쳐 보여 준다. 20세기 후반, 할리우드에서 나온 블록버스터 SF 활극의 중심 소재가 수천 년 전의 신화들과 비슷하다면 낡은 느낌이 들지 않을까? 이 영화는 그런 점을 부끄러워하기는커녕 자랑스럽게 특징으로 잡아챘다. 옛 신화를 돌아보며 우리가 떠올릴 수 있는 이야깃거리들을 영화에 대놓고 덧붙여 버리는 것이다. 그리고 마침 잘 걸렸다는 듯이 가운데에 멋지게 올려 둔다.

이 영화 속에서 슈퍼맨은 그저 초능력을 가졌기 때문에 할 수 있는 일이 조금 더 많은 정도가 아니다. 그는 하늘에서 떨어진, 보통 사람의 한계를 초월한 인간이다. 슈퍼맨이라는 이름부터가 니체 철학에 나오는 초인, 즉 〈위버멘슈Übermensch〉나 〈오버맨 Overman〉과 통하는 말이다. 슈퍼맨은 극히 선한 마음으로 위기에 빠진 사람을 알아보고 도와주며, 사람이 해결할 수 없는 사악한 악을 물리쳐 준다. 마땅한 해결 방법이 없어서 절망에 빠진 사람조차 구해 줄 수 있는 위대한 자이면서, 한편으로는 아무리 반대해 보려고 해도 쉽게 물리칠 수 없는 압도적인 위력을 가진 자이다. 힘으로도 도덕으로도 사람의 경지를 능가한 상태에 있는, 하늘 바깥 세상에서 떨어진 자가 바로 슈퍼맨이다. 심지어 「슈퍼맨」의 마지막 장면을 보면, 슈퍼맨은 인과의 법칙이나 시간의 흐름과 같이 결코 변해서는 안 되고 부정할 수도 없을 것 같은 기본 논리조차 초월한다.

이 영화에는 슈퍼맨이 하늘 높이 올라가서 지구 전체를 도는 장면이 나오기도 한다. 이런 장면은 슈퍼맨이 세상 전체를 내려다보고 있는 것 같은 어마어마한 느낌이 들게 한다. 이런 슈퍼맨의 모습은 신화 속에 등장하는, 세상을 지켜보고 있고 세상을 움직일 수 있는 하늘 바깥의 놀라운 자들의 모습을 적극적으로 되살려 보여 주는 셈이다. 고대 그리스 로마 신화에서 올림포스산 위에 신들의 거처가 있다면, 슈퍼맨은 산보다도 훨씬 더 높은 지구 바깥 우주 공간에서 둥근 지구를 감돌며 날아다닌다.

이렇게 사람의 한계를 초월해 모두를 돌보고 있는 자를 직접 만난다고 해보자. 신비로운 충격이 느껴질까? 강한 감동과 기쁨과 공포가 뒤범벅될까? 그렇게 결백하고 초월적인 사람이 우리가 사는 현대 사회의 거리에 등장해 같이 어울려 지낸다면 어떤 모습으로 보일까? 우리가 사는 사회를 어떻게 볼까? 이 영화는 바로 그런 감각을 신나는 초능력 활극의 단순한 이야기에 슬며시 버무리고 있다.

속편으로 넘어가면 이런 소재는 조금은 가벼워지기도 하고 한편으로 가지를 쳐나가며 다른 줄거리와 엮이기도 한다. 이야기가 진행될수록 신화 속에서 다루었던 이야기가 SF의 형태를 택하는 바람에 우리 곁에 왔다는 느낌이 든다. 이것은 소재에 대한 고민을 더 가깝게 느낄 수 있다는 점에서 득이 된다.

당신은 내 마음을 읽을 수 있나요?

그렇게 위대한 힘을 지니고 있다면, 세상 사람들이 누구도 불행해지지 않도록 도와주어야 하는 것은 아닐까? 왜 슈퍼맨은 누구는 도와주고, 누구는 도와주지 않는가? 그것을 어떤 기준으로 결정하는가? 슈퍼맨이 세상 모든 문제를 해결할 수 있다면 모든 사상가, 정치인, 정부는 슈퍼맨의 말만 잘 믿고 고분고분 따르면 되는가? 민주 국가에서 선출한 대통령이 나쁜 행동을 하는 것 같다면, 슈퍼맨에게 그 대통령을 제압할 권리가 있는가? 그런 슈퍼맨의 행동은 정당한가? 만약 정당하지 않다면, 슈퍼맨은 그런 정부의 악행을 그냥 보고만 있어야 하는가? 망한 영화로 악명 높은 「슈퍼맨 4: 최강의 적 Superman IV: The Quest for Peace」조차도 이런 소재를 적어도 대충은 훑고 있다.

〈슈퍼맨〉 시리즈의 신화적인 느낌이 가장 잘 드러나는 장면은 역시 슈퍼맨과 로이스 레인이 처음으로 같이 하늘을 날아 보는 장면일 것이다. 이 장면에서 로이스 레인은 슈퍼맨의 손을 잡고 도시의 고층 빌딩 사이를 마음껏 날아 본다. 처음에는 너무 높이 날아서 겁을 먹지만 차차 슈퍼맨이 이끌어 준다면 아무리 높은 하늘이라도 겁이 날 것 없다는 믿음으로 서서히 날아다니는 것을 즐긴다.

지금 보면 단순해 보이는 특수 촬영이지만, 그래도 제법 기술적으로 잘 표현되어 있다. 허공에 떠 있지 않으면 볼 수 없는 공중에서 도로를 내려다보는 시점이라든가, 거대한 자유의 여신상을 아래에서 올려다보는 것이 아니라 위에서 내려다보는 시점도 들어가 있다. 영화를 보는 관객 입장에서도 날아다니지 않으면 볼 수 없는 것을 보게 해준다. 관객도 자기 눈을 통해서 신비롭고 놀랍다는 느낌을 받게 된다.

장면의 절정 즈음에서 로이스 레인은 〈당신은 내 마음을 읽을 수 있나요?〉라는 말로 잘 알려진 독백을 한다. 이 대사는 마치 옛 서사시에 나오는 노래처럼 끼워져 있다. 그렇지만 한편으로는 매일 회사에 다니며 복잡한 도시 생활을 하는 현대인의 평범한 목소리이다. 그리하여 현대를 배경으로 하는 이야기를 놀랍고 거창한 신화처럼 부풀어 오르게 하면서 기이한 감흥이 절정으로 치닫는다.

이 장면에서는 중요한 대사와 다채로운 표정을 깨끗하게 연기한 로이스 레인 역할의 배우 마고 키더Margot Kidder의 재능이 돋보인다. 대도시 직장인의 현실적인 모습을 와닿게 연기하다가도 슈퍼맨을 보고 놀라워하는 모습, 슈퍼맨과 함께 하늘을 날게 되었을 때 신기해하는 모습을 자연스럽게 연결해 보여 준다. 직장 생활에 찌든 어른이면서도, 신비로운 슈퍼맨을 만나 하늘을 날고 싶다는 꿈을 꾸는 어린애 같은 모습을 동시에 지니고 있다. 자칫 구식 연극에나 등장할 법한 긴 독백도 마고 키더의 이런 자연스러운 연기가 있었기 때문에 부드럽게 어울려 오히려 더 신화다운 분위기를 살렸다고 생각한다.

게다가 이 영화에는 마고 키더의 연기를 그대로 받아 살려 준 위대한 배우가 상대역으로 활약하고 있다. 바로 그 덕택에 1930년대 초에 나온 옛날 만화의 갈등 구조를 크게 바꾸지 않고 살린 이 영화가 현대의 신화로 자리 잡을 수 있었다고 생각한다.

쫄쫄이 옷을 입어도 멋진 배우

이 영화의 주인공은 역대 최고의 슈퍼맨으로 모두가 인정하는 크리스토퍼 리브Christopher Reeve이다. 그는 타고나기를 슈퍼맨 역할을 잘 해낼 수 있게 태어난 사람 같다. 조각가가 잘생긴 얼굴을 상상해 만든 조각상들보다도 더 잘생긴 얼굴에 맑고 정확한 목소리를 들어 보면 그냥 화면에 나타나기만 해도 보통 사람 같지는 않아 보인다. 거기에 190센티미터가 넘는 키에 몸집도 큰 편이다. 위기에 빠진 사람을 구해 주고 악당을 물리치는 연기를 등장만으로도 마칠 수 있어 보인다.

이런 사람이기에 빨갛고 파란 쫄쫄이 옷에 가슴팍에 S 자를 붙인 서커스의 어릿광대 같은 모습으로 나타나도 위대하고 신비한 사람처럼 보인다. 이런 배우는 정말 드물다. 「슈퍼맨」 이후로도 많은 예산을 들인 대형 블록버스터 초능력 영웅 영화들이 나왔지만, 대부분 만화 속 모습보다 좀 더 진짜 같고 멋있어 보이기 위해 이리저리 옷차림을 바꾸어 덜 유치하게 보이려고 애를 쓴 데 그쳤다. 그러나 크리스토퍼 리브는 우스꽝스러운 복장을 걸쳐 놓아도 누구에게나 슈퍼맨 같아 보인다. 오히려 그래서 더 범접할 수 없는 슈퍼맨 같은 느낌이 든다.

그러고 보면 어떤 배우들은 등장만으로 연기를 끝내 버리기도 한다. 배우가 대본에 나와 있는 내용을 잘 살려 내는 것도 중요한 재주지만, 한편으로는 그 배우만이 해낼 수 있는 기막힌 역할을 맡기는 것 자체가 더 중요할 때도 있다는 생각이 들 정도이다.

1931년판 「프랑켄슈타인」을 보면 프랑켄슈타인 박사가 죽은 사람을 다시 살아날 수 있게 하는 기술을 개발하고 기뻐하는 장면이 나온다. 이 영화는 공포 영화로 연출되어 있기에 이 장면에서 프랑켄슈타인 박사는 천둥 번개가 치는 와중에 광기 어린 표정으로 〈살아 있다! 살아 있어!〉라고 외친다. 연극을 볼 때 멋진 연기라고 하면 떠올릴 만한 연기의 전형이다. 감정이 강하게 터져 나오는데 보는 사람이 어떤 감정인지 느낄 수 있도록 적당히 과장되게 조절해 분출시킨다. 이 영화에서 프랑켄슈타인 박사 역할을 맡은 배우 콜린 클라이브Colin Clive는 목소리와 동작, 표정을 조절해서 그런 결과를 제대로 이끌어 낸다.

그와는 다른 방향으로 나아가 볼 수도 있다. 꼭 그렇게 멋진 연기를 보여 주는 연극 배우처럼 연기할 필요는 없다. 수많은 배우들 중에 배역에 어울릴 만한 사람을 골라 기용하고, 그 배우에게 여러 번 연기를 시키면서 가장 잘 어울리는 순간을 영상에 담아 놓으면, 그게 영화로 볼 수 있는 멋진 연기가 된다.

배우에게 맞는 옷도 중요하다

아널드 슈워제네거Arnold Schwarzenegger는 연기의 폭이 넓지 않고, 전달 방법도 너무 뭉툭하고 단순한 경우가 많다. 그래도 바로 그런 개성을 갖고 있기에 〈터미네이터〉 시리즈의 무시무시한 로봇을 연기할 때 무뚝뚝하고 강한 느낌이 확 살아났다는 점에는 다들 동의할 것이다. 키아누 리브스Keanu Reeves에 대해서도 과거에는 표정 연기의 섬세함이 떨어진다는 지적이 많았지만, 그런 얼굴로 멍청한 얼뜨기 연기를 신나게 해냈기에 「엑설런트 어드벤처Bill&Ted's Excellent Adventure」의 우스운 시간 여행 이야기가 제대로 나올 수 있었다.

그러니 다양한 연기를 폭넓게 해낼 수 있는 배우나 어려운 연기에 뛰어난 배우 못지않게 어떤 역할을 맡기면 너무나 찰싹 달라붙어 효과를 충실히 살릴 수 있는 배우를 그 역할에 기용하는 것도 좋은 연기를 펼치게 하는 방법 아닌가 싶다.

다시 「슈퍼맨」으로 돌아가 보면, 크리스토퍼 리브는 자신만이 해낼 수 있는 슈퍼맨 역할을 맡았다는 점에서 이미 영화를 반쯤 장악했다. 거기에다 더해서 그는 기술적으로 잘 다듬은 연기 실력 또한 보여 준다.

「슈퍼맨」에서 크리스토퍼 리브는 단지 멋진 얼굴, 멋진 체격에 멋있는 모습으로 등장하기만 하는 것이 아니다. 그것만으로도 아무도 흉내 낼 수 없을 것 같은데 거기에 멋진 슈퍼맨다움을 추가로 연기해 얹는다. 자신감이 넘치는 표정, 선한 말투, 듣는 사람에게 믿음을 주는 꿋꿋함을 가능한 한 열심히 표현한다. 바로 그런 연기를 보면서 관객은 자기도 모르는 사이에 〈슈퍼맨은 우리 편〉이라는 느낌에 푹 빠지게 된다. 그렇기 때문에 외계에서 떨어진 어린아이가 자라나 하늘을 날아다니며 지구를 지킨다는 이 황당한 이야기를 진지하게 바라볼 수 있다. 즉 고대인들이 용과 괴물이 등장하는 신화를 주술적인 믿음 때문에 중요하게 생각했다면, 현대의 관객들은 특수 촬영 기술과 크리스토퍼 리브의 연기 때문에「슈퍼맨」이야기를 좀 더 진지하게 보게 된다.

크리스토퍼 리브는 조금은 평범한 영화에서도 튼튼한 기본기를 충분히 보여 준 훌륭한 배우이다.「사랑의 은하수Somewhere in Time」라는 시간 여행을 소재로 한 영화에서는 기묘한 사랑 이야기의 주인공을 맡아 격정적인 감정 연기를 보여 주기도 했고,「막을 올려라Noises Off」에서는 멋진 코미디 연기를 보여 주기도 했다.

돌이켜 보면 크리스토퍼 리브의 연기 솜씨는 슈퍼맨이 정체를 숨긴 때의 모습인 클라크 켄트를 연기할 때 더 놀랄 만했다는 점도 기억에 남는다. 위풍당당한 슈퍼맨과 어리숙하면서도 열심히 살아 보려고 하는 클라크 켄트를 크리스토퍼 리브 한 사람이 동시에 연기하는 솜씨는 기가 막히다. 나는 처음「슈퍼맨」을 보았을 때 두 역할을 서로 다른 배우가 연기하는 줄 알다가 뒤늦게 같은 배우라는 사실을 알아차렸다. 나만 그런 것은 아닌지 인터넷에 떠도는 이야기를 보면 영화 촬영 중에 크리스토퍼 리브가 슈퍼맨 모습으로 나타났을 때는 촬영장의 사람들이 다들 한 번씩 눈길을 주었는데, 클라크 켄트의 모습으로 다닐 때는 아무도 쳐다보지 않았다고 한다.

이 정도라면 과연 칭송할 만하다는 생각이 든다. 끝없이 반복

된 먼 옛날의 서사시를 다시 볼만한 가치가 있는 것으로 만들어

주기에 부족함이 없다.

최후의 스타파이터
The Last Starfighter
1984

컴퓨터 그래픽만이 할 수 있는 것

예로부터 사람들은 공연에서 상상력을 자극하는 신기한 것을 보려고 했던 것 같다. 고대로 거슬러 올라가 보자면 가야의 음악 중에 「사자기(師子伎)」라는 것이 있다. 가야 사람들은 이 배경 음악에 맞춰 사자가 춤을 추는 공연을 구경했던 것 같다. 사자는 한반도에서 보기 어려운 동물이고, 실제로 본다고 해도 사자가 덩실덩실 춤을 추는 장면은 환상 속의 장면일 것이다. 그런데 사자로 꾸민 공연자들은 사자가 눈앞에서 춤을 춘다는 신기한 장면을 재미있게 보여 준다. 그러니 그 모습이 가야 사람들 사이에서 인기가 있었을 것이다.

일상에서는 볼 수 없는 신기한 소재를 다루는 연극도 꾸준히 만들어졌다. 보통 사람들은 만나 보기도 어려운 공주나 왕자가 나오는 연극, 요정이나 신령이 나와서 마법을 부리는 연극도 유럽에서는 자주 등장했다. 옛 전설 속의 공주나 왕자가 입었을 것 같은 화려한 옷차림이나 요정, 신령, 괴물로 분장한 사람들의 모습이 구경거리가 되었을 것이다.

19세기 말, 영화의 시대가 시작된 후에 이렇게 보기 힘든 것을 보여 준다는 생각은 더 인기를 끌었다. 영화는 애초에 다른 시간과 공간에서 촬영된 것을 보여 준다. 그러니 출발부터 신기한 것을 찾아 보여 주는 방식이라고 볼 수 있다. 공주와 왕자가 나오는 내용이라면, 카메라를 들고 궁전에 가서 영화를 찍은 뒤에 그 공간의 모습을 극장에서 상영하여 보여 주면 된다. 그렇게 하면 먼 곳의 시간과 공간을 잡아 와서 극장이라는 현재의 시간과 공간에 머물고 있는 관객들에게 전달해 줄 수 있다.

게다가 영화는 촬영된 것을 여러 차례 돌려 보여 줄 수 있고, 복사해서 여러 벌을 만들 수도 있다. 여러 번 상영해서 큰 수익을 거둘 수도 있다. 그러니 좀 더 많은 비용과 정성을 들여서라도 더 화려하고 신기한 것을 관객들에게 보여 준다는 계획이 수지가 맞을 수 있다.

신기한 것을 보여 준다는 계획

영화의 초창기부터 신기한 것들을 보여 준다는 계획은 인기가 많았다. 영화 대중화에 큰 공을 세운 미국의 발명왕 토머스 에디슨Thomas Alva Edison이 차린 영화사에서도 진작부터 그런 영화들이 제작되었다. 1903년에 나온 「대열차 강도The Great Train Robbery」는 달리는 열차에 뛰어들어 강도질을 하는 서부의 악당들을 보여 준다. 대단한 특수 촬영 기술이 사용된 영화는 아니지만 보통 사람들이라면 결코 가까이서 볼 수 없을 열차 강도 장면을 관객의 눈앞에 보여 주는 내용이라 일단 호기심을 끌 수 있었다. 토머스 에디슨의 영화사에서는 1910년에 「프랑켄슈타인」을 짤막한 영화로 제작하기도 했는데, 원작 소설 『프랑켄슈타인』이 초기 SF에서 대단히 유명한 소설인 만큼 이 영화 역시 초기 영화 역사에서 중요한 자리를 차지하고 있다. 초창기에 나온 SF 영화로 생각할 수도 있고, 몇 가지 특수 촬영 기술을 써서 신기한 장면들을 만들어 냈다는 점도 눈에 들어온다. 참고로 두 영화 다 지금껏 보존된 필름이 남아 있기 때문에 누구나 동영상 공유 사이트에서 쉽게 찾아볼 수 있다.

영화 산업이 발전하면서 점점 더 신기한 볼거리를 보여 주는 영화들이 많아졌다. 「프랑켄슈타인」이 나온 지 13년이 지난 1923년에 「십계 The Ten Commandments」는 모세가 유대인들을 이끌고 이집트를 떠날 때 홍해의 바다가 갈라져 그곳을 통과하는 기적적인 장면을 특수 촬영으로 보여 준다. 1933년에는 「킹콩 King Kong」 제작진이 고릴라를 닮은 커다란 괴물이 도시를 뛰어다니며 난동을 부리는 장면을 만들어 내는 데 성공했다.

이런 식으로 실제로는 볼 수 없을 것 같은 환상적인 장면을 영화라는 매체와 특수 촬영을 이용해서 관객에게 구경시켜 주는 것이 계속해서 영화를 보게 하는 중요한 재밋거리였다.

상상 속의 세계를 보여 주는 SF 영화에서도 특수 촬영으로 만들어 낸 신기한 장면이 눈길을 사로잡는 경우는 흔하다. 사람들 중에는 SF 영화의 맛은 특수 촬영으로 현실에서 보기 힘든 신기한 장면을 보여 주는 것이 핵심이라고 느끼는 부류도 많을 지경이다. 우주 모험 영화인 1936년 작 「플래시 고든Flash Gordon」에서는 작게 만든 모형을 커다란 실제 물체인 것처럼 보여 주는 촬영 방식을 활용했고, 레이 해리하우젠Ray Harryhausen이 특수 효과를 맡은 해저 괴물의 습격 이야기 「놈은 바닷속으로부터 왔다It Came from Beneath the Sea」는 인형으로 만든 물체를 조금씩 조절하며 촬영하여 움직이는 것처럼 보이게 만드는 스톱 모션stop motion 애니메이션 기술을 사용했다. 그 외에도 기계로 움직이는 부분을 안에 넣어서 살아 있는 것처럼 보이게 꾸미는 애니메트로닉스animatronics 기술이라든가, 두 가지 영상을 이리저리 잘라 붙여 겹쳐 보이게 하는 합성 기술도 전형적인 특수 촬영 기술로 볼 수 있을 것이다.

지금에 와서 아무래도 특수 촬영에 가장 중요한 전환점을 떠올려 보라면 누구나 컴퓨터 그래픽 기술이 도입된 것이라고 여길 듯하다. 요즘은 컴퓨터 그래픽 기술이 너무나 뛰어나서, 현실에서 보기 어려운 장면이 화면에 나오면 누구나 컴퓨터 그래픽 기술로 찍었을 거라고 짐작하는 시대가 되었다. 「미션 임파서블Mission: Impossible」에서 주인공이 날아다니는 비행기에 매달려 있는 장면이 나왔는데, 그게 컴퓨터 그래픽이 아니라고 해서 역으

136

로 놀라운 이야깃거리가 되는 시대이다.

컴퓨터 그래픽 기술이 영화에 도입된 과정을 거슬러 올라가 보면, 그 과정은 SF 영화와 밀접한 관련이 있다. SF 영화에 특수 촬영 기술이 많이 나오는 경향이 있으니 확률적으로 보아도 그럴 만하겠지만, 그 이상으로 컴퓨터 그래픽 기술은 SF 영화와 연결되어 있다.

티가 나야 미래스럽다

한동안은 컴퓨터를 보여 주는 것 자체가 미래의 기술을 보여 주는 것이었다. SF 영화에서 주인공들은 미래의 최첨단 전자 기기를 사용한다. 예전에는 지금처럼 컴퓨터가 널리 퍼져 있지 않아서 미래의 최첨단 전자 기기는 컴퓨터를 보여 주는 것으로 충분했다. 그러니까 초창기 SF 영화는 컴퓨터 그래픽을 티가 안 나게 보여 주는 것이 목표가 아니었다. 그와 반대로 컴퓨터 그래픽을 티가 나게 보여 주는 것이 목표였다. 그래야 미래스럽게 보였으니까.

이것은 영화의 역사보다 컴퓨터의 역사가 훨씬 짧기 때문이다. 「프랑켄슈타인」같이 제법 많은 예산을 들인 SF 영화가 이미 1910년에 나왔다. 하지만 컴퓨터라는 기계는 1940년대 중반이 되도록 상업용으로 활용되지 못했다. 그러니까 컴퓨터 그래픽을 보여 주기만 하면 환상적인 미래의 모습으로 보일 수 있었다.

대표적인 사례로는 1973년에 나온 「이색지대Westworld」의 컴퓨터 그래픽 장면을 들 수 있다. 이 영화는 미래 시대에 로봇들이 서부 영화의 악당들을 연기하는 휴양지를 다루고 있다. 그 휴양지에 놀러 간 사람들은 양심의 가책이나 위험 부담 없이 로봇이 연기하는 서부의 악당들에게 총을 쏘며 논다. 그러다 로봇의 시점에서 사람들을 살펴보는 장면이 나온다. 「터미네이터」나 「로보캅RoboCop」 같은 영화에서 컴퓨터 게임 화면 같은 것이 나와서 로봇과 기계의 시점으로 주변의 모습을 보여 주는 것과 비슷하다. 「이색지대」는 이 장면을 보여 주기 위해서 컴퓨터 그래픽으로 만든 영상을 끼워 넣었다.

1977년에 나온 「스타워즈 에피소드 4: 새로운 희망」에도 비슷한 방식으로 컴퓨터 그래픽을 사용한 장면이 나온다. 이 영화에서 주인공들은 전자 장비를 이용해서 적의 목표물인 데스 스타의 구조를 살펴본다. 이때 외계 행성의 첨단 기술을 이용한 장비를 사용하므로 뭔가 미래스럽게 보여야 한다. 그래서 삼차원 티가 팍팍 나는 컴퓨터 그래픽을 보여 준다. 1970년대 후반이면 이제 막 애플Apple 같은 가정용 컴퓨터들이 나오던 시점이므로 사람들이 그런 컴퓨터 그래픽이야말로 첨단적인 미래라는 느낌을 한창 품고 있었다. 첨단 기술을 보여 주기에 티가 잔뜩 나는 컴퓨터 그래픽만큼 좋은 소재가 없었다.

그렇게 컴퓨터 그래픽이 하나둘 영화에 활용되어 가고 동시에 기술도 발전하면서 컴퓨터 그래픽 기술을 재미있게 활용하는 사례는 점점 더 늘어 갔다.

1982년 작 「트론Tron」에는 컴퓨터 그래픽 기술로 만든 멋진 영상이 잔뜩 담겨 있다. 이 역시 미래 세계의 컴퓨터 기술 자체를 보여 주기 위해서 컴퓨터 그래픽을 보여 준 영화로 볼 수 있다. 이 영화는 컴퓨터 게임 속 세상을 현실 세상처럼 펼쳐 보여 주기에 컴퓨터 그래픽으로 보여 주는 환상적인 표현이 훨씬 정교하다. 무엇보다 아름답게 꾸미는 데 신경을 썼다. 게다가 컴퓨터 그래픽 장면의 분량도 많아서 잔뜩 퍼부어 놓았다고 해야 할 정도이다. 컴퓨터 그래픽이 영상에서 차지하는 비중이 무척 높다.

이 정도면 진짜 우주선으로 봐달라

1980년대 중반이 지나면서 컴퓨터 그래픽 기술은 한 단계 더 나아갔다. 그냥 컴퓨터 느낌, 미래 느낌을 주기 위한 컴퓨터 그래픽이 아니라 진짜 물체를 보여 주기 위한 컴퓨터 그래픽이 점차 시도되기 시작했다.

이 무렵 컴퓨터 게임, 비디오 게임 들이 나오면서 사람이 그린 그림처럼 보이는 컴퓨터 그래픽을 일상에서도 친숙하게 볼 수 있게 되었다. 1984년에 나온 게임 「1942」에는 프로펠러 비행기 수십 대가 군함들이 떠 있는 태평양을 날아다니는 장면이 컴퓨터 그래픽으로 표현되어 있다. 굉장히 아름다운 모습이라고 할 수는 없을지언정 태평양에서 벌어진 전쟁 장면을 알아볼 수 있게 그린 만화 정도는 된다고 할 수 있다. 그런 기술이 유행하면서 컴퓨터 그래픽 기법에 익숙한 사람들이 늘어나고, 컴퓨터 그래픽을 다룰 줄 아는 사람들도 여기저기 생겨나는 시절이 찾아왔다.

나는 1984년 작 「최후의 스타파이터」가 당시의 이런 분위기를 나타내는 영화라고 생각한다. 이 영화는 지구의 평범한 젊은 이가 우연찮게 전투기 조종사가 되어 우주 전쟁에서 활약하게 된다는 이야기이다. 우주를 날아다니는 우주선들이 대거 컴퓨터 그래픽으로 표현되어 있다. 그러니까 컴퓨터 그래픽으로 그린 우주선들이 그냥 컴퓨터 화면에 표시되는 것이 아니라 영화 속 세상에 나오는 진짜 우주선이라고 하면서 등장하고 있다. 진짜 물체를 컴퓨터 그래픽으로 이렇게나 많이, 오래 표현한 상업용 장편 영화는 아마 「최후의 스타파이터」가 가장 앞선 축에 속할 것이다.

물론 이 영화 속의 우주 전투기를 진짜 물체라고 부르는 데는 무리가 있다. 이 우주 전투기는 외계인들이 개발한 기계로, 실제로는 아무도 본 적이 없는 상상 속의 기계에 지나지 않는다. 컴퓨터 그래픽 기술이 미비해서 색깔과 재질이 가짜처럼 보인다면 〈외계인이 만든 우주선은 원래 색깔과 재질이 저렇다〉 하고 넘어갈 수 있는 물체라는 뜻이다. 컴퓨터 그래픽 기술 자체도 그렇게 대단한 것은 아니어서 지금 보면 옛날 컴퓨터 게임에 등장하는 우주선이 잠깐 영화에 나오는 듯 보인다. 이 정도만 해도 얼기설기 대강 만든 모형으로 촬영한 우주 장면보다는 그럴듯해 보일 수 있었으니까 〈이 정도면 진짜 우주선으로 봐달라〉라고 하는 정도에 가깝다.

다행히 영화의 도입부가 이런 컴퓨터 그래픽의 맛을 살려 주기는 한다. 이 영화의 주인공은 별로 대단할 것이 없는 평범한 시골 청년이다. 그의 유일한 장기는 비디오 게임을 잘한다는 것이다. 그런데 알고 보니 우주선을 조종해 적을 격추하는 그 비디오 게임은 천부적인 재능을 지닌 조종사를 선발하기 위해 외계인들이 설치해 둔 시험 장치였다. 사람들은 그냥 재미 삼아 게임을 하지만 알고 보면 그 장치는 실제 우주선과 비슷하게 되어 있으므로 일정 수준에 도달하면 진짜 우주선을 조종할 수 있다. 그러므로 외계인 군대에서 주인공을 데려가고, 주인공은 우주로 나아가 모험에 뛰어든다.

「최후의 스타파이터」는 컴퓨터 게임을 하는 사람이 〈내가 실제로 이런 모험을 한다면 어떨까〉 하는 상상에 잠기는 심정을 그대로 풀어낸 영화이다. 소설을 읽거나 TV 연속극을 보는 것과는 달리 컴퓨터 게임에서는 그 세상의 주인공 역할을 직접 수행한다. 그러므로 〈정말로 이런 일을 하면 어떤 느낌일까〉 하고 더 가깝게 상상하게 된다. 1970년대 말 이후 비디오 게임이 대중문화로 자리 잡으면서 많은 사람들이 떠올릴 만한 그 느낌을 시대에 걸맞게 영화 소재로 활용한 것이다. 「최후의 스타파이터」는 그럭저럭 괜찮은 평을 받았고, 컴퓨터 그래픽 기술은 갈수록 널리 쓰이게 되었다.

어떻게 저런 장면을 찍었을까?

1986년 작 「라비린스 Labyrinth」에는 날아다니는 올빼미를 컴퓨터 그래픽으로 표현한 장면이 썩 잘 들어갔다. 비록 꿈과 환상의 세계를 날아다니는 환상 속의 올빼미를 표현한 것이기는 하지만, 컴퓨터 그래픽으로 그려 넣은 올빼미가 진짜 올빼미 역할을 해내고 있다는 점에서 높이 평가할 만하다.

1990년대를 지나면서 컴퓨터 그래픽 기술은 다른 특수 촬영 기술을 하나하나 대체해 나가기 시작했다. 1991년 작 「터미네이터 2」에는 진짜처럼 보일 것을 의도한 컴퓨터 그래픽 장면이 대거 활용되었을 뿐만 아니라, 컴퓨터 그래픽이 아니라면 도저히 그렇게 자연스럽게 보이지 않을 정도의 장면이 멋지게 표현되었다.

이 영화에는 몸의 모습을 마음대로 바꿀 수 있는 악당 로봇이 온갖 모습으로 변신하며 주인공 일행을 추적하는 이야기가 나온다. 그 신기한 변신 모습은 컴퓨터 그래픽 기술이 있었기에 그럴듯하게 보여 줄 수 있었다. 「터미네이터 2」는 컴퓨터 그래픽 기술이 영화를 도와준 정도가 아니라, 컴퓨터 그래픽 기술이 없었다면 그만한 충격과 감동을 줄 수 없었다고 할 만한 영화이다.

1993년에 나온 「쥬라기 공원」은 컴퓨터 그래픽 기술이 다른 특수 촬영 기술을 능가할 수 있다는 사실을 증명한 영화이다. 사실 이 영화는 〈컴퓨터 그래픽 기술의 경이〉라는 찬사를 받은 것에 비해서 구식 특수 촬영 기술도 많이 활용되기는 했다. 이 영화에 나오는 공룡들 중에는 컴퓨터 그래픽이 아니라 옛날 방식대로 모형이나 기계 장치로 만들어 놓은 것도 적지 않은 편이다.

그렇지만 적절한 장소에 컴퓨터 그래픽을 가미해서 만든 「쥬라기 공원」은 이전까지 나왔던 영화 속 공룡을 능가하는 압도적인 느낌을 보여 주었다. 「쥬라기 공원」이 어찌나 그럴듯해 보였는지 공룡이 새삼 사람들 사이에서 큰 인기를 얻고, 공룡 전시회나 공룡 박물관 같은 것이 세계 곳곳에 건설될 정도였다. 한국에서는 「쥬라기 공원」의 위력, 나아가 영화나 문화 산업의 위력에 대해 설명하면서 「쥬라기 공원」의 1년 흥행 수입이 자동차 150만 대를 수출해서 벌어들이는 수입과 맞먹는다는 통계 수치를 언급하는 것도 엄청나게 유행했다. 그 후 거의 5년 정도는 온갖 곳에 별별 목적으로 「쥬라기 공원」 흥행 수입이 무슨 수출과 맞먹는다는 수치가 지긋지긋하게 인용되었던 것이 기억난다.

나도 영화를 보고 〈어떻게 저런 놀라운 장면을 찍었을까?〉 하고 깊이 감탄한 것은 「쥬라기 공원」이 거의 마지막이었던 것 같

143

다. 그 후에도 특수 촬영이 멋진 영화는 많았고, 그중에는 정말 대단하고 멋지다 싶은 것들도 있었지만 〈어떻게 저런 것을 찍을 수 있었을까?〉하는 궁금증에 정신이 아득해진 적은 없었다. 컴퓨터 그래픽은 기본적으로는 컴퓨터로 그림을 그려 넣는 것이므로 그냥 잘 그려 넣으면 어떤 장면이든 만들어 낼 수 있다고 생각하게 된다. 요즘은 아무리 놀라운 장면을 봐도 〈컴퓨터 그래픽으로 잘 그려 넣었나 보네〉가 결론이다.

물론 컴퓨터 그래픽을 발전시키기 위해 새로운 계산법을 도입하고, 새로운 시뮬레이션 기술을 도입하는 것도 멋진 일이기는 하다. 물결이 출렁이는 모습, 동물의 털 한 올 한 올이 부드럽게 움직이는 모습을 컴퓨터 그래픽으로 표현하는 과정은 그냥 눈으로 봐도 멋진 느낌이 든다. 그렇지만 어찌 되었건 〈컴퓨터 그래픽으로 그려 넣었다〉는 틀 속의 일이다. 컴퓨터 그래픽 기술이 나오기 이전에 놀라운 장면을 보았을 때, 도대체 어떻게 저런 장면을 찍었는지 상상하기도 어려웠던 감흥과는 다르다.

그렇다고 옛날이 더 좋았다는 말은 아니다. 영화를 구경하는 재미 한 가지가 살짝 줄었다고는 해도 더 적은 비용으로 더 자유로운 표현을 해낼 수 있는 기술이 계속 나온다는 것은 좋은 일이라고 생각한다.

컴퓨터 그래픽 시대에만 가능한 것

　나는 기왕 기술이 발전하고 있는 김에 컴퓨터 그래픽 기술이 없었을 때는 절대 흉내도 낼 수 없었던 장면을 좀 더 많이 만들어 보면 좋겠다. 예를 들어, 「최후의 스타파이터」에는 주인공의 시점에서 적들의 우주선을 폭파하고 또 폭파하며 불꽃을 뚫고 전진하는 장면이 나온다. 이런 장면은 컴퓨터 그래픽이 아니라면 만들기가 어렵다. 만약 모형으로 만든 우주선으로 비슷한 장면을 찍는다고 해보자. 모형을 폭파하면서 그쪽으로 카메라를 돌진시키면 비슷한 장면이 나오기는 할 것이다. 그러나 그렇게 해서는 폭발 한 번만 통과해도 카메라가 부서질 것이다. 그런 장면을 여러 번 찍는 것은 불가능하다. 그러나 컴퓨터 그래픽이라면 그냥 열심히 컴퓨터로 계산해서 그려 넣으면 된다.

　그렇게 컴퓨터 그래픽 시대에만 가능한 화면 연출, 화면 구성을 좀 더 많이 보고 싶다. 수십 대, 수백 대의 우주선이 어울려 어지럽게 몰려다니며 우주에서 전쟁을 벌이는 장면을 상상해 보자. 이런 장면을 옛날 방식으로 우주선 하나하나 모형으로 만들어 조종한다면 너무 복잡할 것이다. 하지만 컴퓨터 그래픽이라면 훨씬 쉽게 찍을 수 있다. 맹렬한 속도로 빙글빙글 돌며 이리저리 날아다니는 우주선이 있는데 카메라가 그 우주선을 따라다니다가 다른 우주선이 나오면 이번에는 그 우주선을 따라가며 격렬히 화면이 이동하는 등 속도감을 살린 장면을 만들어 보면 어떨까? 실제로 초고속 우주선에 카메라를 싣고 찍지 않으면 도저히 찍을 수 없을 것 같은 장면을 컴퓨터 그래픽의 힘으로 보여 주는 것은 색다른 맛이 있다고 생각한다.

꼭 우주가 배경이 아니더라도 컴퓨터 그래픽으로만 가능한 각도의 장면을 담아내는 영화들이 가끔 보인다. 「매트릭스」에는 발사되어 날아가던 총알이 갑자기 느려져서 멈추는 것처럼 화면을 잡은 각도가 바뀌고 그동안 주인공이 총알을 피하는 장면이 나온다. 〈총알 타임bullet time〉이라는 별명으로 불리는 장면인데, 요즘은 비슷한 장면이 여기저기에 너무 많이 나와서 좀 지루해진 감이 있다. 하지만 「매트릭스」가 나올 때만 하더라도 신선했다. 컴퓨터 그래픽의 도움이 아니었다면 다른 특수 촬영으로는 아무리 돈을 많이 들여도 흉내 내기 어려운 재미난 장면이었다.

그러니 기왕에 컴퓨터 그래픽이 모든 것을 지배하는 시대가 된 만큼 앞으로는 컴퓨터 그래픽만이 해낼 수 있는 더 과감하고 더 새로운 장면 연출을 기대해 본다.

특수 촬영 기술

스톱 모션

카메라를 한 프레임씩 이동하여 촬영하면 정지된 물체가 계속해서 움직이는 것처럼 보여 줄 수 있다. 그렇게 대상의 모형을 조금씩 조절하며 촬영하여 움직이는 것처럼 보이게 만드는 기법이다. 「월리스와 그로밋」 같은 스톱 모션 애니메이션을 떠올려 보자.

애니메트로닉스

애니메이션animation과 일렉트로닉스electronics를 합친 용어이다. 기계적 뼈대나 전자 회로를 가지고 실물과 흡사한 로봇을 제작해 원격 조정으로 움직이게 하는 기술이다. 「터미네이터」나 「킹콩」 등에서 사용되었다.

합성

둘 이상의 대상을 기술적으로 결합해 하나의 장면에 완성하는 촬영 기법이다. 크로마키 배경지를 뒤에 두고 촬영한 뒤 합성하면 기차나 건물에서 뛰어내리는 등의 역동적인 장면을 연출할 수 있다.

컴퓨터 그래픽

컴퓨터를 사용한 모든 시각화된 장면을 의미한다. 「터미네이터 2」와 「쥬라기 공원」은 컴퓨터 그래픽 시대를 연 영화로 꼽힌다. 2000년대 이후 기술 발전과 더불어 영화, 드라마, 게임, 광고 등 다양한 분야에서 사용되고 있다.

토탈 리콜
Total Recall
1990

영화 이상의 연출

1990년대 MBC에서 방영된 「환상여행」이라는 프로그램의 에피소드 중에 이런 게 있었던 것으로 기억한다. 어쩌면 비슷한 시기에 같은 방송국에서 방영된 「테마게임」 에피소드일지도 모른다.

이야기의 첫 장면에서 사람들이 개 한 마리를 공격하려고 한다. 머리를 맞은 개는 기절한다. 다음 장면에서 한 남자가 머리를 부여잡은 모습으로 일어난다. 이 남자는 지독한 악몽을 꾸었다고 생각한다. 꿈속에서 자신이 개가 되어 학대를 받는 체험을 했다. 남자는 별로 착한 사람 같지는 않지만 현실 세계에서 그런대로 잘 살아간다. 그렇지만 어쩐지 동네의 개들이 이상하게 눈에 밟힌다. 그러다 남자는 우연히 교통사고를 당해 쓰러지고 정신을 잃는다.

그러자 개 한 마리가 깨어나는 장면이 나온다. 사람들은 저 개가 도로 깨어났다며 다시 공격하려 한다. 개가 무슨 꿈이라도 꾼 것 같다고 말하면서 더 심하게 개를 공격하고, 개는 다시 쓰러지

더니 이번에는 목숨을 잃는다. 마지막 장면에서 교통사고를 당했던 남자가 숨을 거두는 장면이 나온다.

이 이야기를 그저 차례대로 무조건 사실이라고 받아들여 보자. 어떤 개가 한 마리가 있었는데 정신을 잃었을 때 자기가 사람이 되어 인생을 즐기는 꿈을 꾸다가 다시 깨어난 후 목숨을 잃고 말았다는 이야기가 된다. 그런데 목숨을 잃기 직전 마지막 환상 속에서 다시 사람이 되어 사람인 상태에서 목숨을 잃는 장면을 체험한다.

한편으로 뒤집어 생각해 보면, 개가 주인공인 이야기는 흔치 않다. 보통 TV 드라마의 주인공은 사람인 법이다. 또한 이야기 중에는 환상적인 장면이나 꿈 이야기로 시작하는 것이 꽤 있다. 그렇다면 맨 처음에 나온 장면을 꿈이라고 생각할 수 있다. 그렇게 보면 이야기의 주인공은 사람인 남자이다. 이 남자가 아침에 개로 변해서 고통받는 꿈을 꾸다가 깼는데 그날 교통사고를 당해 정신을 잃고 마지막 환상 속에서 다시 개로 변해 목숨을 잃는 장면을 체험하고 실제로도 목숨을 잃는다.

어느 쪽이 현실일까?

어느 쪽으로든 생각해 볼 수 있는 이야기이다. 어느 쪽이 꿈이고 어느 쪽이 현실일까? 이런 식의 이야기는 조선 후기에 굉장히 유행했다. 대표적인 소설로는 『구운몽(九雲夢)』이 있다. 비슷한 형태의 소설이 여럿 나왔고 제목도 다들 비슷하다. 그래서 〈몽자류 소설〉이라는 분류 용어까지 있을 정도이다.

이런 소설은 꿈속에서 경험한 사연이 진짜인지, 꿈에서 깬 후의 사연이 중요한 대목인지 혼란스러운 구조를 이야기에 녹여 사용한다. 『구운몽』의 경우에는 산속에서 도를 닦던 주인공이 속세에서 높은 벼슬을 살고 널리 명망을 떨치며 대성공하는 꿈을 꾼다. 마지막 부분에서 주인공은 꿈을 깨고 신선을 만나며 인생이란 꿈과 같다는 사실을 깨닫는다. 그렇지만 독자 입장에서는 벼슬을 살고 부자가 되려고 노력하는 이야기야말로 현실로 보이고, 산속에서 도를 닦으며 표표히 살다가 신선을 만나는 이야기가 오히려 꿈 같아 보인다.

잘 알려진 대로 중국 고전 『장자(莊子)』에는 장자라는 철학자가 나비로 변한 꿈을 꾸다가 깼는데 현재의 상태가 혹시 나비가 장자의 꿈을 꾸고 있는 상태가 아닌지 의심했다는 이야기가 나온다. 기본 구조는 동일하다. 1990년대 이후로 이렇게 꿈과 현실을 헷갈리게 하는 영화들, 특히 SF 영화가 많이 나오면서 평론가들이 이런 영화는 『장자』에 나오는 이야기를 멋지게 보여 주는 것이라고 설명하기도 했다. 심지어 듀나 같은 평론가는 SF 영화를 두고 장자의 나비 꿈을 심오하게 표현했다고 호들갑을 떠는 평론이 너무 많다면서 지겨워할 정도였다. 듀나는 SF 영화를 평론하면서 장자의 나비 꿈 이야기를 두 번 이상 언급한다면 그 평론가는 SF 영화에 대해서 별로 아는 것이 없이 호들갑을 떠는 거라고 주장하는 글을 쓰기도 했다.

1990년대에 이런 이야기가 유난히 유행하는 바람에 너무 흔해져서 그렇지 나는 이런 이야기를 표현하기에 영화나 영상 매체가 잘 맞는다고 생각한다.

사람의 체험이 과연 실체가 있는 것인지, 아니면 꿈과 비슷한 것인지 헷갈려 하는 이야기는 오래전부터 내려오는 철학 분야의 중요한 주제였다. 서양 철학의 전환점쯤으로 언급되기도 하는 르네 데카르트René Descartes의 『방법 서설Discours de la Méthode』에 나오는 〈나는 생각한다, 고로 존재한다〉라는 대목도 이에 관한 이야기로 볼 수 있거니와, 앞서 언급한 『구운몽』에서는 불교 사상을 통해 사색하는 주제로 이런 이야기를 풀어 나가기도 했다.

그런데 어느 쪽이건 이런 이야기를 그저 글로 분명하게 전달하려면 설명이 달라붙고 해설이 있어야 한다. 『구운몽』은 꿈도 현실 같고 현실도 꿈 같다는 내용을 설명하려고 시를 읊는 장면과 사람이 깨우침을 얻고 놀라는 장면을 추가로 넣어 긴 해설을 달아 놓았다. 『장자』의 나비 꿈 이야기에서도 그냥 〈장자가 나비 꿈을 꾸다가 깼다〉라고만 하면 이야기가 잘 통하지 않는다. 〈그게 뭐 어쨌다고?〉라는 말이 나오기 마련이다. 그 뒤에 굳이 이해하기 좋게 〈장자가 나비 꿈을 꾼 것인지, 나비가 장자 꿈을 꾼 것인지 모를 일이다. 신비롭지? 우리 인생도 이런 것은 아닐까?〉라는 식으로 해설을 달아 주어야 한다. 이야기를 이렇게 볼 수도 있고 저렇게 볼 수도 있다는 것을 독자가 직접 느껴 깨닫기란 쉽지 않다.

그렇지만 영상으로 표현하면 그 오묘한 느낌을 별다른 설명 없이 그대로 살릴 수 있다. 앞서 말했던 개가 남자 꿈을 꾸는지, 남자가 개 꿈을 꾸는 것인지 묘하게 겹치는 이야기도 그 사례이다. 어느 쪽으로든 볼 수 있는 이상한 이야기라고 구구하게 해설을 달지 않아도 시청자가 직접 어느 쪽으로 이해해야 맞는 것인지 혼란을 느끼면서 그 상황을 깨달을 수 있다. 영상 매체는 주인공이 누구인지 말로 설명해 주지 않는 경우가 많다. 그냥 화면에 많이 나오면 그게 주인공이다. 이런 점을 이용해서 개가 나오는 분량과 남자가 나오는 분량을 적절히 조절해서 맞춰 놓으면 정말로 누가 주인공인 이야기인지 헷갈리게 할 수 있다. 〈누가 진짜 주인공인지 알 수 없구나. 오묘한 이야기로고〉라는 식으로 해설하는 말을 애써 붙이지 않아도 자연스러운 연출로 관객에게 어디까지가 꿈이고 어디까지가 현실인지 헷갈리는 느낌을 그대로 보여 줄 수 있다.

환상과 현실이 만나는 꿈 장치

비슷한 사례는 더 있다. 환상과 현실에 대한 이야기를 시간 여행과 결합하여 묘하게 표현한「12 몽키즈Twelve Monkeys」같은 영화도 있거니와, 이런 식의 이야기를 좀 더 거창하게 부풀려서 크게 유행시킨 「매트릭스」 같은 영화도 있다. 좀 더 시간을 거슬러 올라가면 1980년대판 「환상특급」의 〈꿈 팝니다Dream for Sale〉라는 에피소드도 빼놓을 수 없다. 이 에피소드는 짤막한 단막극 위주인 「환상특급」만의 재미를 잘 살린 이야기이다.

이야기가 시작되면 한 사람이 평화로운 풀밭에서 한가롭게 쉬고 있다. 너무나 꿈결 같은 분위기에 주인공은 설핏 낮잠이라도 들까 말까 하는데, 그때 갑자기 주인공이 보는 평화로운 풍경과 주인공이 사랑하는 사람들의 모습이 꼭 고장 난 TV 영상처럼 지지직거리며 이상하게 보인다.

그 순간 주인공은 미래의 삭막한 기계 장치 안에서 깨어난다. 이 장치가 뭐 하는 것인지는 에피소드가 끝날 때까지 알려 주지 않는다. 그저 사람들이 바쁘게 돌아다니며 기계들을 손보고 있을 뿐이다. 거대한 기계 안에서 수많은 사람들이 가만히 꿈을 꾸고 있다. 주인공도 그중 한 사람이다. 정황을 보면 안에 들어가 있는 사람이 무슨 꿈을 꾸게 하는 장치인 것 같다. 그런데 뭔가가 고장 났는지 주인공이 그 안에서 깨어나 걸어 나온 것이다. 주인공은 당황한다. 이곳이 어디인지, 자신이 처해 있는 상황은 무엇인지 알 수 없는 처지가 된다. 한가롭고 평화로운 풀밭은 온데간데없고 거대한 인간 저장 장치 같은 것이 눈앞에 펼쳐지니 당황할 수밖에 없다. 주인공은 겁을 먹고 울기 직전의 상태가 된다.

그것을 보고 기계 장치를 관리하는 사람들은 오류가 생겼다고 투덜거리면서 주인공에게 원상태로 돌려주겠다고 말한다. 주인공은 얼떨결에 다시 장치 안으로 들어간다. 장치는 주인공을 잠들게 한다. 그러자 주인공은 다시 평화로운 풀밭의 한가롭게 쉬는 풍경 속에서 깨어난다. 주인공은 당황하다가 곧 진정한다. 그 평화와 여유를 느끼며 자신이 잠깐 악몽을 꾼 것일 뿐이겠거니 생각한다.

「구운몽」과 비슷한 형태이다. 어느 쪽으로든 볼 수 있는 이야기이다. 그런데 이번에는 왜인지 거대한 기계 장치에 들어가 꿈을 꾸는 장면이 진실이고, 풀밭에서 한가롭게 쉬고 있는 장면은 꿈이라는 느낌을 받게 된다. 장면 전환과 마지막 부분에 두 장면을 끼워 넣는 방식으로 기계 장치 장면을 조금 더 현실같이 보이도록 꾸며 놓았기 때문이다. 게다가 대다수의 시청자는 저녁에 TV를 보며 시간을 보내는 것이 몇 안 되는 여가 생활 방법인 현대인들이다. 풀밭에서 한가롭게 오후를 즐기는 일이 얼마나 달콤한 것인지 직감적으로 알고 있다. 그래서 풀밭의 휴식 장면이 꿈처럼 느껴지고, 사람들이 거대한 기계 장치 사이를 바쁘게 오가며 뭔가 일을 하는 장면이 좀 더 현실같이 느껴진다.

열 마디 말보다 한 컷의 장면

영상으로 이런 느낌을 슬쩍 뿌려 준 것은 효과가 좋다. 우선 이야기의 묘한 맛이 더 살아난다. 어쨌든 현실에서 체험할 가능성이 조금이라도 높은 것은 풀밭에서 휴식을 즐기는 시간이다. 그에 비해 사람을 꿈꾸게 하는 거대한 장치 같은 것은 아직까지는 현실에 없다. 그렇지만 시청자는 역으로 거대한 꿈 장치가 현실 같고, 풀밭의 휴식이 꿈 같다는 느낌을 받는다. 여기에 그런 영상을 TV로 보며 여가를 보내고 있는 시청자 자신이 TV가 보여 주는 지어낸 이야기 속의 세계를 즐기고 있다는 느낌이 이중으로 겹쳐 든다. TV 속의 환상을 즐긴다는 점에서 시청자는 풀밭에서 휴식을 즐기는 것이기도 하고, 한편으로 TV라는 기계를 통해 영상 제작 업자들이 대중에게 넣어 주는 이야기를 보고 있다는 점에서 거대한 꿈 장치를 이용하고 있는 셈이기도 하다.

자연히 시청자는 〈잠깐만, 혹시 지금 내가 경험하고 있는 인생도 기계 속에서 꿈을 꾸고 있는 것은 아닐까?〉라는 상상에 빠지게 된다. 어디서 태어나 어떻게 살다가 어디로 가는지도 알 수 없는 것이 인생인데, 혹시 이상한 기계 장치로 한평생의 체험을 겪고 있는 것 아닌가 하는 상상을 하게 만든다. 꼭 외계인이나 미래 세계의 기술자들이 만든 꿈 장치 같은 것이 아니더라도 우리 인생이란 알 수 없는 신비한 이유로 겪고 지나가는 영화 같은 것, 체험 학습 같은 것이 아니겠냐는 생각에 잠깐 빠져들기 마련이다. 이런 것이 영상 연출이 지닌 힘이라고 생각한다.

이런 이야기를 글로 써서 말미에 〈독자 여러분, 여러분의 인생도 혹시 누군가가 꾸고 있는 꿈이 아닐까요?〉라고 해설을 달아 줄 수도 있다. 그렇지만 그렇게 해서는 감동이 줄어들고 오묘한 흥도 사그라든다. 영상은 어디까지가 현실이고 어디까지가 꿈인지 헷갈리게 연출해 놓은 것을 시청자에게 그저 보여 주기만 하면 된다. 그리고 꿈에서 깬 현실이란 무섭고 팍팍하고 그러면서도 미래 세계의 기계 장치 같은 놀라운 것일지도 모른다는 느낌만 슬며시 걸쳐 주면 된다. 그것을 보면서 시청자는 직접 현실에 대한 의심과 자기 자신에 대한 고민을 잠깐 떠올려 보게 된다.

어려운 철학책으로 긴긴 설명을 하면서 비슷한 느낌을 전해 줄 수도 있을 것이다. 혹은 대단한 스승의 가르침을 따르다 보면 비슷한 고민을 해볼 수도 있을 것이다. 그런 깊은 고민과 엇비슷한 것을 몇 분 즐기며 보는 TV 시리즈의 짧은 영상에서 전해 주고 있다. 이런 것은 SF를 보는 놓칠 수 없는 재미 중 하나이다.

재미의 진수

그런 재미의 진수를 보여 준다고 할 만한 영화가 1989년 작 「토탈 리콜」이다. 이 영화는 1980년대 SF 중흥기의 피날레를 보여 준다고 할 만한 걸작이다. 나는 처음 볼 때부터 도대체 다음 장면에서 영화가 어떻게 진행될지 궁금해하며 확 빠져들었다. 그러면서 〈이것은 사실 꿈일까?〉, 〈이것은 현실일까?〉 하고 알쏭달쏭해하다가 줄거리의 반전을 보며 놀라고 감탄했다. 영화 속 주인공들의 사연에 집중하고 있는데 그게 이리저리 엎치락뒤치락하니 그만큼 더 이야기를 곱씹게 되었다. 그리고 꿈과 현실의 의미에 대해 따지는 주제도 그만큼 더 묵직하게 돌아보게 되었다.

그렇다고 해서 「토탈 리콜」이 사색적이고 심오한 명상을 전해 주는 영화는 아니다. 전혀 아니다. 그보다는 아널드 슈워제네거가 샤론 스톤Sharon Stone의 무리와 싸우는 영화이다. 영화의 흐름은 블록버스터 활극 그 자체이다. 총싸움, 주먹질, 자동차 추격전, 폭발 장면, 우주선, 로봇, 화성 풍경 등이 줄기차게 이어진다. 대충 지나가는 장면에도 미래 사회의 묘한 모습이 한 가지씩 들어가 있고, 중요한 장면에는 기괴한 특수 효과나 다소간 자극적인 화면 연출이 촘촘히 끼어 들어가 있다. 그래서 한 박자 처진다 싶으면 그때마다 관객의 정신을 번쩍번쩍 들게 한다.

요즘 블록버스터 활극 중에는 심각한 주제도 담고 싶다는 이유로 중간중간에 길고 지루하게 주인공이 고뇌하는 장면 같은 것을 끼워 넣는 경우가 제법 많아 보인다. 그런 영화를 볼 때마다 나는 「토탈 리콜」을 눈앞에 들이밀어 보여 주고 싶다. 「토탈 리콜」은 인간 감각적 경험의 실재성이라는 철학적 문제를 어느 영화보다 깊이 따지고 있다. 그런데도 활극으로 즐기기에는 얼마나 박진감으로 내달리고 있는가?

고등학교 1학년 역사 수업 시간에 우리 반 학생들이 선생님에게 수업하지 말고 재미있는 이야기를 해달라고 조른 적이 있었다. 그때 수업을 맡았던 박우정 선생님이 학생들에게 이야기해 주었던 영화가 바로「토탈 리콜」이었다. 마침 그 무렵은 한국사에서 불교의 역할에 대한 수업을 할 참이었다. 선생님은 삼국 시대에 불교 철학이 한국에 전해지면서 굉장히 깊은 영향을 주었다는 사실을 이해하면 좋은데, 불교 철학에서 제기하는 문제들을 생각해 보기에「토탈 리콜」같은 영화도 참 좋은 소재라고 하셨다.

지금 돌아보면 동의할 수 있는 이야기이다. 신라의 원효 대사는 사람들에게 불교에 대한 이야기를 쉽게 알려 주기 위해 애썼다고 한다. 그래서 불교의 세계에 가까이 다가갈 수 있도록 여러 가지 노래를 지어서 부르고 돌아다녔다는 이야기가 있다. 내 생각에 원효 대사가「토탈 리콜」을 보았다면 그 줄거리를 노래로 만들어 매일같이 신라의 거리를 돌아다니며 부르지 않았을까 싶다.

하다못해「토탈 리콜」은 영화 음악도 굉장히 멋지다. 음악만 따로 들어도 멋지지만 영화를 보면서 들을 때 훨씬 더 멋지게 들린다. 이런 게 그야말로 영화 음악다운 영화 음악이 아닐까? 이 정도로 심오한 이야기로 연결될 수 있는 영화에 이렇게 정신없는 활극에 어울리는 음악이 멋지게 깔려 있다는 점도 돌이킬수록 재미있는 사실이라고 생각한다.

미지와의 조우

Close Encounters of the Third Kind
1977

SF를 가장 재미있게 보는 방법

사람들은 보고 싶은 영화를 본다. 당연한 이야기인데 돌아보면 얼마 전까지만 해도 그게 그렇게 당연한 일만은 아니었다. 2000년대만 하더라도 VOD가 지금처럼 발전한 상태는 아니었고, 1990년대로 거슬러 올라가면 인터넷이나 TV로 보고 싶은 영화를 골라서 본다는 것은 미래 시대에나 가능한 일이라고 상상만 했다. 물론 비디오 가게가 동네마다 있어서 거기에 가면 VHS 비디오테이프에 담겨 있는 영화를 골라서 돈을 주고 빌려 볼 수는 있었다. 그렇지만 굳이 비디오 가게까지 걸어가서 영화를 빌려 본다는 것은 귀찮은 일이었다. 비디오 가게까지 가는 것이 너무 귀찮아서 연체료가 밀리던 그 많은 사례가 간접 증거이다. 게다가 늦은 밤이거나 정규 휴무일이면 비디오 가게조차도 문을 닫는다.

그렇다 보니 하는 일 없이 시간을 보내고 싶으면 그냥 TV 앞에 앉아서 이리저리 채널을 돌리게 된다. 그러다 방송국에서 방영해 주는 영화가 있으면 그냥 그것을 보게 된다. 시간을 때울 방법이 아무것도 없어서 그냥 TV를 켜놓고 방송 중인 영화를 뭐가 되었든 보게 될 때도 있고, 채널을 돌리다가 잠깐 영화 장면을 보았는데 고작 1, 2초의 장면 때문에 호기심이 생겨서 그대로 영화를 끝까지 보게 되는 일도 있다. 이런 식으로 영화와 만나게 되면 의외로 내가 좋아하지 않는 영화라도 그냥 볼 때가 생긴다. 지루한 영화라면 보다가 졸겠지만, 막상 하나도 기대하지 않고 봤는데 볼수록 빨려 들어서 정말 재미있게 영화를 보게 될 때도 있다. 별 기대를 하지 않고 보기 때문에 운이 좋으면 영화가 더 재미있게 느껴지기도 한다.

이렇게 내가 일부러 찾아본다면 보지 않았을 영화를 우연히 보게 되는 것이다. 그러다 그때까지는 모르던 색다른 재미에 빠지기도 한다. 관심이 없던 주제나 소재에 관심을 갖는 계기가 되기도 하고, 그때껏 나 스스로도 깨닫지 못했던 것 중에서 좋아하는 것을 발견하게 되기도 한다. 내가 좋아하는 영화만 본다면 그 세상만 계속 알면서 지낼 텐데, 볼 게 없어서 이것저것 기웃거리는 가운데 내가 미처 모르던 더 넓은 세상, 다른 사람들이 좋아하는 것, 여러 가지 생각을 접할 기회가 생긴다.

채널을 돌리다가

나는 「파리 대탈출 La Grande Vadrouille」이라는 영화를 그냥 우연히 TV에서 해주기에 달리 할 일이 없어서 보게 되었다. 잠깐 보는 사이에 재미있어서 끝까지 보았다. 어쩌다 나치 독일에 점령당한 프랑스에 떨어진 영국 병사들이 우여곡절 끝에 탈출한다는 내용이었는데, 프랑스 풍경을 시원하게 보여 주면서도 왁자지껄한 코미디라서 매 장면이 흥겹고 경쾌했다.

이 영화는 프랑스 영화였다. 그때까지 나는 프랑스 영화는 내용이 지루하거나 쓸쓸한 것이 많아서 보기 싫다는 편견에 빠져 있었다. 그런데 「파리 대탈출」은 내가 프랑스 영화에 대해 품고 있던 생각은 선입견이라는 것을 깨닫게 해주었다. 이후로 나는 프랑스 영화를 이것저것 찾아보게 되었고, 그중에 재미있게 본 영화도 많다. 만약 우연히 TV에서 「파리 대탈출」을 보지 않고 다른 보고 싶은 영화들만 보고 지냈다면, 나는 프랑스 영화를 보는 재미를 모르고 살았을 것이다.

이런 일을 여러 번 겪었다. 「공포의 보수The Wages of Fear」도 비슷한 사례이다. 나는 이 영화를 보기 전까지는 흑백 영화는 분명히 따분하고 재미없을 거라고 생각했다. 화면에 색깔이 없다는 점이 너무 갑갑했다. 그렇지만 딱히 볼 것이 없어서 MBC에서 방영해 준 흑백 영화인 「공포의 보수」를 보았다. 그리고 이 영화를 재미있게 보면서 흑백 영화라고 해서 재미가 없다는 생각은 버리게 되었다. 흑백 영화는 갑갑하다는 거부감도 없어졌다. 오히려 지금껏 사람들이 언급하고 있는 흑백 영화라면 오랜 세월이 지나도록 사람들의 기억에 남아 있을 만큼 엄청나게 재미있

165

는 영화가 아니겠는가 하는 반대 방향의 편견을 한동안 갖게 될 정도였다.

이런 생각을 하다 보면, 다양한 영화를 얼마든지 자유롭게 볼 수 있는 요즘에 오히려 내가 원하는 영화만 보다 보니까 비슷비슷한 영화만 보게 되고, 방송국에서 보내 주는 영화를 주로 보던 과거에 더 다양한 영화를 볼 수 있었던 것 아닌가 하는 생각이 들 정도이다.

물론 냉정하게 돌아보자면, 옛날처럼 TV에서 보여 주던 대로 영화를 본다고 해서 요즘 사람들만큼 다양하고 폭넓은 시각을 저절로 갖게 될 것 같지는 않다. 과거에는 걸핏하면 정치인들이 개입해서 방송을 〈이렇게 해라, 저렇게 하지 마라〉 하고 간섭하는 일도 많았고, 영화 장면들을 괴상하게 잘라 내어 이상하게 편집한 내용으로 방송에 내보내는 일도 적지 않았다.

그렇지만 볼 것이 없어서 TV 채널을 돌리다가 그런 영화가 있는지도 몰랐던 색다른 영화를 보면서 놀라고 감동하는 경험이 신기하고 재미났던 것은 사실이다. 이렇게 영화를 보면 그 영화가 무슨 내용인지 미리 알고 보기는커녕 제목도 모르는 채로 영화를 보게 되기도 한다. 아주 인상 깊게 본 영화인데 내용에 너무 몰두해서 제목을 모르고 그냥 지나갈 때도 있다. 요즘 인터넷 검색을 하다 보면 〈어릴 때 우연히 TV에서 해줘서 재미있게 봤는데 이런 장면이 나오는 영화입니다. 제목 아시는 분 계실까요?〉

하는 글을 종종 볼 때가 있다. 나 말고도 그런 경험을 한 사람이 많은 것 같다.

이런 식으로 영화를 보게 되면, 다음 장면을 궁금하게 만들고 그다음 이야기를 기다리게 만드는 영화의 효과를 더 강하게 느끼게 되기 마련이다. 우연히 보게 된 영화일 뿐이니까 말 그대로 〈다음 장면은 뭔지 그것까지만 한번 볼까〉 하는 심정으로 영화를 본다.

이럴 때 놀라운 무예를 보여 주며 악당을 물리치는 수수께끼의 인물이 등장하면 관객들은 〈저 사람은 도대체 누구이기에 저렇게 힘이 좋을까〉 하면서 그 인물의 정체를 궁금해하게 된다. 처음부터 이 영화를 보던 게 아닌 입장에서는 오직 〈저 수수께끼 인물의 정체가 궁금하다〉라는 이유 하나 때문에 그 채널에 머무르게 된다. 어찌 보면 굉장히 순수하게 영화를 만든 제작진의 의도 그 자체를 백 퍼센트 빨아들이고 있는 것이다. 만약 그 답이 재미있는 것이라면 그다음 장면은 점점 더 재미있게 볼 수 있다. 〈사실 그 무예가 뛰어난 인물은 사이보그였다〉라고 밝혀지는데 내가 사이보그가 나오는 영화를 좋아한다면 영화에 확 빠져들게 된다.

기대치가 높으면 실망감도 커진다

반대의 경우를 생각해 보자. 다른 사람들의 평이 굉장히 좋은 영화거나 오랫동안 기다리던 영화의 속편이라면 엄청 재미있을 거라고 큰 기대를 품을 것이다. 그 바람에 그럭저럭 괜찮은 영화도 기대보다는 실망스러워 재미없게 느껴질 때가 있다. 나는 「다크 나이트 라이즈The Dark Knight Rises」가 나왔을 때, 그 영화가 재미있게 본 「다크 나이트The Dark Knight」의 속편이고 다른 사람들의 평도 좋아서 어마어마하게 재미있을 줄 알았다. 그렇다 보니 막상 제법 볼만한 영화였는데도 내가 품었던 기대에 비해서는 부족하다는 느낌 때문에 실망감을 느낄 수밖에 없었다. 영화를 보는 내내 〈지금은 이 정도지만 앞으로 점점 더 훨씬 재미있는 장면이 나올 거야〉 같은 생각만 품으면서 엉성한 느낌만 받았다.

그러나 TV에서 우연히 마주친 영화라면 기대 자체가 없기 때문에 뭘 보여 주든 조금만 재미있어도 기대 이상으로 재미있는 영화가 된다. 나는 멜 브룩스Mel Brooks가 감독을 맡은 「무성 영화Silent Movie」와 「영 프랑켄슈타인」을 코미디 영화인지도 모르고 보기 시작했는데, 그렇다 보니 조금만 웃긴 장면이 나와도 예상 밖이라 굉장히 재미있게 보았다. 「무성 영화」는 무성 영화 형식이라서 잘못 보면 영화에 음성도 들어가지 않던 과거 시절을 다루는 예스럽고 완고한 영화처럼 보일 수가 있다. 「영 프랑켄슈타인」은 「프랑켄슈타인」의 패러디 영화라서 으스스한 SF 공포 영화라고 착각할 수가 있다. 그런 줄 알고 영화를 보기 시작했는데 갑자기 웃긴 장면이 나오니까 훨씬 웃겼다. 만약 〈코미디 영화의 제왕, 멜 브룩스 감독의 진수를 보여 주는 세상에서 가장 웃긴 영화〉라는 소개 문구를 보고 웃긴 영화를 보겠다고 작심하고 골라 보았다면 〈그래, 얼마나 웃긴가 한번 보자〉 하는 심정으로 보다가 별로 웃지 못할 수도 있지 않았을까?

이런 식으로 생각해 보면, 관객을 한쪽으로 끌어들였다가 의외의 상황으로 뒤집는 영화도 우연히 TV에서 보게 되면 그 재미가 더 커진다. 무슨 영화인지 예상을 하지 못하니 그냥 제작진의 의도대로 따라가게 되고, 그게 뒤집힐 때는 고스란히 뒤집히며 경탄하게 된다. 깜짝 놀랄 만한 반전이 숨겨져 있는 영화라면, 반전이 있는지도 모르고 보게 되면 더욱더 반전에 놀랄 수 있다.

반전이 힘을 발휘하려면

반전으로 유명한 영화의 고전인 「현기증Vertigo」이나 「사이코 Psycho」를 본다고 해보자. 이 영화가 반전으로 유명한 고전 영화라는 사실을 알고 본다면 〈그래, 무슨 반전이기에 그렇게 유명한가 보자〉라고 생각하면서 영화를 지켜보게 된다. 그렇다면 사람에 따라서는 영화 내용을 그대로 순수하게 받아들이지 못할 수도 있다. 매 장면이 나올 때마다 〈이런 장면을 보여 주는 걸 보니 저런 반전으로 연결하려고 그러는 것 아닐까〉, 〈이 장면은 나중에 무슨 장면으로 사람을 놀라게 하려는 준비 작업 같아 보인다〉라는 생각을 계속하게 될지도 모른다. 그만큼 의심의 눈초리로 영화를 바라보게 된다.

반전이 있다는 것을 아는 이상은 그게 무엇인지 궁금해하면서 추측하려 드는 것이 인간의 본능이다. 그러다 만일 내가 짐작한 상상 중에 하나가 들어맞는다면 〈역시 짐작대로였다〉는 느낌이 들어 김이 빠질 것이다. 그게 아니라고 하더라도 앞부분에서 감정과 배경을 충실히 느껴야 할 대목에 충분히 빠져들지 못하고 영화 내용이 아닌 나만의 의심과 추리에 빠지기 쉽다.

만약 TV 채널을 돌리다가 우연히 「현기증」을 보게 되었다고 해보자. 이 영화가 반전으로 유명한 영화라는 것을 알기는커녕 이게 무슨 영화인지도 모르고 영화를 보기 시작했다고 생각해 보자. 그렇다면 영화 앞부분에서 망령에 홀린 듯한 신비로운 여자 주인공 킴 노백Kim Novak에게 그대로 빠져들 수 있다. 관객 역시 킴 노백을 바라보는 남자 주인공 제임스 스튜어트James Stewart 의 시선에 완전히 동화된다. 만약 반전이 있는 영화라는 것을 알고 보았다면 〈괜히 이렇게 신비로운 내용을 펼치는 것을 보면 막판에 이런 장면으로 뒤집으려고 그러나 보지〉라면서 냉소하게 될 수도 있을 내용조차 보여 주는 그대로 받아들일 수 있다.

그렇게 해서 관객은 킴 노백에게 빠져드는 제임스 스튜어트의 마음에 공감하면서 영화를 따라가게 된다. 그렇게 깊은 감정을 온전히 느끼기 때문에 나중에 영화가 뒤집어질 때 반전의 충격은 더욱 깊어진다. 그 감정이 깊고 충격이 크기 때문에 「현기증」

에서 보여 주는 환상 속의 사랑을 따라가고 싶어 하는 기이한 느낌이 강렬하게 살아난다.

어떤 영화가 평범한 사람이 어쩌다 보니 잘못 엮여서 엄청난 일을 겪는 내용이라고 해보자. 이럴 때 우연히 보게 되는 영화의 재미가 더 커지는 것 같다. 영화를 보는 나부터가 할 일이 없어서 TV에서 해주는 대로 아무 영화나 보는 입장 아닌가? 그러므로 영화 속의 평범한 주인공이 더욱더 가깝게 와닿고, 그런 상황이 점점 변해 가는 모습이 더 강하게 느껴진다. 「사이코」를 보다가 평범한 회사 직원인 재닛 리Janet Leigh가 그 평범한 회사에서 과감하게 일탈을 취하는 장면이 나오면 말 그대로 과감한 변화라는 사실이 확 느껴진다. 〈앗, 어쩌려고 저러지〉 싶은 것이다. 평범한 사람이 놀라운 일에 휘말린다는 줄거리는 할 일이 없어서 TV를 켰다가 갑자기 재미있는 영화를 발견하게 되는 내 모습과 닮았다.

그게 아니라, 내가 어떤 영화가 재미있는 영화라는 것을 미리 알고 있어서 그 영화를 골라서 보는 상황이라고 해보자. 지금 내 상황은 〈재미있는 영화를 보겠다고 기대하고 있는 상황〉이 된다. 이런 상황은 아주 평범하고 일상적인 상황은 아니다. 재미를 기대하고 있는 상황이다. 그러므로 적어도 마음가짐으로는 영화 속 주인공의 평범한 일상이라는 처지와 완벽히 일치하지는 않는다. 영화 속 주인공의 일상이 서서히 꼬여 갈 때도 서서히 이상한 일을 겪고 있다는 느낌보다는 〈얼른 더 화끈한 장면으로 넘어가지〉, 〈더 엄청난 모험을 겪을 걸 알고 있는데 뭘 뜸을 들이나〉 하는 조바심이 들기 쉽다.

미지와의 조우

SF 영화 중에 이렇게 우연히 TV에서 마주쳐 특별히 재미나게 본 영화를 하나만 골라 보라면 나는 「미지와의 조우」를 꼽겠다. 외계인과 지구인의 만남을 다룬 영화 중에서 걸작으로 손꼽히는 영화이자, 감독을 맡은 스티븐 스필버그Steven Spielberg의 솜씨와 개성을 한껏 보여 주는 영화로도 잘 알려져 있다. 비행접시 같은 신기한 이야깃거리로 만들어 낼 수 있는 영화의 극치를 선보인 영화라고도 할 수 있겠다.

이 영화의 가장 놀라운 점은 영화 자체가 외계인과의 만남에만 집중하고 있다는 점이다. 보통 외계인과 만나는 이야기는 외계인이 지구를 공격해서 한판 전쟁을 벌인다는 「인디펜던스 데이」나 「우주 전쟁War of the Worlds」 같은 이야기가 많은 편이다. 설령 지구인이 외계인과 싸우지 않고 평화롭게 지내는 이야기라고 해도 외계인과 만난 뒤에 친해지면서 한바탕 모험을 벌인다는 이야기를 떠올리기 쉽다. 「스타맨Starman」이나 「지구가 멈추는 날The Day the Earth Stood Still」이 여기에 속한다. 하다못해 스티븐 스필버그가 감독 역할을 맡아서 더욱더 많은 돈을 번 영화 「E.

172

T.」역시 외계인을 만나서 숨겨 두고, 피신하고, 전화를 걸고, 도망시키고 어쩌고 하는 모험을 다룬다.

그런데 「미지와의 조우」는 외계인과 만난다는 내용 자체가 영화의 전부이다. 보통 외계인과 만나면서 영화가 시작되고, 싸우든 친하게 지내든 만나서 어떻게 하느냐가 영화의 본론인데, 이 영화는 외계인을 만나는 것이 영화의 결말이다. 만나고 나면 그냥 영화가 끝나 버린다. 그런 내용으로 영화를 만들 수 있을 거라고는 상상도 못 했던 나로서는, 우연히 TV에서 본 영화가 그런 식으로 구성되어 있고, 외계인과 만난 뒤에 벌어질 온갖 놀라운 사연을 여운으로 남겨 둔 채 끝난다는 것이 대단히 신선해 보였다.

그 덕택에 영화가 더욱 감동적이었다. 외계인을 만난다는 사실 자체에 감정이 집중되면서 신비감이 더욱 커졌다. 외계인과의 만남은 놀라운 사건인 만큼 만남 그 자체에 집중한다는 발상도 지금 되돌아보면 그렇게 이상할 것은 없다. 그런데 당시에는 고정 관념 때문인지 외계인을 만난 뒤에 뭐든 소동이 벌어지는 이야기를 만드는 것이 당연하다고 생각했던 것 같다.

이 영화는 그 대신에 외계인을 만나기 위해 어떤 준비를 하는지, 어떤 사람들이 외계인을 만날 수 있는지, 외계인과의 만남을 준비하는 과학자들은 어떤 점을 고려하는지, 외계인과 처음 의사소통은 어떻게 하는지, 그 과정을 위해 무슨 장비를 만들고 그게 어떤 모습으로 화면에 나오는지 등을 이야깃거리로 담아냈다. 그리고 이런 이야기를 몇 개로 쪼갰다가 합치는 긴장감 있는 각본으로 표현해서 외계인과의 만남이라는 엄청난 비밀을 서서히 조금씩 드러내며 재미를 끌어올린다.

우연히 TV에서 이 영화를 보았을 때 나는 앞부분을 좀 놓친 상태였다. 그래서 이 영화가 심지어 외계인에 관한 영화인지도 모르고 보았다. 「미지와의 조우」라는 멋진 영화가 있다는 말을 예전에 들은 적은 있었지만, 당연히 내가 보고 있는 영화가 그 영화인지도 몰랐다. 내가 처음에 본 장면은 이상한 환각 체험을 한 남자가 혼란에 빠지는 대목이었다. 그래서 나는 이 영화가 환각을 본 사람이 정신 질환을 감당하지 못해 점점 폐인이 되어 가는 과정을 다룬 슬픈 내용일 거라고 생각했다.

그런데 영화의 초점이 점차 외계인을 찾아내고 직접 만나려고 하는 내용으로 옮아갔다. 〈영화가 이렇게 흘러가다니 완전히 의외다〉라는 생각이 들었다. 어떻게 되려고 이러나 싶어 영화를 더욱 집중해서 지켜보게 되었다. 곧 정부의 비밀 시설에서 기밀로 외계인과 만날 준비를 하고 있다는 내용이 나왔다. 정부는 무엇을 숨기고 있을까? 외계인은 도대체 언제 나타날까? 나는 영화가 숨기고 있는 비밀을 진짜로 궁금해하게 되었다. 영화를 보고 있는 내 마음이 정부의 비밀 연구를 궁금해하는 영화 속 등장인물들의 마음과 그대로 일치했다.

그러다 결말에 이르러 외계인 우주선이 그 화려한 모습을 드러냈다. 온갖 화려한 조명과 음향, 음악을 총동원한 연출로 장엄함을 뿜어냈다. 나는 엄청난 일이 벌어지고 있다는 사실에 완전히 눌려 버렸다.

만날 수 있을까, 찾을 수 있을까

도저히 닿을 수 없을 것 같던 먼 세상 저편에서 온 것들을 만나는 느낌은 천상의 요정이나 마귀 들을 실제로 만나는 것 같은 신비로운 느낌에 가깝다. 요정이나 마귀는 먼 옛날 신화 속에 있지만 이 영화 속 외계인은 우주 공간 저편에 자리 잡고 있다. 컴퓨터로 해독하는 신호로 소통하는 상대이므로 진짜로 현실에 있다는 느낌까지 전해 준다. 그래서 그것을 실제로 만난다는 신비감이 더 박력을 갖게 되는 것 같다.

저 정도로 놀라운 기술을 갖고 있는 외계인이라면, 사람의 정신을 한 단계 더 높은 수준으로 이끌 만한 깨달음의 경지에 있을 수도 있지 않을까? 대단히 지능이 높은 외계인을 만난다는 것이 종교적인 스승을 만나는 느낌과 비슷하다는 이야기가 무슨 뜻인지 알 것 같았다. 그렇다고 해서 이 영화 속 등장인물이 〈외계인을 만난다면 그들의 발전된 지식으로부터 가르침을 얻어 인생의 의미를 찾을 수 있을까요? 득도할 수 있을까요?〉 등의 잡다하고 구구한 대사를 하지는 않는다. 그러나 그런 말이 없어도 화려한 장면 연출과 신비감이 폭포처럼 쏟아지는 특수 촬영 덕분에 그 느낌을 알 수 있었다.

영화가 끝나고 나서도 나는 한참 감상에 빠져 있었다. 괜히 아파트 베란다로 나가서 밤하늘을 보니 별이 몇 개 보였다. 정말 별 너머에 외계인들이 살고 있을까? 결코 눈에 보이지는 않지만 그 까마득히 먼 별들 주위에 외계인의 우주선이 돌아다니고 있을 것 같다는 생각도 들었다. 계속 그렇게 밤하늘을 보고 있으면 언제인가는 우주선이 나타날 것 같다는 상상에 빠질 정도였다.

VOD와 OTT의 세상인 요즘에는 그와 똑같은 경험을 할 수는 없다. 저마다 보고 싶은 영화가 있을 텐데, 볼 생각도 없던 영화를 우연히 볼 일이 얼마나 있겠는가? 그와 비슷한 경험을 떠올려 본다면, 그냥 친구랑 놀고 싶어서 따라갔다가 혹은 가족 옆에 앉아 있다가 같이 영화를 보는 정도가 아닐까 싶다. 이런 기회라면 평소에 볼 생각이 없던 영화를 우연히 보게 될 수도 있고, 그러다 기대도 안 했던 영화에 깊이 감동할 수도 있다.

말을 만들어 보자면, 과거 TV 채널이 몇 개 안 될 때 지루한 시간을 보내다가 경험할 수 있던 새 영화와의 만남을, 이제는 친구와 가족을 더 이해하려고 할 때 겪을 수 있다는 뜻이다. 이렇게 생각해 보면 요즘처럼 영화를 보는 방법도 나쁘기만 한 것은 아닌 듯하다.

다시 보기를 시작하시겠습니까?

영화 재생 변천사

VHS 비디오테이프

비디오 홈 시스템Video Home System. 작은 플라스틱 상자 안의 자기 테이프에 동영상을 기록하고 재생할 수 있도록 만들어진 저장 매체이다. 사용이 간단하고 기록 시간이 길다는 장점으로 널리 쓰이다가 DVD의 등장으로 대체되었다.

디브이디

디지털 다기능 디스크Digital Versatile Disc. CD에서 더 발전된 형태의 고용량 저장 매체이다. 반복 재생과 화면 비율의 유지, 부가 영상 등의 장점으로 널리 사용되었다. 블루레이 시대로 넘어온 뒤에도 혼용되다가 스마트폰과 OTT가 등장하면서 대체되었다.

블루레이 디스크

Blu-ray Disc. CD, DVD와 같은 광디스크 저장 매체로 데이터를 읽거나 기록할 때 푸른색 레이저를 사용하는 데서 명칭이 유래했다. 짧은 파장으로 인한 높은 정밀도와 DVD보다 다섯 배가량 많은 저장 용량을 지닌다.

OTT

Over The Top. 인터넷으로 영화, 드라마, 방송 프로그램 등 각종 영상 콘텐츠를 제공하는 서비스. 원래 TV에 연결하는 셋톱 박스로 영상을 제공하는 서비스를 의미했으나 현재는 인터넷 기반의 동영상 서비스를 포괄한다. 대표적인 업체로 넷플릭스Netflix, 유튜브YouTube 등이 있다.

스타트렉

Star Trek: The Original Series
1966~1969

신비한 명대사

어린 시절 「고스트버스터즈Ghostbusters」를 처음 보았을 때, 나는 등장인물 중에 해럴드 레이미스Harold Ramis가 연기하는 이건을 가장 좋아했다. 주인공 격으로 등장하는 인물은 빌 머리Bill Murray가 연기하는 피터였고, 가장 웃긴 역할을 맡은 인물은 댄 애크로이드Dan Aykroyd가 연기하는 레이였지만, 나는 그보다 이건을 더 좋아했다. 다른 영화였다면 고스트버스터즈 팀에 객원 대원으로 들어오는 윈스턴의 처지에 더 공감했을 것 같은데, 어릴 때는 단연 이건이 가장 재미있어 보였다.

「고스트버스터즈」는 유령을 쫓아내는 일을 직업으로 하는 사람들을 다룬 이야기이다. 그런데 신비로운 주술로 유령과 대결하는 주술사나 마법사가 주인공인 이야기는 아니다. 그렇다고 성스럽고 심각한 종교인들이 등장하는 이야기와는 더욱 거리가 멀다. 그 대신에 이 영화에는 과학 기술을 이용한 측정 장치와 전자 장비를 들고 유령을 탐지하고 처리하려는 기술자들이 나온다. 나는 그런 내용이 너무 재미있었다. 주술적인 전설 속에서는 선택된 자로 태어나 유령을 볼 수 있는 힘을 얻거나 해야 유령을 상대할 수 있다. 그렇지만 이 영화 속에서는 그렇지 않다. 도구를 이용하고 이론으로 계산한 결과를 적용하면 과학 기술의 힘 덕택에 유령조차도 분석할 수 있는 대상이 된다. SF의 독특한 묘미가 더해져 유령 이야기가 더 재미있고 더 가깝게 다가온다.

그런 내용이니 영화 속에서 유령에 대한 연구와 기술에 심취한 인물인 이건에게 가장 관심이 갈 수밖에 없었다. 막연한 마음에 나도 나중에 자라서 저렇게 되면 재미있겠다고 생각하기도 했다.

괴심 파괴자

2021년부터 나는 MBC「심야괴담회」라는 프로그램에 출연하고 있다. 시청자들로부터 제보된 유령 이야기를 출연자들이 돌아가면서 읽고 또 해설해 보는 프로그램이다. 나는 그중에서도 과학 기술의 지식을 동원해 유령 이야기를 해설하는 역할을 맡았다. 그래서 주로 현실 속에서 유령으로 착각할 만한 사례를 소개하거나, 도저히 유령의 짓이 아니면 안 될 것 같은 상황을 유령 없이 설명하여 풀이하곤 한다. 이런 내 역할을 두고 박나래 씨는 즉석에서〈이건《동심 파괴》도 아니고《괴심 파괴》〉라고 이야기해 주셨다. 대본에도 없는 이야기였는데 그게 그대로 방송되어 내 별명은〈괴심 파괴자〉로 굳어졌다. 그러니 말하자면 과학 기술을 이용해서 유령을 쫓는 일을 하는 셈이다. 방향은 조금 다르지만 어린 시절 동경하던 「고스트버스터즈」의 이건 역할을 실제로 하게 된 것 같아서 무척 기쁘다.

이번에 할 이야기는 「심야괴담회」 녹화 중에 있었던 사연에서 출발한다. 출연진들은 너무나 신비한 체험을 했다는 제보를 다루고 있었다. 나는 설령 신비한 체험이라는 사실이 똑똑히 기억난다고 하더라도 사실 사람의 기억은 나중에 왜곡되고 바뀔 수도 있다는 점을 설명했다. 그러면서 누구나 공감할 만한 예시를 제시했다.

나는 영화 「봄날은 간다」에서 이영애 씨가 유지태 씨에게 했던 대사로 널리 알려진 명대사가 무엇인지 사람들에게 물었다. 다들 누구나 아는 명대사 아니냐며 〈라면 먹고 갈래요?〉라고 이야기했다. 그날 같이 촬영을 했던 한승연 씨는 생생한 기억을 되살려 그 장면을 그 자리에서 성대모사로 보여 주기도 했다.

그러나 놀랍게도 「봄날은 간다」에는 그 대사가 등장하지 않는다. 약간 다른 대사가 등장한다. 정확하게 말하면 이영애 씨는 〈라면 먹을래요?〉라고 말한다. 그리고 한참 후에 집에 있다가 갈건지 물어보는 대사가 나온다. 그런데 그 두 대사를 합쳐서 〈라면 먹고 갈래요?〉라고 잘못 기억하는 경우가 대단히 많다. 특히 〈라면 먹고 갈래요?〉는 명대사로 남아 수많은 사람들이 따라 했고, 많은 코미디언들이 반복해서 성대모사를 했다. 그 때문에 실제 영화에서도 이영애 씨가 그 생생한 목소리와 말투로 〈라면 먹고 갈래요?〉라고 말했다고 기억하는 사람이 적지 않다. 중심 내용은 대체로 일치하지만 기억의 세부는 나중에 왜곡되어 잘못 남아 있는 경우이다.

그러므로 어린 시절에 분명히 유령을 보았다고 기억하는 사례라든가, 꿈속에서 본 모습이 나중에 현실에서도 정확히 이루어진 사건도 사실은 비슷하다. 그런 방식으로 기억이 왜곡되어 그렇게 느껴지는 것뿐인 경우가 많을 거라고 나는 짐작하고 있다.

만델라 효과

영화 속 명대사가 이런 식으로 잘못 기억되는 사례는 무척 흔하다. 꼭 대사가 아니라고 하더라도 어떤 모양이나 사실이 잘못 기억되는 경우도 많다. 외국에서는 이런 것을 〈만델라 효과〉라고 부르기도 한다. 남아프리카 공화국의 넬슨 만델라Nelson Mandela 대통령이 수감 중에 사망했다는 잘못된 기억을 갖고 있는 사람들이 굉장히 많다는 점 때문에 붙은 이름이다. 즉 잘못된 기억을 한 사람만이 아니라 무척 많은 사람들이 갖고 있는 괴상한 현상을 만델라 효과라고 한다.

SF 영화의 명대사들 중에도 만델라 효과의 사례가 몇 가지 있다. 심지어 영화를 상징하는 대사라고 할 만큼 중요한 대사이기 때문에 결코 착각할 수 없을 것 같은 명대사조차도 잘못 기억하는 경우가 있다.

가장 대표적인 사례로 꼽을 만한 것은 「스타트렉」 시리즈에 나오는 〈Beam me up, Scotty〉라는 대사이다. 「스타트렉」에는 무선 통신으로 사진이나 동영상을 보내듯이 사람도 무선으로 전송하는 기술이 나온다. 그 전송 기술을 이용해서 우주선으로 돌아가게 해달라고 커크 선장이 스코티라는 대원에게 부탁하는 대사이다. 번역하자면 〈전송해서 데려가 주게, 스코티〉 정도 되는 말인데, 사람을 원격 전송하는 기술은 「스타트렉」의 상징과도 같은 장면이어서 이 대사도 「스타트렉」 시리즈를 상징하는 대사로 꼽힌다. 코미디언들이 흉내 낸 적도 많고, 「스타트렉」에 대한 평론을 쓰는 사람들이 인용해서 쓴 적도 많다.

그렇지만 정작 「스타트렉」 오리지널 시리즈 3개 시즌 70여 개 에피소드를 샅샅이 찾아보아도 이 대사는 나오지 않는다. 〈Beam up〉이라든가, 〈Beam us up〉 같은 말이 여러 번 나오지만, 많은 사람들이 가장 유명하고 전형적인 대사라고 기억하고 있는 〈Beam me up, Scotty〉라는 대사는 나오지 않는다는 이야기이다. 신기하게도 많은 사람들이 커크 선장을 연기한 윌리엄 샤트너William Shatner의 말투로 그 대사를 하는 장면을 머릿속에 선하게 떠올릴 수 있을 정도로 기억이 왜곡된 장면이다. 나올 만한 대사이고 비슷한 대사가 나오는 데다가 다른 사람들이 자꾸 그 말이 명대사라고 하니까 자기도 모르게 그런 기억이 생긴 것이다.

다른 사례로는 〈스타워즈〉의 명대사 〈I am your father〉가 있다. 이 장면에서 주인공의 이름을 부르면서 〈Luke, I am your father〉라고 말했다고 기억하는 사람들이 굉장히 많다. 그렇지만 정확한 대사는 〈No, I am your father〉이다. 한국에서는 왜인지 이 대사를 〈I'm your father〉라고 줄여서 말한 것으로 기억하는 사람도 적지 않다. 그리고 보면 한국에는「터미네이터」에 나오는 유명한 대사 〈I'll be back〉을 엉뚱하게 착각하고 있는 사람도 꽤 있다.「터미네이터 2」에서 터미네이터가 용광로 속으로 들어가며 그 대사를 했다고 기억하는데, 그 장면에 그런 대사는 없다. 앞뒤 사연을 보면 오히려 그 말을 해서는 안 되는 상황이다. 아마도「터미네이터」시리즈의 명대사는 〈I'll be back〉이라고 하고,「터미네이터 2」의 명장면은 터미네이터가 용광로 속으로 들어가는 장면이라고들 하니 별생각 없이 둘을 적당히 섞어서 생각하는 사람들이 있는 것 아닌가 싶다.

영화라는 것은 대중적인 매체이고, 대중들 사이에 퍼지는 이야기는 말을 통해서 전달되기 마련이다. 그렇다 보니 말로 가장 옮기기 쉬운 영화 속의 대사들이 사람들 사이에 쉽게, 자주 퍼져 나가는 것 아닌가 싶다. 그리고 이렇게 퍼져 나간 대사는 사람들 사이에 퍼진 공통의 감상을 담고 있다. 그러므로 정확한 말보다는 사람들이 느끼는 감흥을 담고 있기만 하면 그럴듯하게 들릴 수 있다. 그래서 대사가 왜곡되고 가짜 기억까지 생겨나는 것 아닌가 싶다.

나는 이런 현상을 좀 더 넘겨짚어 보기도 한다. 화면에 사람과 기계와 풍경의 모습을 담아 이야기를 전달하는 것이 영화인 만큼 어쩌면 정작 대사 하나하나를 진짜처럼 다듬는 것이나 소위 말하는 개연성이라는 것을 위해 정교하게 내용을 한참 짜맞추는 것에는 큰 의미가 없는 것 같다. 요즘 들어 〈개연성〉이라는 말만큼 남용되는 말도 없는 것 같은데, 나는 개연성이라는 것의 정확한 기준 같은 것이 있어서 그걸 지키는 것이 영화를 잘 만드는 데 중요한 잣대라고는 생각하지 않는다. 영화에서 개연성이란 〈실제로 그럴 만하다〉는 것보다는 〈실제로 그럴듯한 느낌을 서리게 해준다〉는 정도면 충분하다고 본다.

SF 영화의 만델라 효과에 대해 이야기한 김에 내가 꼭 덧붙이고 싶은 이야기를 곁들이고자 한다. 곁들이는 이야기치고는 좀 길기는 한데 그럴 만한 가치가 있는 이야기라고 생각한다.

사람들은 도대체 무엇을 본 것일까?

대략 10년쯤 지난 일이다. 나는 회사원이었는데 공식적으로 하는 일은 화학 산업에 관한 연구, 분석, 자문 등으로 되어 있었다. 하지만 회사가 작다 보니 실제로는 잘 보여야 하는 공공 기관 사람들에게 웃는 얼굴로 인사 잘하기부터 영업까지 여러 가지 일을 맡은 바 본분처럼 열심히 해야 하는 직원이었다. 그러다 보니 야근도 잦았다. 지친 시간을 같이 보내면서 동료들과 쓸데없는 헛소리를 나누기도 했다. 어떤 때는 몽롱한 정신으로 멀쩡한 벌건 대낮에 그런 대화를 할 때도 있었는데, 지금부터 하려는 이야기는 날씨가 참 좋고 놀러 가기 좋아 보이는 봄날에 있었던 일이다.

우리는 일을 하며 이런저런 잡담을 느릿느릿 나누다가 1980년대 모험 영화들에 대해 이야기하게 되었다. 「슈퍼맨」과 「인디아나 존스」 주제곡이 비슷하지 않냐, 비슷하긴 뭐가 비슷하냐, 이런 이야기를 하다가 「백 투 더 퓨처」가 세상에서 제일 재미있다는 이야기도 좀 했던 것 같다. 그러다 나는 1980년대 한국에서도 방영되었던 미국 TV 시리즈 「V」가 엄청 인기가 많았다는 이야기를 꺼냈다.

「V」는 현대의 지구에 어느 날 갑자기 거대한 비행접시를 탄 외계인들이 나타나 공식적인 교류를 요청한다는 이야기로 출발한다. 처음 외계인들은 지구인들에게 뛰어난 기술을 알려 주며 서로 돕고 지내려는 것처럼 행세하지만, 사실은 사악한 비밀을 감추고 있다. 그리고 그것을 밝혀 낸 소수의 지구인들이 외계인들과 맞서 싸운다는 이야기로 이어진다.

그러니 외계인의 압제에 맞서는 지구인의 저항이 중심 소재인데, 외계인 우주선의 근사한 모양이나 쥐를 잡아먹는 외계인의 기괴한 모습, 외계인의 가면이 벗겨지는 흉칙한 순간 등이 눈길을 끌어 한국에서도 흥행에 성공했다. 지금까지도 나는 「맥가이버MacGyver」를 SF로 보지 않는다면 한국에서 가장 많은 사람들에게 깊은 인상을 남긴 SF물이 바로 「V」일 거라고 생각한다. 특이하게도 악당 두목 역할의 외계인 과학자 다이애나 역의 제인 배들러Jane Badler가 가장 인기가 있었다는 점도 기억에 남는다.

나는 그런저런 이야기를 하며 「V」가 방영 중일 때는 너무 인기가 많아서 극 중에서 저항 조직이 자기들의 상징을 새기는 장면을 따라 하면서 괜히 동네 담벼락에 스프레이로 V 자 모양을 그리는 애들이 흔할 정도였다고 말했다. 그때 직장 동료가 내 말에 맞장구를 친다면서 이렇게 말했다.

「그런데 마지막 회가 진짜 허무했잖아. 그게 사실 다 꿈이었다는 게 결말이었어. 꿈에서 깨니까 악당 다이애나가 사실은 맨날 남자 주인공과 부부 싸움을 하던 부인이었고.」

나는 그 말을 듣고 매우 놀랐다. 내가 기억하는 「V」의 결말은 전혀 그런 것이 아니었기 때문이다.

「V」의 결말은 시즌을 어떻게 나누느냐에 따라 다르게 설명할 수 있지만, 하여튼 지구인이 외계인을 물리치거나 대충 싸움을 멈추게 한다는 내용이다. 〈이게 다 꿈이었다〉는 결코 아니었다. 나는 직장 동료에게 그렇지 않다고 반론을 제기했는데, 직장 동료는 〈절대 아니다. 내기해도 좋다. 내가 분명히 그 마지막 회를 보았다〉라고 말했다. 그런데 마지막 회를 본 것은 나 역시도 마찬가지였다.

우리의 논쟁은 결국 사무실 전체로 퍼져 나가 사무실 안이 두 패로 나뉘었다. 「V」의 결말이 〈이게 다 꿈이었다〉인가, 아닌가 로 직원들이 대립했는데, 나로서는 신기하게도 〈이게 다 꿈이었 다〉라고 기억하는 직원이 여럿이었다. 그들은 〈분명히 그렇게 보았고 너무 놀라서 정확히 기억하고 있다〉라고 말했다. 굉장히 이상하다는 생각이 들었다. 어떻게 이럴 수가 있을까? 이 사람들 은 도대체 무엇을 본 것일까?

「V」와 도시 전설

나는 「V」를 대단히 좋아해서 나중에 나온 재방송도 본 적이 있었고, 한참 지난 후에 인터넷 시대가 된 후에는 「V」에 대한 글, 제인 배들러에 대한 글을 찾아보기도 했다. 나는 외국 사람들이 웹사이트에 밝혀 놓은 「V」의 줄거리를 보고 〈이게 다 꿈이었다〉 는 결말일 리가 없다는 사실을 확실히 알고 있었다. 그렇다면 도 대체 결말을 〈이게 다 꿈이었다〉라고 기억하는 사람들은 무엇을 본 것일까? 어떤 이상한 음모로 몇몇 TV가 해킹되어 그 사람들 의 집에만 다른 결말이 방영된 것일까? 정말 외계인이라도 개입 해서 사람들의 기억을 조작한 것일까?

나는 이 현상이 너무나 신기해서 이런 일을 겪었다는 글을 몇 몇 웹사이트에 올렸다. 내가 영화평을 올리는 블로그에는 아직도 이때 올린 글이 남아 있다. 그런데 더더욱 신기하게도 여기에 반응하는 사람들이 적지 않았다.

— 저도 〈이게 다 꿈이었다〉가 결말인 줄 알고 있었는데요.

— 저도 정말 생생하게 그 마지막 회를 본 것으로 기억하고 있습니다.

— 뭐라고요? 〈이게 다 꿈이었다〉가 결말이 아니었다고요?

그 반응을 보고 더욱 이상한 기분이 된 나는 이 이야기의 사연을 좀 더 파고들어 보았다. 「V」의 방영 에피소드 목록을 뒤지고 다른 사람들의 제보를 참조해서 앞뒤 상황을 따져 본 결과, 조금 짚히는 데가 생기긴 했다. 그래서 내가 내린 결론은 다음과 같다.

「V」의 에피소드 중에는 악당인 다이애나가 주인공 중 한 명인 마이클 도너번Michael Donovan을 속여서 정신을 조작하려고 하는 이야기가 있다. 이 에피소드에서 외계인들은 마이클 도너번에게 사실은 다이애나와 같이 잘 살고 있다는 환상을 주입하려고 하며, 극 중에서 마이클 도너번이 다이애나와 치열하게 싸우고 있다는 현실은 다 지나간 일인 뿐인 것처럼 느끼게 하려고 한다. 이것은 실제로 방영되었던 진짜 에피소드이다. 이 이야기의 결말은 결국 다이애나가 실패하는 것이지만, 만약 이 이야기에서 앞부분과 뒷부분을 못 보고 중간 부분만 TV 채널을 돌리다가 우연히 보게 되었다면, 그 내용은 〈이게 다 꿈이었다〉는 환상 속의 결말과 상당히 비슷하게 보였을 것이다. 그래서 나는 「V」를 듬성듬성 보던 사람들이 우연히 이 부분을 보고 착각했기 때문에 결말이 〈이게 다 꿈이었다〉라는 이야기가 널리 퍼졌다고 추측하고 있다.

그렇다고 해도 어떻게 그렇게 많은 사람들이 비슷한 착각을 하게 되었다는 말인가? 얼마 지나지 않아 나는 인터넷에서 댓글을 달아 주신 분으로부터 새로운 제보를 받았다. 「V」에 대해 소개하던 당시의 한 일간지 기자가 〈결말은《이게 다 꿈이었다》는 것이다〉라는 기사를 낸 적이 있었다는 것이다. 그래서 찾아보니 정말로 그런 기사가 나온 적이 있었다. 기자가 도대체 무엇을 보고 혹은 무엇을 듣고 착각한 것인지 그런 오보를 내버렸다.

그러니 그 기사를 보고 〈「V」 결말이 허무하게도《이게 다 꿈이었다》는 거라면서?〉라고 사람들이 이야기를 나누는데, 실제로 그 에피소드의 중간 부분을 잠깐 본 적이 있던 사람들이 〈정말로 방송을 보니까 그렇게 끝나는 것 같더라〉라고 맞장구를 치다 보니, 그런 잘못된 환상이 굳건히 자리 잡아 버렸을 수 있겠다는 사연을 떠올려 볼 수 있었다.

그런데 나는 그것만으로 납득할 수 없었다. 아무리 그래도 그렇지 어떻게 그렇게나 많은 사람들이 〈정말로 똑똑히 그런 결말로 끝나는 것을 보았다〉고 굳게 믿을 수 있었을까? 시간이 흐르는 사이에 자기 스스로가 속을 정도로 기억이 저절로 스멀스멀 바뀌어 버리는 일이 이렇게까지 많은 사람들에게 일어날 수 있단 말인가? 내가 인터넷에 이 이야기를 퍼뜨린 지 얼마 지나지 않아 심지어 더 괴상한 이야기도 들려왔다. 이 모든 일은 국내의 한 연구진이 사회 과학 실험 혹은 심리학 실험을 하기 위해 일부러 이런 착각을 유도했기 때문이라는 것이다.

마지막 이야기는 그야말로 도시 전설일 뿐이겠지만 「V」의 결말이 모두 꿈이라는 이상한 기억을 수많은 사람들이 공유하고 있다는 이 환상적인 이야기는 한동안 나를 사로잡았다. 이에 대해 보다 정확한 정보, 좀 더 정확한 사연을 알고 계신 독자분은 나에게 연락해 주시기를 부탁드린다. 언제가 되었든 감사히 그 잊힌 사연을 읽어 보고 싶다.

외계로부터의 9호 계획

Plan 9 from Outer Space
1958

이상한 SF들

1990년대 중반부터 2010년대 초에 이르기까지 EBS에서 매주 한 번씩 방영되던 「시네마 천국」이라는 영화 소개 프로그램이 있었다.

이 무렵에는 TV 방송국에서 경쟁적으로 영화 소개 프로그램들을 편성했다. 영화 배급사에서 개봉을 앞두고 TV 프로그램에서 영화를 소개해 주는 것이 좋은 홍보 수단이 된다고 생각했던 것 같다. 그래서 개봉 영화에 관한 정보를 유독 많이 제공해 주었다. 그 외에도 숨겨진 명작을 발굴해 보여 준다거나, 새로 개봉하는 영화와 비슷한 옛날 영화를 견주어 보여 주는 방식으로 영화를 소개해 주는 경우도 있었다. 한편으로는 TV 프로그램에서 영화 내용을 거의 다 알려 주는 식으로 방송을 만들면 정작 영화는 무슨 재미로 보느냐고 비판하는 사람들도 있었던 것으로 기억한다.

그런 비슷비슷한 TV 프로그램들 중에서도 EBS의 「시네마 천국」은 좀 더 학구적이라고 해야 할까, 더 정보가 많고 내용이 세밀했다. 최신 개봉 흥행작 중심으로만 내용을 소개하기보다는 흘러간 영화나 명작 영화들을 챙겨서 언급해 주는 경우가 많았다. 그러면서 사람들이 혹할 만한 영화뿐만 아니라 좀 재미없어 보이지만 개성을 진지하게 평가받는 영화들도 충실히 챙겨 주는 편이었다. 중간중간 좀 따분하다 싶어도 영화 평론가들 사이에 도는 영화의 분류라든가, 영화들의 경향을 지칭하는 용어에 대해서 해설해 주기도 했다.

내 기억을 완전히 확신하지는 못하겠지만, 이 프로그램에서 잠깐 시도되었던 코너 중에 특이하고 이상한 영화를 소개해 주는 시간이 있었다. 그런데 내가 보기에는 특이하고 이상한 영화들을 소개해 주는 방식 자체가 특이하고 이상해 보였다. 이 프로그램의 다른 코너처럼 평범하게 영화 평론가들이 나와서 살짝 높아 보이는 의자에 앉아 어색한 말투로 대화를 주고받고 진행자가 자주 웃어 가며 이야기를 끌고 가보려고 하는 그런 무난한 형식이면 충분할 것 같은데 그렇지 않았다. 특이하고 이상한 영화를 소개해 주는 시간은 형식도 남달랐다.

이 시간에는 영화 장면들을 보여 주다 말고 중간중간에 작은 인형의 뒷모습을 보여 주었다. 뒷모습도 그냥 보여 주는 것이 아니라 극장에서 앞자리에 앉은 사람의 뒷모습을 보는 것과 비슷한 느낌으로 어두운 그림자 모양처럼 보여 주었다. 그리고 작은 인형이 말을 하는 것처럼 그 영화에 대한 이야기를 해주었다. 그렇다고 인형이 진짜 말을 했다는 것은 아니다. 그냥 인형을 보여주고 성우가 대사를 읽어 주었다. 마치 인형이 그 영화를 해설해 주는 것처럼 꾸며진 셈이었다. 왜 이렇게 꾸몄던 것일까?

명성만큼 이상한 영화들

나는 이 시간을 통해 김기영 감독의 1978년 작 「살인 나비를 쫓는 여자」라는 영화를 알게 되었다. 이 영화에는 이런 내용이 나온다. 한 젊은이가 아르바이트로 유골을 발굴하는데, 알고 보니 그 유골이 신라 시대 때 무당의 주술이 걸려 있는 사람의 유해라서 되살아나게 된다. 유골 상태의 유골을 갖지 못하게 된 젊은이는 유골 발굴 아르바이트에는 실패한 셈이 된다. 그래서 돈을 벌기 위해 난데없이 뻥튀기 기계를 구입해서 되살아난 신라 시대 유골 옆에서 열심히 작동시킨다는 내용으로 이야기가 흘러간다. 과연 명성만큼 이상한 영화구나 싶었다. 이런 영화도 챙겨서 소개해 주다니 「시네마 천국」이 더없이 좋은 프로그램 같았다.

그래서 자주 그 프로그램을 챙겨 보면서도 도대체 왜 이상한 영화를 소개해 주는 형식이 이렇게 이상한지에 대해서는 알 길이 없었다. 무엇 때문에 갑자기 이상한 인형극을 하면서 영화 이야기를 하는가? 그냥 영화 평론가가 이야기를 하면 될 텐데, 왜 인형 흉내를 내는 성우가 대본을 읽는가?

내 궁금증이 풀린 것은 그로부터 한참 후가 지난 2000년대 중반 무렵이었다. 그때 나는 영어권의 어느 나라를 방문하게 되었다.

나는 출장을 갔다가 밤에 여유가 생기면 그 나라 TV에서 해주는 심야 영화를 보는 것을 좋아한다. 그 나라 말을 못 알아듣는 경우가 많으니 영화 내용은 거의 이해를 못 하지만, 대충 어떤 내용을 어떻게 생긴 배우들이 어떤 모습으로 보여 주는지만 봐도 신기하고 재미있는 경우가 많다.

예를 들어, 나는 터키의 이스탄불에 있는 영업 사무실에 회사 일로 출장을 갔다가 그날 밤에 터키 케이블 방송국에서 틀어 주는 1980년대 터키 첩보 활극 같은 영화를 본 적이 있었다. 무슨 정보를 얻기 위해 영화 속 등장인물들이 그렇게 다투는 것인지는 전혀 이해하지 못해서 그냥 내 마음속에서 멋대로 이야기를 상상해야 했다. 그래도 옛날 터키 사람들이 아름답다고 생각했던 배우들이 그 시대, 그 나라 유행에 맞게 멋을 부리는 모습 자체가 재미난 구경거리였다. 어쩌면 그때 본 영화는 심지어 첩보 활극이 아닐 수도 있을 것이다. 하지만 한국에서는 도무지 구해 보기 어려울 먼 나라의 옛 영화를 살펴볼 수 있다는 점이 내 호기심을 끌었다.

미스터리 과학 극장

문제의 그날도 비슷한 기회에 외국 방송국에서 보여 주는 TV

프로그램을 보게 되었다. 코미디 프로그램이었다. 못 만든 영화나 지금 보면 우스꽝스러울 만한 철 지난 옛날 영화를 보면서 농담을 주워섬기고 놀리는 것으로 웃기려고 하는 프로그램이었다. 가끔 요즘 인터넷 게시판이나 SNS를 보다 보면 〈웃긴 짤방〉이라면서 잠깐 보아도 황당해 보이는 우스꽝스러운 영화나 드라마 장면을 올려놓은 것들을 보게 될 때가 있다. 그 프로그램은 아예 영화 한 편을 처음부터 끝까지 보면서 주절주절 농담을 해대는 형식이었다.

그래서 극장 앞자리에 프로그램의 주인공들이 앉아서 영화를 본다는 형식으로 프로그램이 구성되어 있었다. 시청자들이 영화를 보면서 웃긴 소리를 하는 그 사람들과 같이 영화를 보는 느낌을 받도록 꾸며져 있었다. 그 모습은 「시네마 천국」에서 보았던 그 이상한 영화 소개 코너와 매우 비슷했다. 「시네마 천국」이 이 코미디 프로그램의 형식을 모방했다는 것을 알 수 있었다.

좀 더 지켜보니 왜 인형을 등장시켰지도 이해할 수 있었다. 이 프로그램은 어떤 사람이 악당의 음모에 휘말려 우주 정거장에 갇힌 채 괴상하거나 못 만든 영화만 보면서 정신 상태가 어떻게 망가져 가는지 관찰당하고 있는 상황이라고 치고 진행되었다. 그렇다 보니 주인공은 홀로 갇혀 있는 것이 너무 외로워서 우주 정거장에 있는 로봇들과 친구가 되어 지낸다. 그래서 이상한 영화를 보는 실험을 당할 때마다 친구인 작은 로봇들과 이런저런 농담을 하며 영화를 본다. 이때 농담을 주고받는 짝으로 작은 로봇들이 나오고, 그 로봇들이 바로 인형으로 표현된 것이다.

몇 년 동안 답을 알 수 없던 문제가 그제야 풀렸다. 무척 기뻤다. 그렇지만 같이 궁금해하던 친구가 있었던 것도 아니니 이걸 어디에 기쁘다고 이야기할 기회는 없었다. 뭔가 아쉬웠다. 그래서 나는 그 코미디 프로그램을 진득하니 지켜보면서 정말 못 만든 옛날 영화 한 편을 다 봤다. 주인공이 로봇 친구들과 나누는 농담도 그럭저럭 재미있었고, 영화 자체도 엉성하고 엉뚱하게 흘러가는 것이 괴상하고 신기했다. 그리고 마침내 그 코미디 프로그램의 제목이 흔히 약자로 〈MST3K〉라고 부르는 「미스터리 과학 극장 3000 Mystery Science Theater 3000」이라는 사실도 알게 되었다.

그 후 인터넷을 검색해 보니 MST3K는 1980년대 말에 시작되어 1990년대까지 미국에서 꽤 인기를 끌었던 케이블 TV 프로그램이었다.

1980년대가 되자 사람들이 온갖 영화를 VHS 비디오테이프 형식으로 빌려서 볼 수 있게 되었다. 그러면서 망한 영화, 별로 인기를 못 끈 영화, 실패해서 안 알려진 영화들도 볼 수 있는 기회가 더 많아졌다. 재미있는 영화를 보려고 했는데 실수로 못 만든 영화나 괴상한 영화를 보게 되는 일도 생겼고, 그냥 이 영화, 저 영화 아무거나 보게 되는 일도 생겼다.

만약 극장에 찾아가서 영화를 볼 수밖에 없는 시대였다면 별 대단치도 않은 영화를 보러 가기란 귀찮았을 것이다. 실패작이라서 상영하는 극장이 적다면 극장을 찾아가는 것은 더욱 멀고 험한 길이 될 것이다. 그러나 VHS 비디오테이프 형태로 유통된 영화라면 부담 없이 빌려서 볼 수 있는 시대가 찾아왔다. MST3K는 바로 그런 시절이 시작되면서 가능해진 웃음거리를 TV 코미디 프로그램 형식으로 뽑아냈고, 성공을 거둔 쇼였다. 다양한 영화에 관심이 높아진 사람들이 이 프로그램에 관심을 갖다 보니, 결국은 미국 밖에서도 이 프로그램을 아는 사람들이 생겨났던 듯하다. 그러다 마침내 EBS에서도 비슷한 방식을 적용해 보았던 것 아닌가 싶다.

나는 이후 MST3K에 대한 자료를 인터넷에서 더 찾을 수 있었다. 이런저런 기회로 몇몇 에피소드를 더 찾아볼 수도 있었다. 아마 지금도 몇몇 동영상 공유 사이트에서 MST3K를 볼 수 있을 것으로 생각한다. 확실히 이 프로그램은 괴상한 옛날 영화를 찾아보는 데 좋은 길잡이였다.

세상에서 가장 못 만든 영화

「외계로부터의 9호 계획」 같은 영화를 살펴보자. 이 영화는 〈세상에서 가장 못 만든 영화〉라는 별명으로 악명이 높다. 사악한 외계인들이 지구를 정복하려고 하는데 병력이 부족하니까 무덤 속의 시체를 되살리는 기술을 개발해서 세상을 혼란에 빠뜨리려고 한다는 내용이다. 황당한 내용에 이상한 촬영, 부족한 연기, 엉성한 각본이 모두 티 나는 영화이다.

그렇지만 정밀하게 말해 보자면, 이 영화가 정말로 세상에서 가장 못 만든 영화는 아니다. 이 영화는 평범하게 배급된 극장 개봉작들의 평균에 비교해 본다면 확실히 무척 못 만든 영화가 맞기는 하다. 하지만 보고 있으면 놀릴 거리도 있고, 농담할 거리도 있다. 어쨌든 여러 내용을 품고 있는 영화이다. 못 만든 영화라고 할지라도 이렇게 뭔가 볼 것이 있고, 이야깃거리가 있는 영화라야 다시 보기에도 지루하지 않다. 적어도 이 정도로 우스꽝스럽고 황당하다는 생각이 들게 해주어야 놀리고 농담하는 것이라도 할 수 있다.

만약 세상에서 가장 못 만든 영화가 무엇인지 호기심으로 보고 싶다고 해서, 정말로 마구잡이로 극심하게 못 만든 영화를 찾아본다면, 별로 황당할 것도 없고 웃길 것도 없고 지겹기만 할 것이다.

휴대 전화의 동영상 촬영 기능을 켜고 그냥 아무 영상이나 2시간 정도 막 찍은 다음에 현대인의 불안한 영혼을 상징하는 전위적인 예술 영화라고 우긴다면 필시 굉장히 못 만든 영화가 될 것이다. 그 영화는 「외계로부터의 9호 계획」보다도 못 만든 영화가 될 가능성이 높다. 그렇다고 해서 그 영화가 저절로 재미난 놀림거리가 되는 것은 아니다. 그렇게 찍은 영화는 「외계로부터의 9호 계획」보다 훨씬 재미가 없고 볼 가치는 더욱 없을 것이다. 「외계로부터의 9호 계획」에는 어쨌거나 외계인들도 나오고, 외계인 우주선도 나오고, 되살아난 시체도 나온다. 그렇지만 막 찍은 2시간짜리 영상에는 놀릴 것도 없고, 농담할 것도 없고, 2시간 동안 멍하니 지켜보고 있는 것도 힘들기만 하다. 그러니까 정말로 웃으면서 볼 수 있는 못 만든 영화란 세상에 그렇게 흔한 것만도 아니다.

못 만든 영화, 철 지난 영화라고 해서 무조건 웃어넘기는 맛으로 볼 수 있는 것이 아니다. 못 만들었고 그래서 찾아보는 사람이 별로 없지만 이야깃거리나 생각할 거리가 있는 영화라야 재미있게 볼 수 있다. 그리고 그런 소재들이 황당하게 실패하는 모습을 볼 때 예상을 깨는 맛에 놀라고 웃을 수 있다. 그런 영화를 찾는 데 MST3K는 좋은 지침이 되어 주었다.

이런 영화를 하나둘 찾아보다가 나는 내가 그런 못 만든 영화들을 놀리는 맛으로만 좋아하는 것은 아니라는 사실을 알게 되었다. 내가 그런 영화들을 보는 까닭은 영화 내용에 대해 농담하고자 하는 것만은 아니었다. 나는 이상한 영화를 보려는 목적이 MST3K 제작진과 다르다는 점을 깨달았다.

실패한 영화를 보는 이유

나는 그런 실패한 영화 속에서도 처음에는 뭔가 잘해 보려고 했던 야심을 지켜보는 것이 좋았다. 그리고 그게 어쩌다 실패했는지, 그 과정을 살펴보고 추측하는 데 관심이 있었다. 〈이 영화는 이런 장면을 찍어 보려고 출발했지만 예산이 부족해서 대충 찍다 보니까 엉성해져서 망했구나.〉 그런 추측을 하면서 못 만든 영화들을 지켜보고 있었다. 그 괴상한 결과물 사이에서 엿보이는 노력이라든가, 애환을 지켜보는 것이 좋았다. 그러다 참신한 것을 만들어 보겠다는 발상과 실패해서 잘못 돌아가는 현실이 뒤엉켜 전혀 상상하기 힘든 엉뚱하고 황당한 장면이 튀어나올 때가 가끔 있었다. 그런 장면을 발견하게 되면 정말로 즐거웠다. 그렇게 해서 나는 MST3K와 상관없이 나만의 기준으로 어쩌다 보니 괴상한 모양이 되어 버린 흘러간 영화들을 찾아보는 일에 재미를 붙이게 되었다.

1980년대에 나온 한국 SF 영화 「투명 인간」을 살펴보자. 이 영화는 주인공을 맡은 이영하 씨가 우연히 약에 중독되어 투명 인간이 된 후 악당들을 벌주는 역할을 하며 활약하다가 원래 모습으로 돌아온다는 줄거리를 담고 있다. 그런데 허탈하고 황당무계한 내용이 굉장히 많이 담겨 있다. 한국 영상 자료원에서 2010년 전후에 한국 공포 영화를 보여 주는 시간에 「투명 인간」을 재상영해 준 적이 있었는데, 공포는커녕 영화를 보러 온 사람들이 정말 많이 웃었던 기억이 생생하다.

한 장면을 예로 들어 보자. 이 영화 속에는 사채업자 같은 사람들이 빚을 받으러 와서 남의 집에 죽치고 있는 장면이 나온다. 그냥 가만히 있으면 심심하니까 사채업자들은 소주와 함께 마른오징어를 뜯어 먹는다. 그때 투명 인간이 나타나 이들을 혼내 주려고 한다. 적당히 주먹질을 하거나 소리를 질러 놀라게 하면 충분할 것 같은데, 투명 인간은 괜히 오징어를 집어서 흔든다. 사채업자들이 보기에는 오징어가 허공에서 혼자 움직이는 것처럼 보인다. 이 정도면 놀라서 소리라도 지를 것 같은데, 이 영화는 그렇게 평범하게 진행되지 않는다.

투명 인간은 오징어를 그냥 허공에서 흔드는 것이 아니라 점차 리듬감 있게 흔든다. 그러자 마른오징어는 혼자서 춤을 추는 것과 비슷한 느낌이 된다. 곧 그것을 구경하던 사채업자들은 놀라지도 않고 흥에 겨운지 몸을 들썩거린다. 그러면서 이렇게 말한다.

「자-잣-자아-잣-자잣-.」

너무나 상상하기 어렵겠지만, 이것은 마른오징어의 춤에 맞춰 사채업자들이 콧노래를 부르듯이 흥얼거리는 소리이다. 허공에서 춤추는 마른오징어에 맞춰 사채업자들이 흥얼거리는 소리 같은 것을 세상의 어떤 영화에서 볼 수 있을 거라고 상상해 본 적이 있는가? 나는 없었다. 앞으로도 없을 것 같다.

그 외에도 이 영화에는 투명 인간이 난데없이 소복을 입은 긴 머리 귀신으로 변신한다든가, 미국 액션 영화 〈람보〉 시리즈의 람보로 변장한다든가, 갑자기 자동차가 하늘을 날아다닌다든가, 알고 보니 그것은 꿈이었다든가 하는 도저히 짧게 설명하기 어렵고 길게 설명하기는 더 어려운 장면들이 마음이 가라앉을 만하면 한 번씩 쿵쿵 떨어져 내린다.

코끼리가 면도하는 장면

이 영화가 얼마나 황당한지 설명해 보자면, 영화 중반에 나오는 소위 〈코끼리가 면도하는 장면〉을 빼놓을 수 없다. 영화 중반에 주인공의 여자 친구가 남동생 중에 한 명이 밤늦게까지 돌아오지 않아 걱정하는데 아주 늦은 시각이 되어서야 돌아와서 화를 내는 장면이 나온다. 투명 인간이라는 소재와는 한 톨도 상관없는 내용인데 울고불고하기도 하고, 진지한 표정으로 인생의 교훈에 대해서 이야기하기도 하는 등 꽤히 무거운 분위기로 제법 길게 이어진다.

도대체 이런 내용을 왜 이렇게까지 열심히 보여 주나 싶을 때 즈음 이 영화는 전혀 다른 경지로 도약한다.

이제 자려고 누워서 동생 중 한 명이 늦게 온 아이에게 〈도대체 왜 이렇게 늦게 왔냐?〉라고 물어본다. 아주 잠깐, 그 어린이가 해주는 대답 속에 어떻게든 투명 인간과 관계있는 이야기가 나오면서 내용이 앞뒤로 연결될 것 같기도 하다. 그러나 전혀 그렇지 않다. 다음 장면에서 그 어린이는 밝은 목소리로 이렇게 대답한다.

「코끼리가 면도하는 데 갔다 왔어.」

이게 무슨 소리인가? 코끼리가 면도하는 데라니 그게 무슨 말인가? 코끼리? 코끼리가 면도를 한다고? 그런 데가 왜 있는데? 거기에 어린이가 왜 가는데? 그게 투명 인간하고 무슨 상관인데? 알 수 없는 대사 한마디에 온갖 질문이 어지럽게 뒤엉켜 머릿속을 가득 채우며 시간이 멍하니 멈추는 것 같은 느낌이 든다. 그러나 영화는 서슴없이 다음 장면으로 1초에 스무 장이 훌쩍 넘는 프레임 속도로 돌아간다. 그리하여 이다음에는 영화의 내용과 전혀 상관이 없는 어느 서커스 공연 실황이 한참 나온다.

이게 무슨 짓인가? 서커스 공연 실황에는 코끼리가 재주를 부리다가 사람을 면도해 주는 시늉을 하는 장면이 잠깐 나온다. 그러니까 그 어린이는 바로 이런 서커스 공연을 보느라 늦었다는 의미인 것 같다. 그렇게 해서 속절도 없이 한동안 서커스 실황 장면이 나오다가, 다시 투명 인간이 악당들과 싸우는 내용으로 벌컥 넘어간다. 굳이 의미를 찾자면, 1980년대 후반 한국에서 서커스 공연이 어떤 느낌으로 진행되었는지를 살펴볼 수 있는 영상 자료라는 정도의 의미는 있겠다. 투명 인간과는 전혀 관계가 없지만.

무슨 영화를 왜, 어떻게, 이렇게 만들 수가 있을까?

당시에 실제로 진행되었던 서커스 공연을 홍보하기 위해 영화에 그 공연과 관련된 내용을 어떻게든 넣으려고 했기 때문은 아닌가 싶기도 하다. 그러니까 일종의 PPL을 하려고 한 것인데, 어차피 PPL을 하는 것, 위선적으로 영화 내용과 선전하는 상품이 상관있는 척 꾸며 넣을 필요 없이 그냥 과감하게 확 홍보 장면을 말뚝처럼 박아 넣었던 것 아닐까? 그게 아니라면, 영화를 만들고 보니까 너무나 재미가 없어서 뭐가 되었든 재미있는 장면을 조금이라도 어딘가에 더 넣어야 할 것 같은데, 영화 제작진이 가만 보니까 어제 TV에서 보여 준 서커스 공연이 재미있었던 것 같아서, 하여튼 그냥 서커스 장면을 촬영해 와서 아무 데나 넣어 보자고 한 결과가 아닐까?

최고의 보양식을 찾아라

조금 더 오래된 영화로는 역시 한국 영화인 1971년 작 「돈에 눌려 죽은 사나이」를 언급해 볼 만하다. 이 영화에는 시작하자마자 갑자기 땅값이 올라서 졸지에 부자가 된 주인공이 나온다. 이 주인공 역할은 코미디언 구봉서 씨가 맡았다. 제목이 〈돈에 눌려 죽은 사나이〉이고 시작 장면이 이렇게 벼락부자가 되는 이야기였으니 아마도 갑자기 부자가 된 주인공이 돈이 너무 많은 생활에 적응을 못 해서 어색해한다는 내용으로 자본주의를 풍자하는 내용이겠거니 싶다. 이 시작 장면 다음에 영화의 제목과 제작진을 한동안 찬찬히 보여 주기 때문에 그런 기대를 품게 만든다.

그러나 바로 다음 장면에서 그 기대는 깨진다.

주인공은 자식이 없어서 걱정이다. 아무래도 나이가 들고 체력이 부족해서인 것 같다. 그 때문에 주인공은 혈기를 왕성하게 하는 보약을 지어 먹으려고 한다. 놀랍게도 그게 이 영화의 전체 내용이다. 주인공은 돈이 굉장히 많기 때문에 최고의 보양식을 찾으려고 하고, 그것을 위해 허장강 씨, 서영춘 씨가 연기하는 사기꾼들이 엉겨 붙는다. 어처구니없는 소리 같지만, 진짜로 영화를 보면 「돈에 눌려 죽은 사나이」는 주인공이 보양식을 구하려고 하는 내용이 전부이다. 정말로 사실이 그렇다.

부자가 나오고, 사기꾼이 나오고, 보양식을 찾아 먹으려고 하고…… 이런 내용이 있어야 당시 코미디언들이 만들던 코미디 쇼 내용으로 쉽게쉽게 채워서 빨리 영화를 만들기가 좋았던 것 아닐까? 아마 그 때문에 무리를 해서 그런 식으로 이야기를 엮어 나간 것 아닌가 상상해 본다. 아닌 게 아니라 제작 노력 대비 결과는 나쁘지 않은 영화였다. 지금 보면 영화가 좀 이상하지만, 남아 있는 기록을 찾아보면 개봉 당시에는 어느 정도 흥행한 영화였다.

이런 이야기가 왜 SF 영화가 되느냐면, 도중에 허장강 씨가 자신을 〈디 스트롱 킹〉 박사라고 소개하면서, 자신이 만든 미래적인 첨단 기술로 최고의 보약을 만들 수 있다고 선전하기 때문이다. 디 스트롱 킹 박사는 원자력을 이용한 강력한 보약을 만든다면서 컴퓨터 자동 장치를 보여 준다. 이 영화에 나오는 컴퓨터는 책상 비슷하게 생긴 것에 알 수 없는 조종 손잡이가 여럿 달려 있는 단순하면서도 괴이한 모양인데, 그걸 이용해서 원자력 보약을 만드는 내용이 펼쳐진다. 원자력 보약이라니, 어지간해서는 상상이나 할 수 있는 생각인가?

나중에 절정 즈음에 가면 영화 내용은 더욱더 황당해진다. 주인공은 약을 먹고 변신하여 헐크 흉내를 내더니 갑자기 집에 있는 시계를 입으로 뜯어서 먹는다. 그리고 자기 며느리들을 공격하려고 하는데, 그러자 며느리 중 하나가 혹시 이렇게 하면 막을 수 있을지 모르겠다고 하면서 갑자기 춤을 춘다. 이게 뭔가 싶은 내용이 덤벙덤벙 던져진다.

이런 영화들을 보고 있으면 여러 생각이 든다. 결과물은 저렇지만 그래도 처음에 제작진이 의도했던 발상은 가능성이 있었을 것 같다. 보기 전에는 상상도 할 수 없었을 내용을 보면서 내 머릿속의 발상도 좀 더 자유로워지는 듯한 기분이 들기도 한다. 한편으로 이런저런 문제로 영화가 저렇게 이상해져 버린 것 같으니 나는 소설을 쓰거나 글을 쓸 때 그러지 않도록 조심해야겠다고 결심하게 될 때도 있다. 무엇보다 모든 것이 부족한 상황에서 어떻게든 뭔가 결과를 만들어 보겠다고 나름대로 애썼을 옛 시절 사람들의 모습을 상상해 보면, 그래도 반가운 느낌이 든다.

최근에 나는 어느 회사로부터 한국 영화를 대상으로 MST3K 와 비슷한 프로그램을 만들어 보려는데 참여해 볼 생각이 있느 냐는 제안을 받았다. 과연 현실로 이어질 수 있을지, 내가 잘해 낼 수 있을지는 모르겠다. 그렇지만 잘 풀린다면 정말 즐거운 일 이 될 것 같다.

외계에서 온 우뢰매

1986

한국 SF의 시작

소설을 쓰는 작가로 일하면서 가끔 한국에서 처음으로 소설을 쓴 사람은 누구인지 궁금할 때가 있다. 정확한 답을 알기란 어려운 문제이다. 그렇지만 작심하고 소설을 써서 책으로 낸 뒤에 성공적이라는 평가를 받은 최초의 작가가 누구인가에 대해서는 어느 정도 합의된 해답이 있는 것 같다. 바로 조선 전기의 작가 김시습이다. 김시습이 15세기에 쓴 것으로 추정되는 『금오신화(金鰲新話)』는 단편소설로 책 한 권을 가득 채운 본격적인 소설집이다. 평가도 좋은 편이라서 많은 사람들에게 알려졌고, 오래전에 이웃 일본에 전해져 인쇄 판본으로도 유통되었다. 조선은 일본만큼 출판 문화가 발달된 편은 아니었기 때문에 오히려 지금 『금오신화』의 옛 판본을 구하려면 일본에서 나온 것을 구하는 것이 쉬울 정도이다.

한국 판타지의 첫걸음

『금오신화』에 실린 단편소설 중에 지금껏 남아 있는 것은 「남염부주지(南炎浮洲志)」,「만복사저포기(萬福寺樗蒲記)」,「이생 규장전(李生窺牆傳)」,「용궁부연록(龍宮赴宴錄)」,「취유부벽정 기(醉遊浮碧亭記)」 다섯 편이다. 이 중에「남염부주지」는 저승을 구경하는 내용이고,「용궁부연록」은 바닷속 용궁을 구경하는 내 용이며,「취유부벽정기」와「이생규장전」은 죽은 사람의 혼백을 만나는 내용이다. 그러므로 다섯 편 중에 네 편을 환상 소설, 판 타지물로 보기에 무리가 없다. 따지고 보면「만복사저포기」역 시 환상적인 요소가 강한 이야기이다. 이렇게 보면 한국 소설의 뿌리는 판타지에서 출발한다고 해도 과언은 아니다. 20세기 말 이후로 판타지 소설이 대중적인 오락물로 워낙 관심을 받다 보 니 아직도 일각에서는 판타지물은 뭔가 문학다운 문학이 아니라 는 듯한 이상한 시각이 간혹 보이는데, 한국 소설은 아예 첫걸음 이 판타지와 관련이 깊었다는 점을 부정하기는 어렵다.

　「남염부주지」와「용궁부연록」은 아예 요즘 판타지물과 출발 도 굉장히 비슷하다. 현실 세계에서 좌절을 겪은 사람 혹은 평범 한 사람이 주인공이다. 그 주인공이 우연히 환상적인 세계로 건 너가게 되는데, 그 세계를 다스리는 임금과 교유하며 굉장히 중 대한 일을 하게 된다는 내용이다.

　2000년대 초에는 현실의 고등학생이 이상한 세계에 건너가 놀라운 활약을 보여 준다는 식의 줄거리가 심하게 쏟아져 나왔 다. 그래서 사람들이 농담 삼아 이런 부류의 이야기들을〈이계에

서 고등학생이 깽판 치는 이야기〉라고 하여 〈이고깽〉 장르라고
부를 정도였다. 5백 년 전에 나온 「용궁부연록」과 「남염부주지」
역시 특별히 대단한 벼슬아치가 아니라 공부하는 선비가 주인공
이다. 그러니 고등학생에서 그렇게 멀지 않다. 각각 용궁과 저승
세계로 건너가니 이상한 세계로 가는 내용이라고 볼 수 있다. 다
만 차이점은 명백하다. 조선 시대 전기의 소설인 만큼, 학생이 이
상한 세계로 가서 괴물들과 싸우며 모험을 벌이는 내용으로 이
어지지는 않는다. 요즘 독자 취향으로 환상적인 대모험을 기대
했다면 김이 좀 빠지겠지만, 「용궁부연록」에서는 시를 읊으며
문학을 즐기고, 「남염부주지」에서는 저승과 이승의 관념과 종교
에 대해 토론을 벌인다.

내가 두 이야기에 관심을 갖는 이유는 이런 부류의 판타지물
은 자연스럽게 SF 느낌을 띠기 때문이다. 알 수 없는 신비로운
세계에서 탐험을 한다는 이야기는 그 신비로운 세계가 사실은
어느 머나먼 외계 행성이라고 슬쩍 덧붙여 두기만 해도 SF 느낌
이 물씬 나게 된다.

사실 「남염부주지」를 막상 읽어 보면 주인공이 찾아가는 저승
이 절대 닿을 수 없는 신비의 세계가 아니라 그냥 바다 건너 아주
먼 곳이라는 정도로 설명되어 있다. 하늘 바깥의 우주라는 곳을
생각하기 어려웠던 조선 전기 사람들의 상상력을 감안하면 거의
SF 느낌과 가깝다고 보아야 하지 않을까? 게다가 「심연」이나

「아쿠아맨Aquaman」 같은 현대 SF 영화에도 바닷속 깊은 곳에 우리는 알 수 없는 신비한 생물들이 살며, 그 생물들이 자기들만의 기술과 문화를 이루고 있다는 이야기가 나온다. 이런 것은 용궁 이야기와 닮았다. 그렇다면 「용궁부연록」에서 용왕과 그 군대가 바다 밖으로 나와서 싸움을 벌인다는 내용을 뒤이어 붙여 넣는다면 정말로 SF스러운 속편을 꾸밀 수도 있지 않을까?

물론 과학이라는 것이 제대로 성립되기도 전인 15세기에 나온 소설에 SF 요소가 얼마나 있느냐를 따져 본다는 것은 좀 무리한 생각이기는 하다. 그렇지만 의외로 우리 전통 속에서도 SF스러운 생각이나 소재를 찾아보기 어렵지 않다. 그러니 충분히 언급할 만하다고 나는 믿고 있다.

한국 최초의 SF 영화

이렇게 살펴보면 한국 SF 영화도 꽤 오래전부터 그 유행이나 흐름을 따라가 볼 수 있다. 한국 최초의 소설과 마찬가지로 한국 최초의 SF 영화가 무엇이냐를 따지는 것도 조금은 고민스러운 문제이다. 꽤 고전적인 소재를 다룬 「투명 인간」 같은 영화를 최초의 한국 SF 영화로 꼽아 볼 수도 있을 것이고, TV로 시도된 단막극 형식의 영상에서 미래의 변화된 사회를 다루었다면 그런 사례를 중요하게 볼 수도 있을 것이다. 그렇지만 SF 영화로서 관객들 사이에서 상업적으로 크게 성공을 거둔 영화가 과연 무엇이었냐고 한다면 이 영화를 빼놓기는 어려울 것이다. 바로 1967년에 개봉된「대괴수 용가리」와「우주괴인 왕마귀」이다.

「대괴수 용가리」는 중심 내용만 보면 SF 요소가 풍부하지는 않다. 용가리라고 하는 거대한 공룡 모습의 괴물이 나타나 서울을 부수고 다니는데, 용감한 한국의 과학자와 군인 들 그리고 간간이 등장하는 어린이가 힘을 합해서 난리를 수습한다는 이야기이다. 용가리라는 이름에도 용이 들어가거니와 그냥 신화 속의 이상한 괴물이 서울에 갑자기 나타났다는 식으로 생각하면 딱히 SF스러운 내용이 끼어들지 않아도 이야기의 틀이 주어진다.

그런 이야기 속에 꽤히 조금씩 SF 요소가 들어가 있다. 지금은 할아버지 역할의 원로 배우로 유명한 이순재 씨가 젊은 시절 우주 비행사로 출연해서 우주, 로켓, 우주선과 연결되어 있는 것으로 나오기도 하고, 용가리를 저지하거나 공격하기 위해 이런저런 과학적인 원리라고 주장하는 것들을 제안하는 장면이 들어가 있기도 하다.

어찌 보면 이런 내용이 잔뜩 들어간 것은 1969년 달 착륙을 앞두고 절정으로 치닫고 있던 미국과 소련 사이 우주 경쟁의 영향인지도 모른다. 지금도 멋들어진 대형 액션 블록버스터는 신기한 첨단 기술을 소재로 하는 편이다. 그러니 1960년대 후반에는 우주, 과학, 미래 같은 소재가 영화 속에 유독 자주 나와야 어울리는 느낌이었을 것이다. 예를 들어, 할리우드의 주류 액션 흥행

대작이라고 할 수 있는 〈007〉 시리즈 역시 1967년 작「007 두 번 산다You Only Live Twice」에서 우주에 다른 우주선을 납치하려는 목적으로 날아다니는 거대한 우주선이 있다는 점을 중요한 소재로 등장시켰다.

같은 해에 나온「우주괴인 왕마귀」는 한 걸음 더 나아가서 아예 본격적인 SF 영화로 내용을 꾸몄다. 거대한 괴물이 서울 시내에 나타나 난동을 부린다는 줄거리는「대괴수 용가리」와 동일하다. 하지만 이번에는 아예 중심 사연 자체가 외계인의 지구 침공이다. SF 영화라고 하면 가장 쉽게 떠올릴 수 있을 만한 주제를 대놓고 펼쳤다는 이야기이다.

SF는 어린이용?

「우주괴인 왕마귀」에서는 지구를 침공하려고 우주에서 온 외계인들이 서울을 공격하기 위해 거대한 괴물을 내보낸다. 그리고 바로 이 괴물과 대한민국 국군이 대결을 벌이고, 거기에 지나가던 아주 가난한 어린이가 결정적인 도움을 준다.「전국 노래자랑」의 사회자로 유명한 송해 선생이 젊은 시절 이 영화에 등장해서 괴물의 난동으로 겁을 먹고 갈팡질팡하는 시민의 모습을 연기하기도 했다.

「대괴수 용가리」는 굉장한 인기를 끌었고,「우주괴인 왕마귀」는 그 정도는 아니었다. 하지만 지금까지 남아 있는 자료가 비교적 풍부한 것을 보면「우주괴인 왕마귀」역시 결과는 크게 나쁘지 않았던 것 같다. 다시 말해서, 흔히 한국 영화의 전성기라고 하는 1960년대에는 그 분위기를 타고 SF 영화도 제작이 되었으며, 그중에 흥행에 성공한 영화들도 나왔다고 정리해 볼 수 있다.

지금 돌아보면, 이런 성공이 한국 영화판에서 SF를 보는 시각을 조금 비틀어 놓기도 했다는 생각이 든다.「대괴수 용가리」는 사실 일본에서 〈고지라(ゴジラ)〉 시리즈가 유행하는 것을 보고 그 모방으로 탄생한 영화이다. 실제로 〈고지라〉 시리즈의 영향으로 탄생한 일본의 또 다른 괴물 영화 시리즈인 〈가메라(ガメラ)〉 제작진이 한국으로 건너와서「대괴수 용가리」의 특수 효과를 맡기도 했다. 1965년에 한국과 일본의 국교가 정상화되면서 다시 일본과 교류가 활발해질 수 있는 계기가 열렸는데, 아마 그 때문에 일본 기술진에게 특수 효과 제작을 의뢰하기가 더 수월했을 것이다. 그렇게 본다면, 1960년대 후반 한국 SF 영화의 성공은 1960년대 중반 한일 국교 정상화의 영향이라고 설명해 볼 수도 있겠다.

1960년대 후반「대괴수 용가리」와「우주괴인 왕마귀」는 〈고지라〉와 〈가메라〉 시리즈의 영향 때문인지 어린이와 가족 단위 관객들에게 먼저 눈길을 끌 만한 영화로 제작되었다. 〈고지라〉 시리즈는 1950년대에 처음 시작될 때만 해도 괴물의 무서운 위력을 강조하는 공포물 느낌이 가미되어 있었고 화려한 볼거리를 강조하는 데 초점을 맞추었다. 그러다 1960년대에 들어 속편이 나오면서 어린이들이 즐기기에 좋은 영화로 방향을 바꾸어 성공을 이어 가게 되었다. 「대괴수 용가리」에 큰 영향을 끼친 일본의 〈가메라〉 시리즈는 아예 〈가메라는 어린이들의 친구〉라고 광고를 하던 영화이다.

아마도 그런 흐름 때문에 한국의 SF물은 한동안 어린이들을 위한 즐길 거리로 굳어졌던 것 같다. 세계 어느 나라를 가든 어린이들이 SF물을 좋아하는 경향을 찾아볼 수 있지만, SF 문화가 다양하게 발달하지 않았던 한국에서 대뜸 어린이 영화, 가족 영화로 먼저 큰 성공을 거두다 보니 SF는 어린이용이라는 생각이 너무 쉽게 굳어져 버린 것은 아닐까? 마침 SF물이 간간이 시도되고 있던 만화 분야에서도 어린이 대상 만화가 중심이었으니, 이런 경향은 금세 당연한 것처럼 뿌리내리게 되었을 것이다.

1970년대를 지나는 동안 〈SF는 어린이용〉이라는 인식은 깊어졌다. 더 심하게 말하자면 〈SF는 애들이나 보는 유치한 것〉이라는 생각이 아예 굳건히 자리 잡아 버린 것 같다. 1990년대 무렵 한국 SF 팬들은 〈SF는 유치한 것〉이라는 인식을 진절머리 나게 싫어했는데, 그런 생각이 한국에서 굳어진 시기가 아마 1970년대 무렵이었을 것이다. 아닌 게 아니라, 실제로 이 시기에 큰 성공을 거두며 많은 영향을 끼친 한국 SF물들은 대개 어린이용이었다. 애니메이션 영화인 「로보트 태권 V」가 〈마징가〉 시리즈가 불을 붙인 로봇 애니메이션 열풍을 타고 크게 성공을 거두었고, 그러면서 다양한 로봇 이야기들이 굉장한 인기를 끌었다. 영화 자체가 인기였을 뿐만 아니라 영화에 등장한 로봇 모양의 장난감도 산업계에서 큰 수입원이 되었다. 당연히 한국의 제작사들 사이에서 SF는 어린이에게 어울리는 이야기라는 시각이 그만큼 더 굳건해졌을 것이다.

이런 생각은 1980년대에도 거의 그대로 이어졌다. 그리고 그런 인식의 절정 무렵에 나온 영화가 바로 1986년 작 「외계에서 온 우뢰매」이다.

한국 SF의 유산

나는 「외계에서 온 우뢰매」가 1967년 이후 이어진 한국의 어린이용 SF 영화가 쌓아 온 유산을 거의 통째로 품고 있는 영화라고 생각한다. 외계인이 지구를 침공하려고 한다는 본격적인 SF 소재를 다루면서 어린이들이 중요한 등장인물이며, 한편으로는 로봇이 등장하는 애니메이션이 중요한 장면마다 삽입되어 있는 영화이기도 하다.

일본에서는 1966년 〈울트라맨(ウルトラマン)〉 시리즈의 성공을 시작으로 하여, 거대한 괴물이나 미래의 신기한 장비가 등장하는 영상을 특수 촬영으로 찍은 어린이용 TV 시리즈나 영화 같은 것들이 꾸준히 이어졌다. 이런 영화들을 일본에서는 특수 촬영물, 곧 특촬물이라고 부른다. 1980년대에는 「플래시맨(フラッシュマン)」 같은 TV용 특수 촬영물들이 큰 인기를 얻었다. 이런 이야기들 속에서 초능력을 사용할 수 있는 특수한 용사들이 평소에는 보통 사람들과 섞여 살다가 외계인 침입자와 맞서기 위해 로봇을 타고 싸운다는 줄거리가 정착되기도 했다. 이렇게 보면 「외계에서 온 우뢰매」는 일본 로봇 애니메이션의 유행에 따른 한국의 어린이용 로봇 애니메이션 바람과 당시 일본에서 유행이었던 특수 촬영 기법이 겹쳐진 영화라는 생각도 든다.

「외계에서 온 우뢰매」는 전반적인 겉모습에서 신선한 시도나 굉장한 독창성이 느껴진다고 할 수준은 아니다. 영화의 중심 소재라고 할 수 있는 〈우뢰매〉 로봇은 일본 애니메이션에 나오는 로봇 〈봉뢰응〉을 모방해서 꾸민 것이고, 주인공 에스퍼맨과 데일리가 입고 있는 옷의 모양이나 초능력을 사용하는 동작의 표현도 깔끔하게 꾸며져 있다고 말하기는 어렵다. 기술적인 면에서도 아름다운 모습으로 그려 낸 애니메이션 영화와는 거리가 있다고 본다. 특수 촬영으로 표현하기 어려운 내용은 애니메이션으로 표현하고, 애니메이션으로 일일이 그리기에 제작비가 많이 드는 장면은 그냥 배우들을 데려다 놓고 찍어서 어색하더라도 둘을 과격하게 합쳐 버린 결과가 「외계에서 온 우뢰매」였다고 해야 할지도 모른다.

그래도 「외계에서 온 우뢰매」가 흥행에 크게 성공하기는 했다. 그렇다 보니 영화 평론가들은 그 결정적인 이유를 영화 내용에서 찾기보다는 당시 인기를 얻고 있던 코미디언 심형래 씨를 주인공으로 출연시켰기 때문이라고 이야기한다.

당시의 열광이 사그라든 시점에 다시 「외계에서 온 우뢰매」를 본다면 어떤 느낌일까? 한편으로 요즘은 한국에는 어린이용 SF 뿐이라는 인식에 대한 불만도 그럭저럭 사그라든 시대이다. 그러니 요즘 다시 「외계에서 온 우뢰매」를 보면 다른 느낌이 들지 않을까?

그렇게 이 영화를 보면, 영화의 본 내용 이외에 스쳐 지나가던 이야깃거리들 중에 눈에 뜨이는 점들이 있다. 물론 어린이용 영화는 좀 유치하고 투박하게 만들어도 어린이 관객들이 잘 눈치채지 못할 것이라고 생각하던 과거의 관습이 그대로 드러나는 것은 사실이다. 영화의 소재와 구성, 겉모습과 내용에서 긴 시간 이어진 일본 애니메이션, 일본 특수 촬영물의 영향도 그대로 눈에 보인다. 그렇지만 그런 영화였다는 것은 이미 알고 있다. 그것 말고 자잘한 재밋거리들이 눈에 들어온다는 이야기이다.

씨멘과 마인드 업로딩

이 영화에는 〈씨멘〉이라는 중요한 등장인물이 나온다. 등장인물이라고 말하기가 조금 애매한 것이 영화 속에서 씨멘은 대부분 살아 있는 사람이 아니다. 씨멘의 기억과 생각을 모두 컴퓨터에 입력시켜 두고, 컴퓨터가 씨멘이 할 만한 생각과 말을 계산해서 보여 주는 프로그램이 이 영화 속의 씨멘이다.

이런 소재는 인공 지능과 컴퓨터 기술이 발달한 지금은 〈마인드 업로딩mind uploading〉 또는 〈마음 업로딩〉이라는 이름으로 비교적 잘 알려져 있다. 사람의 뇌세포 하나하나가 하는 동작을 그대로 따라 할 수 있는 컴퓨터 프로그램을 만들어 낸다면, 사람의 뇌세포 하나하나를 측정해서 컴퓨터 프로그램이 그대로 따라 하게 할 수 있을 것이다. 이때 사람의 뇌 속에 뇌세포가 8백억 개 있다고 치자. 만약 그런 컴퓨터 프로그램 8백억 개를 동시에 실행시키면, 그 컴퓨터는 사람의 뇌가 생각하는 것처럼 생각하지 않을까? 그렇다면 내 머릿속 뇌세포들의 상태를 모두 측정한 뒤 컴퓨터가 그것을 그대로 따라 하게 하면, 그 컴퓨터는 지금 내 뇌가 하는 동작을 그대로 따라 할 것이다. 그러면 그 컴퓨터는 나처럼 생각하고 나처럼 말하고 내가 지닌 기억을 모두 갖게 될지도 모른다. 내 정신 활동도 모두 따라 할 수 있지 않을까?

그렇다면 그 컴퓨터만 천년만년 유지할 수 있다면, 나처럼 말하고 생각하고 내 느낌을 그대로 보여 주는 프로그램을 천년만년 유지할 수도 있다. 한편으로 그 컴퓨터는 자신을 나라고 생각하고 느끼고 고민할 것이다. 그러면서도 그것은 어디까지나 컴퓨터 프로그램이므로 다른 곳으로 전송할 수도 있고, 복사해서 똑같은 것을 만들 수도 있다.

컴퓨터와 인공 지능의 발전 속도가 워낙 빠르다 보니 몇십 년이 지나지 않아 기술 발달에 〈특이점 singularity〉이라는 순간이 찾아올 것이다. 그리고 나면 누구나 자신의 정신을 이런 식으로 컴퓨터 프로그램으로 만들어서 인터넷에 그대로 업로드할 수 있는 시대가 올 거라는 이야기가 요즘은 꽤 유행하고 있다. 이런 이야기를 좋아하는 사람들은 만약 그런 시대가 찾아온다면 육신이 늙어서 사라진 후에도 자신의 정신과 꼭 같이 작동하는 정신적인 쌍둥이 프로그램을 남겨서 그 프로그램이 영원히 컴퓨터 속에서 살아가며 우주 곳곳으로 전송되기도 하고 컴퓨터의 힘으로 끝없이 지능을 늘려 갈 거라고 상상하기도 한다.

바로 그런 소재가 거의 그대로 「외계에서 온 우뢰매」에 담겨 있다. 물론 「외계에서 온 우뢰매」가 그런 소재를 처음으로 제안한 것도 아니고, 그런 이야기가 불러오는 갈등과 고민을 줄거리의 중심으로 진지하게 활용한 것도 아니다. 그러나 여기저기에서 영향을 받은 어린이용 SF가 몇십 년간 쌓여 오다 보니, 결국이런 진지한 소재를 슬며시 다루고 넘어가는 사례가 나오게 되었다는 점에는 주목할 필요가 있다고 생각한다.

그와 비슷한 방식으로 「외계에서 온 우뢰매」에는 의외로 제법 깊이 있는 과학의 소재들이 무심히 넘어갈 만한 순간에 잠깐잠깐 등장한다. 예를 들어, 이 영화 속의 주인공 형래는 평범한 모습에서 초능력 영웅 에스퍼맨으로 변신할 수 있다. 그런데 그 변신하는 장면을 누군가가 보고 있으면 변신을 할 수 없다는 이야기가 나온다. 영화를 보다 보면, 심지어 강아지 한 마리가 지켜보고 있어도 변신은 불가능하다. 이런 내용은 어떤 대상을 본다는 행위가 그 대상의 존재와 연결되어 있다는 물리학의 〈양자 이론 quantum theory〉을 설명하는 우화로 손색이 없다. 만약 영화에서 형래를 보는 동물이 강아지가 아니라 고양이였다면, 학자들은 정말로 그 장면이 〈슈뢰딩거의 고양이〉로 상징되는 양자 이론의 심오함을 설파하는 장면이라고 해석했을 것이다.

한국 영화 데이터베이스에서 자료를 찾아보면, 이 영화의 각본을 맡은 분은 채동근 작가이다. 이분의 대표작이 〈우뢰매〉 시리즈이다. 나는 시간이 더 지나가 버리기 전에 그분으로부터 어떤 식으로 영화 줄거리를 만들었고 어디에서 영향을 받아 여러 가지 소재를 채워 넣은 것인지, 어떤 기대로 각본을 썼고 사람들의 반응을 보고 어떤 기분이 드셨는지 좀 더 상세한 설명을 듣고 싶다.

지금처럼 한국에서 SF가 주목을 받기 전에도 이렇게 저렇게 이어져 온 시기가 있었던 것은 사실이다. 그러니 더 잊혀 흩어지기 전에 그때의 유산이 우리에게 어떤 식으로 남아 있는지 돌아볼 수 있어야 하지 않을까? 나는 그렇게 SF가 이어져 온 과거를 돌아보면 앞으로 미래의 SF, 나아가 미래의 문화를 만들어 나가는 데도 교훈을 얻을 수 있을 거라고 생각한다.

한국 SF의 과거

「금오신화」

15세기에 김시습이 쓴 우리나라 최초의 소설이다. 「남염부주지」, 「만복사저포기」, 「이생규장전」, 「용궁부연록」, 「취유부벽정기」의 다섯 편이 남아 있는데, 판타지물로 보기에 무리가 없을 만큼 환상적인 요소가 강한 이야기들이다.

「대괴수 용가리」와 「우주괴인 왕마귀」

한국에서 상업적인 성공을 거둔 최초의 SF 영화들이다. 1967년에 나란히 개봉했으며, 거대한 괴물이 서울 시내에 나타나 난동을 부린다는 중심 내용은 같다. 1960년대 일본 영화인 〈고지라〉와 〈가메라〉의 영향으로 어린이와 가족 단위 관객에게 눈길을 끌 만한 영화로 제작되었다.

〈로보트 태권 V〉

김청기 감독이 1976~1990년까지 제작한 SF 로봇 애니메이션 시리즈이다. 일본의 〈마징가〉 시리즈의 영향을 받았으나 태권도라는 독특한 소재를 사용했다. SF는 어린이에게 어울리는 이야기라는 시각을 공고히 하며, 영화에 등장한 로봇 모양의 장난감이 어린이들 사이에서 큰 인기를 누렸다.

「외계에서 온 우뢰매」

1986년 작으로 한국의 어린이용 SF 영화가 쌓아 온 유산을 담고 있다. 외계인이 지구를 침공하려고 한다는 내용을 다루면서, 한편으로는 로봇이 등장하는 애니메이션이 주요 장면마다 삽입되어 있다. 오늘날의 마인드 업로딩 기술이나 물리학의 양자 이론을 떠올리게 하는 과학의 소재들이 곳곳에 등장한다.

4장. SF와 사회

그래비티
Gravity
2013

기술 발전의 속도

영화 「그래비티」를 SF로 볼 수 있을까? 우주에서 벌어지는 모험을 다룬 영화이고 우주에서 생겨나는 과학 기술을 중심 소재로 삼고 있으니, 이 영화에서 SF 느낌이 물씬 나기는 한다. 그렇지만 어떤 사람들은 이 영화를 SF로 분류하는 것을 주저한다. 이 영화는 미래를 배경으로 하는 것이 아니라 현재에 이루어지고 있는 우주 작업을 배경으로 한다. 놀라운 미래 기술을 소재로 하기보다는 현재 이미 개발되어 활용되고 있는 첨단 기술을 주요 소재로 삼는다. 그러니 첨단 기술 소재의 영화라고는 할 수 있겠지만 SF라고 하기는 어려운 것 아닐까? 이런 주장은 일리 있게 들린다.

그런데 따지고 보면 꼭 미래를 배경으로 하는 이야기만 SF인 것은 아니다. 외계인이 지구를 침공하는 이야기들은 현재의 지구가 공격받는 이야기이다. 그러므로 배경이 미래라고 할 수는 없다. 그렇지만 그런 이야기들을 SF로 분류하지 않는 사람은 거의 없다.

게다가 「그래비티」가 철저하게 현재 기술만을 소재로 한 영화인 것은 아니다. 「그래비티」에는 우주 왕복선space shuttle이 나오지만, 실제로 우주 왕복선은 실용적이지 못하다는 판단에 따라 더 이상 사용되고 있지 않다. 그러므로 이 영화의 배경은 실용적으로 개량된 우주 왕복선을 다시 사용할 수 있게 된 미래라고 하는 편이 옳다. 또한 영화 초반부의 주요 사건인 우주 쓰레기 때문에 생긴 재난도 실제로 사람들이 겪어 본 사건은 아니며, 영화 같은 모습으로 벌어진다고 장담할 수도 없다. 그러므로 이 역시 〈미래에 이런 일이 생긴다면 어떻게 될까〉라고 가정했다고 보는 편이 더 합당할 것이다.

이런저런 이유로 나는 「그래비티」를 SF로 분류하는 것이 잘못되었다고는 생각하지 않는다.

SF로 볼 수 있을까?

그리고 보면 첨단 기술을 다루는 영화 중에 SF로 볼 수 있을지 애매한 것들이 있다. 예를 들어, 〈007〉 시리즈에는 아주 작은 크기인데 건물을 폭파할 수 있는 최첨단 초고성능 폭탄이라든가, 변신하는 자동차 같은 미래의 기계들이 흔히 소재로 나온다. 그렇다고 해서 〈007〉 시리즈를 SF로 분류하자면 어색할 때가 있는 것도 사실이다. 그래서 SF스러운 내용이 나오기는 하지만 그저 SF라고 하기는 좀 그런 영화들을 두고 〈테크노스릴러technothriller〉라는 식의 새로운 분류를 갖다 붙이기도 한다.

한편으로는 아예 훌쩍 먼 미래의 생활상을 다루는 이야기라면 무엇이건 SF라고 불러도 된다는 생각도 퍼져 있는 편이다. 특별히 과학 기술에 관한 소재가 강조되지 않지만 「화씨 451 Fahrenheit 451」 같은 영화는 책이 금지된 미래의 어느 시대를 다루고 있기 때문에 대부분의 사람들이 SF로 분류하는 편이다.

그런데 영화라는 매체가 개발된 지 백 년이 훌쩍 넘어가는 요즘, SF 영화와 미래의 관계를 살펴보면 이상한 점이 눈에 뜨인다. 영화는 한번 나오면 그대로 있지만 우리가 사는 시간은 계속해서 흐른다. 그렇기 때문에 한때 미래를 그린 SF 영화가 시간이 흐르면서 점차 과거를 다룬 이야기로 변해 가는 일이 벌어질 수밖에 없다.

1989년 KBS에서 방영된 「2020년 우주의 원더키디」는 제목으로 보아 이야기 속 시대 배경을 2020년 무렵이라고 봐야 할 것이다. 이 애니메이션은 한 무리의 우주 비행사들이 우주 저편 이상한 곳에서 실종되는데, 그 사람들을 찾으려고 출동한 탐색대에 실종된 사람의 아들이 숨어들어 가게 되는 것으로 시작한다. 실종 장소에 도착해 보니 괴상한 외계 문명이 펼쳐져 있고 그 사람들이 이런저런 이유로 아웅다웅하고 있기에 주인공 일행도 휘말려 모험을 겪는다는 내용으로 이어진다.

1989년에 제작된 이 애니메이션에서 상상한 2020년은 하늘을 날아다니는 모터사이클이 있고, 우주 먼 곳으로 유인 탐사선이 종종 날아가고, 인공 지능 로봇이 사람의 친구 행세를 하면서 돌아다니고, 사람들은 휴대용 무기로 광선총을 사용하는 시대이다. 실제로 이 중에 현실이 된 것은 아무것도 없다. 그나마 인공 지능 로봇 정도는 억지로 만든다면 이야기 속에 나오는 것과 비슷하게 흉내는 낼 수 있을 것 같다. 그런데 이 애니메이션 속의 로봇은 여차하면 변신해서 사람을 태우고 공중 부양하여 날아갈 수 있다. 이런 기능은 도저히 따라잡기 어렵다.

제목에 나오는 〈우주〉 관련 기술은 더욱 격차가 크다. 애니메이션 내용을 보면, 아무래도 모험이 벌어지는 장소는 태양계에서 아주 멀리 떨어진 지구와 비슷한 행성인 것 같다. 그런데 태양계 바깥에 있는 별 중에서 지구와 가장 가까운 별이라고 해도 40조 킬로미터 정도 떨어져 있다. 이런 곳까지 사람을 보내기는커녕 아직까지 카메라 한 대, 돌멩이 하나 보내 본 적이 없다. 「2020년 우주의 원더키디」에 나오는 것처럼 며칠, 아니 몇 달 사이에 그 거리를 갈 수 있는 장비는 전혀 개발되어 있지 않다. 개발은커녕 도대체 무슨 이론과 기술을 사용해야 얼추 비슷한 것이라도 만들 수 있을지, 상상 속의 이론으로도 제대로 된 구상이 나오지 않는다.

적당히 양보해서, 이야기 속에 나오는 우주 저편 외계 문명이 태양계 안에 있다고 해보자. 화성의 일부 지역에서는 세균 같은 생명체는 적어도 잠깐은 살 수 있다고 하니, 어찌어찌하면 화성이나 금성 혹은 목성의 위성인 유로파 같은 곳에는 뭔가 생물이 살고 있을 수도 있지 않느냐는 정도의 이야기는 꺼내 볼 만하다. 대충 그럴 수도 있지 않겠느냐고 치고 「2020년 우주의 원더키디」의 무대가 태양계 안쪽에 있는 어느 행성이라고 가정해 보자.

거기까지 갈 수가 없다

그렇지만 2020년에는 목성은커녕 지구에서 가장 가까운 축에 속하는 화성이나 금성에도 가보지 못했다. 그나마 화성에 〈로버 rover〉라고 부르는 로봇 몇 대를 착륙시켜서 원격 조종으로 움직이고 있을 뿐이고, 금성에 착륙시킨 원격 조종 탐사선은 3시간도 버티지 못하고 고장 나버렸다. 그래도 그 정도만으로도 다들 굉장한 성과라고 생각했다. 목성 근처에는 아예 아무것도 착륙시켜 본 적이 없다.

좀 더 양보해서, 이야기 속에 나오는 우주 모험의 배경이 더욱 가까운 지구 근처의 우주 어디인가라고 해보자. 예를 들어, 어딘가에서 떠돌아다니던 소행성이나 혜성 같은 것이 지구에 흘러들었는데 그게 마침 달 근처까지 왔다고 해보자. 「2020년 우주의 원더키디」가 방영되던 1989년 시점에서 20년 전인 1969년에 사람이 달에 가본 적은 있었으니, 달 근처까지 뭔가가 나타났다면 이론적으로는 사람들이 거기에 가볼 수 있을 것이다. 그러니 마침 그런 곳에 외계인들이 찾아와서 지구 근처 가까운 곳에서 만나 모험을 하는 이야기가 「2020년 우주의 원더키디」라고 해보자.

그렇다고 해도 실제 2020년의 사람들은 「2020년 우주의 원더키디」에 묘사된 우주 기술을 따라잡지 못했다. 애초에 먼 곳이건 가까운 곳이건, 사람들을 그렇게 많이 태우고 날아갈 수 있는 우주선 자체가 없다.

현재 사람이 우주에 나갈 때 가장 널리, 가장 자주 사용되고 있는 것은 러시아의 〈소유즈Союз〉 우주선이다. 한국의 이소연 박사도 우주 정거장에 실험을 하러 갔을 때 바로 소유즈 우주선을 타고 갔다. 그런데 소유즈 우주선은 3인승이다. 그것도 매우 비좁아서 이소연 박사의 표현을 빌리면 사람 셋이 어깨가 서로 닿는다는 느낌으로 가깝게 붙어 앉아야 한다. 그나마 애초에 소유즈 우주선은 달 근처까지 갈 수도 없다. 지구에 가깝게 붙어 도는 인공위성 정도의 거리에 가는 것이 주목적인 우주선에 불과하다.

그런데 「2020년 우주의 원더키디」에 나오는 우주선에는 사람보다 몸무게가 무거울 것이 뻔한 로봇을 포함해 여섯 명이나 되는 사람들이 타고 있다. 그러고도 각자 앉아 있는 자리 외에 댄스 파티라도 할 수 있을 만큼 널찍한 공간이 있다.

그러니 2020년의 기술로는 머나먼 태양계 바깥의 외계 행성을 탐사하기는커녕 여섯 사람의 대원이 잠깐이라도 우주로 나갈 방법 자체가 없다. 그나마 2010년대 초까지 사용되던 미국의 우주 왕복선 방식 우주선은 일곱 명의 사람을 태울 수 있고 화물을 실을 공간도 넉넉한 편이기는 했지만, 운이 없으면 우주선 겉면이 벗겨져 나가며 파손되는 고질적인 문제가 있었다. 이 때문에 사고가 나기도 했고, 사고를 예방하기 위한 점검에 비용이 너무 많이 들기도 했다. 그 때문에 2011년을 마지막으로 우주 왕복선은 사용이 중단되었다. 그 후 10년이 넘도록 다섯 명 이상이 탈 수 있는 우주선은 아직 나오지 않은 상태이다.

이렇게 과거 SF물 속에서 내다보던 미래의 기술 발전 속도가 실제보다 지나치게 빠른 경우는 흔하다.

기술 발전 속도를 빠르게 보는 이유

〈터미네이터〉 시리즈에서는 1990년대 말에 인공 지능 컴퓨터가 사람들을 향해 반란을 일으켜 세계를 쑥대밭으로 만든다. 하지만 실제로는 그로부터 인공 지능 기술이 대단히 빠르게 발전하고 있다는 2020년대 초에도 〈터미네이터〉에 나오는 인공 지능 로봇과 비슷한 것을 만들기는 쉽지 않아 보인다. 「2001: 스페이스 오디세이2001: A Space Odyssey」에는 2001년 시점에 거대한 우주 정거장이 만들어져 있고 사람을 태운 우주선이 목성을 향해 날아가는 장면이 나온다. 하지만 그 후 20년이 지나도록 목성을 향해 가는 일은 시도조차 못 하고 있다. 「바이센테니얼 맨Bicentennial Man」

에는 2005년에 집안일을 도와주며 말동무도 되어 주는 로봇이 가정용으로 사용되는 장면이 나오는데, 2020년에도 일반 가정에서 쓸 만한 로봇이라고는 로봇 청소기 정도이다. 「코드명 J Johnny Mnemonic」에는 2021년에 인간의 뇌를 컴퓨터용 자료 저장 장치처럼 사용하는 모습이 나오고, 「프리잭Freejack」에는 2009년에 시간 여행 기술을 사용하는 모습이 나오지만, 역시 아직까지는 먼 미래의 기술일 뿐이다.

나는 이렇게 SF에서 기술 발전 속도를 지나치게 빠르게 보는 데는 예술적인 이유와 기술적인 이유가 있다고 생각한다.

예술적인 이유로는 가까운 미래에 이런 놀라운 일이 일어날 거라고 해야 이야기가 더 와닿기 때문이다. 천 년 후에 이런저런 일이 펼쳐진다고 해봐야 관객들에게 〈정말 저런 일이 일어날 수 있겠다〉라는 느낌이 들게 하기란 쉽지 않다. 그렇지만 20년 후에는 세상이 로봇의 지배를 받고 있을 거라고 하면 〈혹시나?〉 하는 생각이 들게 하기에 좋다.

게다가 이야기를 만드는 입장에서도 너무 먼 미래를 짐작하는 것은 세부 사항을 모두 따지는 데 힘이 들기 마련이다. 천 년 후의 미래를 배경으로 이야기를 만든다면, 한국이라는 나라가 이대로 있을지, 한국어라는 언어가 어디에서 통용되고 있을지를 짐작하기도 어렵다. 천 년 전의 과거는 고려 시대였는데, 그동안 고려가 망하고 고려를 멸망시킨 조선이 다시 망하고 그 조선을 멸망시킨 일제가 다시 패망하는 일이 벌어졌다. 그러는 동안 온 갖 풍습이 바뀌었고, 국경이나 정치 체제도 여러 차례 완전히 바뀌었다. 그러니 앞으로 천 년 후의 미래가 어떻게 바뀔지 하나하나 따지는 것은 너무 어렵다. 천 년 후라면 사람이 천으로 만든 옷을 입고 다닐지, 아니면 전혀 다른 이상한 것을 걸치고 다닐지 조차도 장담하기 어려울 정도로 많은 것이 바뀔 미래이다.

그러므로 SF 제작진 입장에서는 대략 30년 후를 예상해서 문화는 그럭저럭 비슷하지만 컴퓨터 기술만 굉장히 발전한 미래라든가, 우주 여행 기술만 성큼 발전한 미래를 상상하는 편이 훨씬 쉽다. 그래야 지금과 크게 다르지 않은 상황에서 공감할 만한 주인공들을 보여 줄 수 있다. 그렇게 해야 관객이 이해할 수 있는 주인공이 나와서 울고 웃고 기뻐하고 화내는 모습을 보여 줄 수 있다. 또 그래야 그사이에 나오는 로봇이나 우주선 같은 소재가 더 신기하고 생생하게 느껴질 것이다.

무어의 법칙

SF에서 기술 발전 속도를 너무 빠르게 보는 기술적인 이유로는 기술 발전의 추세가 계속 이어질 것이라고 판단하는 경우가 많기 때문이다.

1980~1990년대에 유행하던 말 중에 〈무어의 법칙Moore's law〉이라는 것이 있었다. 그 내용은 반도체 칩에 집어넣을 수 있는 트

랜지스터 부품의 양이 24개월마다 두 배로 증가하는 것 같다는 추측이다. 그러니까 1980년에 반도체 칩 하나에 트랜지스터 백 개를 연결한 회로를 꾸밀 수 있었다면, 1983년에는 칩 하나에 트랜지스터 2백 개, 1985년에는 4백 개를 연결한 회로를 꾸밀 수 있다는 이야기이다. 이 추세대로라면 1995년에는 칩 하나에 트랜지스터 1만 개가 들어가고, 2001년에는 10만 개가 들어간다는 계산이 나온다. 반도체 기술이 그만큼 빨리 발전한다는 이야기인데, 실제로 방금 이야기한 예시보다도 훨씬 더 월등한 성능의 반도체들이 생산되었다.

그러니 이런 추세대로라면 얼마 되지 않아 상상할 수도 없을 정도로 어마어마하게 성능이 뛰어난 반도체 칩이 제조될 것이라고 예상하는 사람도 있을 것이다. 그렇다면 컴퓨터의 성능도 아주 빠르게 좋아질 것이고, 인공 지능 프로그램도 가파르게 좋아질 거라고 예상할 수 있다. 이런 추세로 발전이 이어진다면 20년 후에는 〈평범한 사람들도 달나라로 소풍을 갈 수 있겠구나〉, 〈하늘을 날아다니는 자동차가 나오겠구나〉, 〈인공 지능 로봇을 사서 집에 하인처럼 두고 살겠구나〉 하는 생각도 나올 만하다. SF 작가뿐만 아니라 학자 중에도 이런 식으로 기술 발전을 예상한 사람이 드물지 않다. 비슷한 맥락에서 2010년대 초중반에는 기술 발전, 특히 컴퓨터와 인공 지능의 발전이 매우 빠르기 때문에 얼마 지나지 않아 기술 발전의 속도를 도저히 가늠할 수 없게 되어 모든 것이 상상을 완전히 초월하는 특이점이 찾아올 거라고 믿는 사람들도 적지 않았다.

그러나 실제 기술 발전의 흐름을 살펴보면 발전 속도의 추세가 그대로 이어지지는 않는다. 기술의 발전은 일정한 시기가 지나면 성숙기에 접어들어 발전 속도가 늦어지게 마련이다. 기술 자체에 발전 한계가 있는 경우도 있고, 기술에 대한 사람들의 관심이 사그라들거나 투자가 줄어들면서 기술 발전의 속도가 떨어지는 경우도 흔하다. 단적으로 2016~2017년 사이 반도체 업계에서는 더 이상 무어의 법칙은 맞지 않는 것 같다는 선언이 나왔다.

광선총과 브라운관

사람이 최초로 인공위성을 발사한 것은 1957년이었는데, 그로부터 12년 후인 1969년에 사람은 달에 착륙할 수 있었다. 조그마한 쇳덩어리를 아주 가까운 우주에 보내는 데 성공하고 나서 12년 만에 사람 셋을 달에 보내고 그중에 둘을 착륙시켰다가 되돌아오게 하는 기술을 개발하는 데 성공했다는 뜻이다. 이런 식으로 계속 기술이 발전한다면, 다시 12년 후인 1981년에는 달에 사람이 두고두고 살면서 지낼 수 있는 마을이 생기고, 다시 12년 후인 1993년에는 사람이 화성에 가는 기술이 개발된다고 해도 크게 이상하지 않을 것 같았다. 이런 추측은 해볼 만했다.

그렇지만 기술 발전의 속도와 추세는 그런 식으로 유지되지 않았다. 1969년에 첫 달 착륙에 성공하자, 우주 개발에 경쟁적으로 막대한 돈을 투자하던 유행은 시들해지고 말았다. 그 전만큼 기술 발전의 속도를 낼 수가 없었다. 게다가 우주선의 움직임을 계산하는 컴퓨터 기술은 빠르게 발전했지만, 먼 곳까지 오래 우주 여행을 할 때 우주에서 쏟아지는 방사선을 어떻게 막을 것인가에 대한 기술은 발전이 더디다는 식의 문제도 있었다. 처음 가파르게 발전하던 때의 속도를 계속 유지하기에는 이런저런 걸림돌들이 나타났던 것이다.

그렇다고 해서 기술이 예전만큼 빠르게 발전하고 있지 않다거나 기술 발전이 한계에 도달했다고 볼 수는 없다. 기술 발전은 끊임없이 이루어지고 있다. 과거 SF 영화 제작진이 생각하던 속도와 방향대로 발전하지 않을 뿐이다.

예를 들어, 우주 개발과 로봇의 반란은 미래를 다루는 SF의 단골 소재였지만, 인터넷이 이런 식으로 발달할지 예측한 SF는 그에 비해 훨씬 드물다. 사람들이 컴퓨터 화면이나 TV 화면을 이렇게 값싸고 얇게 만들어 갖고 다닐 것으로 예상한 영화도 드물다. 「2020년 우주의 원더키디」는 광선총을 든 사람들이 거대한 우주선을 타고 외계로 탐험을 떠나는 내용이지만, 그 우주선에 달린 컴퓨터 화면은 불룩하게 튀어나온 유리로 된 CRT 모니터이다. 옛날 브라운관 방식 TV에서 보던 바로 그 화면이다. 정작 「2020년 우주의 원더키디」를 볼 만한 나이의 어린이들이 실제

2020년에는 뭔지 이해할 수 없을 정도로 옛날 물건이 된 브라운 관이 등장한다는 이야기이다.

스마트폰의 발전이나 스마트폰을 이용한 사업의 발전 방향도 과거 SF 제작진들의 생각을 초월했다. 2020년은 아무리 가난한 사람이라고 하더라도 스마트폰만 있으면 와이파이가 터지는 자리에 앉아서 동영상 사이트에 접속해 베토벤 교향곡 1번부터 9번까지 전체를 무료로 들을 수 있는 시대이다. 하물며 누가 음식 씹어 먹는 소리를 전 세계 사람들에게 중계해 주면서 그것을 마음을 편하게 해주는 ASMR이라고 하면서 큰돈을 벌기도 한다는 것을 상상하기란 거의 불가능에 가까웠을 것이다.

SF물의 예상에 비해서 발전 속도가 떨어졌을 뿐이지 기술 발전이 꾸준히 이루어지고 있는 사례도 무시할 수 없다.

소유즈 우주선을 우주에 보낼 때는 우주선이 우주 공간까지 올라갈 수 있도록 로켓에 실어서 지구에서 발사해 올려 보낸다. 이때 자주 사용하는 로켓의 이름이 〈소유즈 로켓〉인데, 소유즈 로켓은 예전부터 사용하던 로켓을 꾸준히 조금씩 개량한 것이다. 기본 뼈대는 1957년에 처음 인공위성을 우주에 보낼 때 사용한 〈세묘르카 Семёрка 로켓〉과 거의 같은데, 이것을 2020년대인 지금까지도 사용하고 있다. 심지어 로켓 하반부는 겉모습도 1950년대 후반의 세묘르카 로켓과 별달리 차이가 나지 않는다.

그렇지만 기술진은 세묘르카 로켓 기반의 소유즈 로켓을 조금씩 개량하고 개조해서 꾸준히 반복해 사용했다. 그러면서 제작 비용과 발사 비용을 낮추는 방법을 몇십 년 동안 개발해 나갔다. 같은 로켓을 계속 발사하는 경험이 쌓이다 보니 로켓 발사도 점점 더 믿을 만하고 안전하게 발전해 나갔다. 그러다 보니 2020년 시점에는 이 오래된 설계의 소유즈 로켓만큼 사람을 우주에 보낼 때 쓰기에 믿을 만한 로켓도 없다. 2020년까지 소유즈 로켓을 만들어 발사한 횟수도 굉장히 많다. 소유즈 로켓 시리즈는 조금씩 개량이 이루어졌으므로 정확히 따지기는 어렵겠지만, 줄잡아 보면 지금껏 발사한 횟수가 1천5백 번이 넘는다고 한다. 혹시 독자 여러분이 지금 몸담고 계신 학교나 직장에 다닌 지 5년이 안 되었다면, 여러분이 등굣길이나 출근길에 나선 횟수보다 소유즈 로켓이 우주에 가본 횟수가 더 많다.

SF 작가들은 1957년에 세묘르카 로켓으로 가까운 우주에 가보았으니, 1960년대에는 먼 우주에 가고, 1970년대에는 반중력 로켓이 개발되어 싼값에 다들 우주로 갈 수 있게 되고, 1980년대에는 초공간 도약 항법이 개발되어 수십 광년 떨어진 외계 행성에도 가게 될 수 있다는 식으로 생각하곤 했다. 그런 일이 실제로 이루어졌다면 분명히 옛날 SF 작가들의 꿈에 더 가깝기는 할 것이다. 그렇지만 한 시리즈의 로켓이 계속 개량되어 1천5백 번 이상 우주에 갈 수 있을 만큼 믿을 만하게 자리 잡았다는 것도 역시 멋지고 재미있는 기술의 발전이라고 생각한다.

다시 보기를 시작하시겠습니까?

SF가 내다본 기술 발전

「2020년 우주의 원더키디」

이 애니메이션 속의 2020년에는 모터사이클이 하늘을 날아다니고, 우주 먼 곳으로 유인 탐사선이 날아가며, 인공 지능 로봇이 사람의 친구 역할을 한다. 사람들은 휴대용 무기로 광선총을 사용한다.

「바이센테니얼 맨」

2005년에 한 남자가 가족을 위한 선물로 가사 로봇을 구매한다. 이 로봇은 제작과정의 실수로 지능과 호기심을 지니게 된다. 인간의 말동무가 되어 주고 예술적 재능을 발휘하던 로봇은 인간이 되고 싶다는 열망을 품게 된다.

「코드명 J」

2021년을 배경으로 컴퓨터가 인간의 사고와 감정을 대신해 주며 추억까지 소프트웨어로 사고파는 시대상이 그려진다. 인류는 전자 기기가 내뿜는 전자파 때문에 병에 시달린다. 이 과정에서 인간의 뇌를 컴퓨터용 자료 저장 장치로 사용하는 기술이 등장한다.

「프리잭」

카레이서인 주인공이 자동차 사고를 당하는 순간, 2009년으로 시간 여행을 떠나게 된다. 법이 사라진 채 폭력과 빈부 격차가 일상인 시대이다. 부유한 사람들은 자신의 뇌를 컴퓨터에 입력시켜 두었다가 죽은 육신에 다시 입력시키는 방식으로 영원한 삶을 누린다.

화성인 지구 정복

They Live
1988

사회 비판과 SF

2010년대 중반에 한 잡지에서 듀나 작가와 나눈 이메일 인터 뷰를 게재한 적이 있었다. 이 인터뷰는 인터넷에서 꽤 논란이 되 었기에 여러 분야의 사람들 사이에 잠깐이지만 화제가 되었다. 지금도 그렇지만 당시에도 듀나 작가는 한국 SF 최고의 거장으 로 많은 사람들이 인정하는 작가였다. 그렇다 보니 논란이 좀 더 격해지기도 했다. 결국 나중에 그 잡지에서 사과문을 게재하기 도 했고, 아예 김보영 작가를 섭외하여 인터뷰를 한 번 더 하기도 했다.

해당 인터뷰는 세 명의 사람이 서로 다른 분야에 대해 세 건의 인터뷰를 하는 방식이었다. 한 사람은 작가로서의 삶과 인생에 대해, 다른 사람은 SF에 대해, 또 다른 사람은 영화 평론에 대해 주로 묻는 구성이었다. 이 중에 작가로서의 삶과 인생에 대해 인 터뷰한 부분이 특히 논란거리였던 것으로 기억한다. 〈결혼은 했 는가?〉, 〈직장은 다니는가?〉 같은 부류의 질문이 많았고, 그 외 에 〈왜 본명을 숨기고 활동하는가?〉 같은 질문도 있었다. 인터뷰어가 듀나 작가를 향해 〈당신, 사실 나 알지 않나?〉라고 질문한 것도 기억이 난다.

SF에 대한 부분과 영화 평론가로서의 활동에 대한 부분은 그에 비해서는 논란이 덜 되었다. 그런데 SF에 대해 인터뷰한 내용 중에 질문 한 가지가 내 눈에 들어왔다. 대략 〈SF는 사회 비판에 유리한 장르이고 혁명을 이야기하기에 가장 적합한 장르인 것 같다. 어떻게 생각하는가?〉 하는 질문이었다.

듀나 작가는 이 질문에 대해 심드렁하게 대답했다. 일단 혁명을 이야기하기에 가장 적합한 소설이라면, 말 그대로 혁명에 대한 소설 아니겠는가? 프랑스의 혁명을 배경으로 하는 『레 미제라블 Les Misérables』이라든가, 4·19 혁명을 소재로 삼은 한국의 소설들이 혁명의 여러 측면을 이야기하기에 SF보다 더 적합할 것이다. 과거가 아니라 현대를 배경으로 하는 소설이라 하더라도 어느 압제 정부에 대항하여 혁명을 꿈꾸는 사람들을 소재로 삼은 현실적인 소설이 말 그대로 혁명을 다루기에 잘 어울릴 것이다. 혁명을 다루는 소설 그 자체니까. 게다가 SF의 특성을 이야기할 때, SF는 어떤 이야기를 하기에 가장 적합한 것이라고 할 정도로 그 특성을 폭 좁게 말하기란 어렵다. 어느 외계인 행성에 외계인 공주와 왕자가 사는 왕국이 있는데, 지구에 사는 평범한 사람이 찾아가서 혁명을 일으켜 나라를 뒤엎으려고 하는 서사시 같은 것을 생각해 볼 수도 있기는 하다. 그러나 그런 것만 SF인가? 그냥 강력한 로봇을 만들어 이런저런 신나는 모험을 벌인다는 정도의 이야기를 생각해 볼 수도 있다. 그런 것들 역시 SF의 이야기 방식이다. 즉 SF 중에 혁명을 다루는 데 어울릴 만한 이야기가 있기는 하겠지만, 또 혁명과 아무 상관 없는 이야기도 얼마든지 있다. 그중에 한 가지를 두고 그게 SF의 특징을 잘 살렸다고 쉽게 말할 수는 없다.

전체 인터뷰의 분위기가 어째 좀 칙칙하게 흘러가서 그렇지 사실 잘 살펴보면 그 인터뷰를 진행하신 분도 충분히 SF를 좋아하고 잘 아는 분이라고 나는 느꼈다. 그분은 내가 좋아하는 작가님이기도 하다. 그래서 그 질문에 대한 듀나 작가의 설명을 잘 받아들이신 것 같다.

그런데 SF의 폭을 좁게만 본다는 문제를 떼놓고 보면, 거기에 대해서는 좀 더 이야기해 볼 거리가 있다.

SF에 문제가 있었나?

한동안 SF에 대해서 선입견을 갖고 있던 어떤 평론가가 있다고 가정해 보자. 이 평론가는 SF라면 어릴 때 TV 애니메이션에서 본 광선총을 쏘면서 우주를 날아다니며 사악한 은하계의 괴물과 싸우는 활극이 전부라고 생각했다. 그렇다면 이 사람은 SF는 즐거운 오락에 적합하며, 어린이에게 꿈과 희망을 주기에 좋은 이야기라고 생각했을 것이다.

그러다 이 평론가가 어느 날 색다른 SF를 접한다. 어느 대기업이 사람을 모두 로봇으로 대체하는 기술을 개발하는 바람에 수많은 사람들이 실업자가 되고 경제가 무너져 혼란이 일어나는 미래를 진지하게 다룬 내용이다. 평론가는 충격을 받는다. 이렇게 진지한 SF가 있다니. 평론가는 자신이 어릴 때 보았던 SF는 유치한 가짜 SF이고, 진정한 SF는 이렇게 기술의 발전이 사회에 미치는 영향을 비평하는 요소가 있어야 한다고 생각한다. 그게 멋진 고급 SF라고 여기기 시작한다.

얼마 후 이 평론가는 자신이 생각하는 진정한 SF의 기준에 따라 다른 SF들을 평가한다. 그러면서 이런 말을 남긴다. 〈한국 SF는 아직 수준이 낮아서 진정한 SF는 별로 없다.〉 이런 생각이 각기 다른 방향으로 표출되기도 한다. 어떤 사람들은 과학 기술의 놀라운 발전상을 정확하게 소설 속에 담고 있어야 그게 진정한 SF, 고급 SF라고 주장하기도 하고, 어떤 사람들은 과학 기술이나 상상을 소재로 하지만 문학적으로 잘 다듬어져 감수성이 풍부한 단어와 문장이 잘 배치되어 있어야 그게 진정한 SF, 고급 SF라고 목소리를 높이기도 한다.

그런데 잘 살펴보면 그 모든 것이 SF이다. 한국 SF에는 다른 나라 SF에 비해 이러저러한 성격을 잘 살린 SF는 부족하다는 말 정도는 꺼내 볼 수 있겠지만, 어떤 SF는 진정한 SF이고 어떤 SF는 가짜 SF라거나, 어떤 SF는 고급 SF이고 어떤 SF는 저급 SF

라는 이야기는 쉽게 할 수 있는 이야기는 아닌 것 같다. 내가 어릴 적에 우주 괴물과 싸우는 활극 SF만 보다가, 나중에 인간과 세상에 대한 철학적 고민이 넘치는 SF를 접한 후에 충격을 받아서 진정한 SF에는 철학적 고민이 있어야 고급이라고 여기게 되었다고 해보자. 내가 편견에 빠져 있었던 것이 문제이지 SF에 문제가 있었나? 그런 생각 자체가 나 자신이 과거에 빠져 있던 편견과 반대 방향의 편견에 빠진 결과일 수도 있다고 돌아봐야 하지 않겠는가? 오히려 다양한 SF를 널리 접한 사람이라면, SF의 다양한 모습과 재미를 이것저것 즐길 수 있을 거라고 믿는다.

한편으로 돌아보면, 2010년대 후반의 한국 SF에 어느 정도 현실 사회를 비판하는 시각이 도드라지는 추세가 있었던 것도 사실이다. 그렇게 생각해 보면 잡지 인터뷰에서 〈SF가 사회 비판을 하는 데 유리한 장르이지 않은가〉 하는 질문을 던졌던 것도 시류에 어울릴 만한 질문이었다고 생각한다. 현대에 소설을 쓴다면 어떤 장르이든 간에 약간의 사회 비판적인 느낌이 섞여 들기 마련이다. 그런데 그 이상으로 사회의 어떤 문제를 정면으로 공격하기 위해 쓴 소설들이 뚜렷하게 드러나는 흐름이 한동안 한국 SF에 있었던 것 같다.

SF는 상상 속의 세상에 대해 이야기하는 경우가 많다. 그중에서도 미래의 세상을 상상하는 경우가 상당히 많다. 그러니 〈우리 사회가 이런 식으로 흘러가면 나중에는 이렇게 되어 버릴 거야,

큰일 아니야?〉 하는 걱정을 담아 보여 주기에 유리하다. 이런 것은 SF의 특징이라고 볼 수 있을 만하다. 정책에 관한 주장과 논쟁은 미래에 벌어질 나쁜 일들을 예상하며 걱정하기 때문에 그것을 막기 위해 현재에 어떤 조치를 취해야 한다는 형태가 많다. 그렇다면 미래를 무대로 삼는 소설 형식으로 이런 주장을 그대로 표현하면 편리한 점이 있다.

사회 비판에 유리한 장르

예전에 한 신문에서 이대로라면 한미 FTA의 부작용 때문에 우리 모두 경제적으로 굉장히 고통받을 거라고 미래를 상상한 이야기를 실은 적이 있다. 또 다른 신문에서는 이대로라면 북한의 압력에 굴복하여 남한 사람들이 모두 압제에 시달릴 거라고 상상한 이야기를 싣기도 했다. 이런 기사들은 〈우리 신문사가 주장하는 대로 하지 않으면 이렇게 나쁜 일이 생길지 모른다〉라고 주장하기 위해 쓴 단순한 이야기였다. 나는 어쨌든 이 정도만 해도 일종의 SF로 보기에 큰 무리는 없다고 생각한다. 그렇다면 이런 느낌을 잘 살려 가면서 정말로 재미있고 읽기 좋은 SF를 쓸 수도 있을 것이다. 실제로 그런 목적의식을 갖고 SF를 쓰는 작가들도 분명히 있다.

SF는 상상의 세계를 다룰 수 있는 이야기면서 과학 기술의 그럴싸함을 이용한다는 점도 사회 비판에 유리한 특징이라고 나는 생각한다. 현실 세계의 어떤 문제를 과장하거나 부풀린 상태로 이야기 속에 등장시키면서도 조금은 그럴싸해 보이도록 이야기를 풀기가 좋다. 미래에 새로운 기술이 개발되어 이런 일이 일어난다고 해도 좋고, 외계인의 세상은 우리와 비슷하지만 조금 달라서 이런 문제가 있다고 해도 좋다. 그렇게 해서 현실에서 충분히 다가오지 못할 만한 문제를 더 강하고 생생하게 보여 줄 수 있다.

영화 「러닝맨The Running Man」은 미래 시대가 되어 사람이 목숨 걸고 도망치고, 그 도망치는 사람을 사냥하는 장면을 TV로 생중계하는 프로그램이 생겨났다는 것을 보여 준다. 현대의 TV가 시청률을 위해서 자극적인 장면을 얼마나 많이 내보내는지, 사람의 인격을 모독하는 내용을 얼마나 쉽게 볼거리로 팔아먹는지 비판하는 내용이다. 사람의 목숨마저 게임 쇼의 소재로 삼게 되는 과장된 미래를 상상하여 보여 주면서 현실의 TV와 대중 매체를 비판한다. 「여인의 음모Brazil」에서는 주인공의 삶을 좌우하는 거대한 문제가 걸려 있는데, 삭막하고 거대한 건물에 자리 잡은 공무원들이 〈이 양식을 작성해라〉, 〈저 양식을 작성해라〉, 〈이 부서에 찾아가 보라〉, 〈저 부서에 찾아가 보라〉 하면서 서류 처리에만 집착하는 사회상을 보여 준다. 현대 관료제 정부의 답답한 모습을 지적하는 장면으로 받아들일 만하다.

이런 이야기들 속에서 상징적인 소재, 상징적인 장면 들과 비

251

판의 대상이 결합하면, 사회 비판은 좀 더 함축적이고 강렬해질 수 있다. 긴 이야기 속에서 설명하는 것보다 한 장면으로 짧게 느낌을 전달하고 경쾌하게 넘어가면서 지적하고 싶은 문제는 선명히 짚고 넘어갈 수 있다는 이야기이다. 이렇게 하면 영화를 보는 재미는 그대로 유지해 나가면서도 복잡한 감상을 끼워 넣기에 좋다.

외계인들이 우리 사이에 퍼져 있다

대표적으로 꼽을 만한 영화는 〈화성인 지구 정복〉이라는 제목으로 번역되어 나온 1988년 작 「They Live」이다. 〈그들은 살아 있다〉쯤으로 번역될 만한 제목인데, 여기서 그들이란 주인공들이 정체를 폭로하려고 하는 악당 무리를 말한다.

영화 속 주인공은 특수 선글라스를 입수하게 되는데, 이 선글라스를 쓰면 지구인으로 변장하고 있는 외계인들의 본모습을 볼 수 있다. 그래서 주인공이 선글라스를 쓰고 사람들을 쳐다보니, 세상 사람들 중에 성공하고 출세한 사람들의 다수가 해골과 비슷하게 생긴 외계인이었다. 아랫사람들을 괴롭히는 사악한 상급자를 두고 〈피를 빨아먹는다〉, 〈흡혈귀 같다〉라고 비유하곤 하는데, 이 영화 속 세상에서는 실제로 사회 지도층의 상당수가 해골 귀신처럼 생긴 외계인으로 표현된다.

화면에 자신들의 정체를 숨기고 섞여 지내는 해골 귀신 외계인들이 등장하는 순간, 이 영화는 다양한 감상을 한꺼번에 전해 준다. 우리 사회를 한번 돌아보자. 사회를 이끄는 상류층은 그 상류층에 이끌려 갈 수밖에 없는 다른 사람들의 사정을 모르는 척 외면하려고 드는 것 같지 않은가? 가끔 상류층 사람들이 다른 사람들의 사정을 듣는 척하기는 하지만, 그것은 허황된 수작일 뿐이다. 상류층은 다른 사람들을 같은 사람으로 치지 않는다. 이 영화에 따르면 사실 상류층은 아예 다른 종족인 외계인이기 때문이다.

우리 사회의 계층 간 갈등 문제를 있는 그대로 설명하려면 길게 말로 풀어 나가야 한다. 이 영화에서는 사회 상류층의 본모습이 해골 귀신 외계인이라는 점을 화면으로 한번 보여 주는 것만으로 그 느낌의 과장된 측면을 바로 전달한다. 더군다나 해골 귀신 외계인의 모습에서 상류층 사람들이 사악하다는 점도 바로 느끼게 해준다. 한편으로 그런 상류층은 우리 사이에 침투한 외계인들이며, 나머지 다수의 사람들이야말로 진정한 우리 사회의 주인인 진짜 사람들이라는 주장까지 동시에 전달할 수 있다. 그렇게 해서 진짜 사람들이 다시 진정한 주인이 되기 위해서는 힘을 모아 우리를 속이고 지배하려는 사회 상류층을 몰아내야 한다는 발상까지 보여 줄 수 있다.

이 영화에서 내가 특히 재미있게 본 부분은 선글라스를 쓰고 보면 광고 포스터, 신문, 잡지에 숨겨 놓은 진실이 드러난다는 대목이다. 외계인 지배자들은 신문이나 잡지에 번드르르한 글들을 써놓았지만, 그것은 사실 속임수일 뿐이다.

해골 귀신 행색의 외계인 지배자들이 자신의 본모습을 숨기고 사람들 사이에 섞여 있듯이, 신문이나 잡지에 실린 기사들도 실제로 담겨 있는 본뜻은 따로 있다. 주인공이 선글라스를 쓰고 신문을 보면 거기에는 〈복종하라〉, 〈독립적인 생각을 품지 말라〉, 〈잠이나 자라〉 같은 말들이 기사 내용 대신에 보인다. 그러니까 신문 기사가 담고 있는 이야기의 정체, 진정한 목적은 그냥 사람들에게 〈사회의 상류층에 복종하라〉는 생각을 심어 줄 뿐이라는 점을 풍자하고 있다. 그중에 절정이라고 할 수 있는 대목은 상인들이 주고받는 돈이 나오는 장면이다. 지폐에는 여러 숫자와 그림들이 적혀 있는데, 그것을 특수 선글라스를 쓰고 보면 〈나를 신으로 섬겨라〉라고 적혀 있는 것이 보인다. 돈을 지나치게 숭배하는 현대 사회의 풍조를 한껏 비아냥대는 것이다. 그리고 이런 이야기를 보여 주는 방식으로 SF 형식을 택하면서 분위기가 조금 더 생생해졌다는 점은 충분히 지적해 볼 만하다고 나는 생각한다.

풍성한 이야기의 힘

단지 사회의 상류층은 악마나 귀신 같은 놈들이니 〈그들을 물리쳐라〉라고 주장했다면 이야기는 중세 시대의 종교적인 글과 크게 다를 바 없었을 것이다. 옛날 종교를 앞세운 전쟁에서 〈적군은 악마의 부하들이다, 남김없이 섬멸하라〉는 식의 이야기는 흔한 편이었다. 실제로 고려 시대 말기에는 모든 권한을 장악하고 부정부패를 저질렀다는 혐의를 받은 신돈이 사실은 늙은 여우의 정기가 변한 도깨비 같은 것이었다는 소문이 돌았다. 영화 속에서 특수 선글라스를 쓰면 상류층에 섞여 있는 외계인들의 본모습이 보이는데, 그 선글라스를 쓰고 고려 시대의 신돈을 본다면 여우 모습으로 보였을 것이다.

아닌 게 아니라, 이 영화에는 그런 옛이야기 느낌이 남아 있다. 실제로 외계인들은 좀비, 구울 등의 사악한 전설 속 괴물에 가까운 모습이고, 괴물의 정체를 먼저 간파한 사람으로 성직자인 신부가 등장한다.

그런데 종교의 권위나 전설과 신화 속의 소재만을 따와서 이야기를 만들었다면, 이 영화의 현실 풍자적인 느낌은 조금 엷어졌을 거라고 나는 생각한다. 딱히 현실적이지 않기란 매한가지기는 하지만 악마나 여우, 도깨비 대신에 외계인이라는 SF의 소재를 가져오면서 이야기는 그나마 현실과 조금은 가까워진다. 외계인들이 우주 바깥으로 여행하기 위해서는 특수한 장치가 등장해야 하고, 그런 장치가 숨겨져 있는 지하 비밀 기지 같은 과학 기술 계통의 소재가 등장하면서 이야기는 조금 더 생생해진다. 그러면서 외계인들은 조금씩 더 실체를 얻게 된다. 그리고 여러 가지 외계인 설비의 특징이나 모양, 기능과 한계 같은 것들이 조금씩이나마 소재로 등장한다. 이렇게 실체가 있는 소재가 등장하면 그에 맞춰 이야기는 더 풍부해질 기회를 얻게 된다.

이 영화를 좀 더 살펴보면 이렇다. 외계인들이 여우나 도깨비처럼 그냥 마법으로 사람들을 홀린다고 할 수는 없으니, 사람들의 정신을 조종하기 위한 특수 신호를 뿜어내는 방송 장치 같은 기계가 등장해야 한다. 그렇다면 자연히 주인공은 그 방송 장치를 부수기 위해 노력해야 한다. 주인공이 그 장치를 두고 외계인과 싸우는 이야기가 등장하게 된다.

또한 외계인은 우주 여행에 사용할 만한 순간 여행 장치라든가, 비행접시 같은 기계를 이용하여 주인공들을 공격하거나 따돌리기도 한다. 외계인들의 장비와 공격 수법이 이야기 분위기에 걸맞게 정해지면, 그것과 맞서 싸우는 주인공 쪽의 이야기도 펼쳐질 수 있다. 이렇게 이야기가 자연스럽게 풍부해지는 사이에 내용은 좀 더 다채로워지고 더 실감 나게 변한다. 그 덕택에 현실에 대한 사회 비판의 힘도 더 강해질 수 있다.

나는 이런 것이 SF의 이야기가 깊어지고 재미있어질 수 있는 방향이라고 생각한다. 그런 신기한 게 있다고? 그게 어떻게 가능한데? 그렇다면 이런 특징이 있어야겠네. 그러면 이런 것도 있겠네. 그러면 그런 특징을 위해서 이런 이야기가 나와야 하지 않겠어? 잠깐만, 그건 또 어떻게 가능한데? 이런 식으로 내용을 쌓아 나가면서 사연을 더 풀어놓을 수 있고, 이야기의 생생함은 더 살아나게 된다.

나는 이렇게 만들어 둔 이야기가 많은 SF를 특히 좋아하는 편이다. 그런 상상과 추측 속에 미처 짐작하지 못한 이야기가 나오면 더 신기하고 재미있다. 그런 이야기가 탄탄하게 다른 내용들 속에 잘 맞아 드는 장면은 더 즐겁다. 1997년 작 「콘택트Contact」는 〈외계인이 지구인에게 연락을 취한다〉는 내용으로 시작해서 〈그게 어떻게 가능한데?〉, 〈이렇게 하면 되겠지〉, 〈그러면 그렇게 하는 것은 어떻게 가능한데?〉 하는 식으로 내용이 쌓여 나간다. 그래서 보는 재미도 더 커진다.

나는 껌 좀 씹고, 엉덩이도 좀 걷어차 주려고 왔다

「화성인 지구 정복」은 그 정도까지 SF의 가능성을 풍부하게 채워 놓은 영화는 아니다. 다시 듀나 작가 이야기로 돌아가면, 그는 1999년 12월 26일에 쓴 감상문에서 이 영화를 두고 〈SF로서는 더욱 원시적이다〉라거나, 영화가 사회를 바라보는 시각을 아주 높게 평가하기에는 〈너무 생각이 없다〉고 지적하기도 했다. 이 영화의 사회 비판이 〈조금만 더 세련되었더라면〉 정말로 괜찮은 사회 비판 영화가 될 수 있었을 거라고도 언급했다. 그러면서도 듀나 작가는 이 영화의 〈우직스러운 태도〉에 있는 강한 힘을 언급하며 오히려 장점을 더 높이 사는 이야기를 덧붙였다.

나는 이 영화가 지닌 장난스럽고 얼빠진 분위기, 가볍고 우스꽝스러운 느낌을 생각하면, 그런 단순하고 우직한 구성이나 사회 비판이 애초부터 노린 방향이었다고 생각한다. 졸릴 듯하게 만든 서부 영화 음악 같은 배경 음악이라든가, 영화의 흐름과 큰 상관이 없어도 그냥 재미있겠다 싶은 장면이면 확 영화 속에 끼워 넣는 태도를 보면 더 그렇다. 외계인들의 정체가 드러나고 본격적인 싸움이 시작되는 중반부 못지않게 초반부에 일자리를 잃고 떠돌이가 된 주인공의 방랑을 보여 주는 나른한 장면들도 볼수록 더 괴상하고 재미있다.

그러니까 제작진이 어떤 사회 사상을 교육하기 위해 영화를 짜놓았다기보다, 적당히 생각할 만한 고민거리를 보여 주기는 하되 그것을 과장해서 재미있는 이야깃거리로 활용한 정도라는 느낌이다.

지폐에 〈나를 신으로 섬겨라〉라는 말이 숨겨져 있다는 발상을 보면 자본주의 사회를 힘껏 비판하는 영화 같지만, 정작 비판을 위해서 사용하는 핵심인 〈외계인들이 우리 사이에 숨어들어서 퍼져 있다〉라는 소재는 1950년대에는 도리어 자본주의의 적인 공산주의를 비판하기 위해 할리우드 영화에서 자주 쓰던 방법이었다. 이 영화만 보면 감독을 맡은 존 카펜터John Carpenter가 사회에 대한 사람들의 저항과 반란을 좋아한다는 느낌이 들지만, 반대로 존 카펜터의 초기 수작으로 평가받는 「분노의 13번가Assault

258

on Precinct 13」는 관공서를 습격하는 사람들을 몇 안 되는 관공서 사람들이 끝없이 쓰러뜨리며 영웅적으로 막아 낸다는 내용이다.

「화성인 지구 정복」은 〈나는 껌 좀 씹고, 엉덩이도 좀 걷어차 주려고 왔다. 그런데 껌은 다 떨어졌구먼〉이라는 말이 가장 멋진 명대사로 언급되는 영화이다. 진지하게 혁명을 노래하는 영화로 보기에는 거리가 있고, 한편으로는 그렇기 때문에 훨씬 더 재미있는 영화라고 생각한다. 이 영화로 살펴봐도 SF가 혁명을 이야기하기에 가장 어울리는 장르라고 할 수는 없겠지만, 다른 이야기들과 다른 SF만의 사회 비판이 독특한 맛으로 살아날 수는 있으리라 생각한다.

프랑켄슈타인
Frankenstein
1931

SF 속의 과학자

영화나 TV 속의 과학자라고 하면 아마 이런 모습이 가장 자주 나오지 않았나 싶다. 하얀 실험실 코트를 입은 흰머리의 남자. 머리는 산발한 모습이고 콧수염이 있는 경우도 많다. 안경을 쓴 채 뭔가 알 수 없는 말을 자꾸 중얼거린다. 다른 사람은 이해할 수 없을 만한 말을 중얼거리다가 자기 혼자만 그 내용에 감탄하고 놀라기도 한다. 자신이 하는 일에 정신없이 몰두하고 있으므로 밤새도록 연구할 때도 많고, 그렇다 보니 밥을 먹고 청소를 하는 등의 일상생활에 필요한 일을 소홀히 하곤 한다. 그러다 보통은 사람들에게 전혀 중요하지 않아 보이는 일을 발견하거나 오히려 꺼림칙하다고 생각할 만한 결과를 만들어 놓고 매우 기뻐한다. 예를 들어, 강아지만큼 거대한 크기의 거미를 태어나게 하는 데 성공한 후에 〈너무나 아름답구나!〉라고 소리치면서 실험실을 돌아다니며 춤을 춘다.

한국의 과학자 중에 이런 사람은 없다

나는 대학, 대학원, 연구소에 다니면서 과학과 공학 분야를 전공하며 일한 적이 있다. 하지만 산발한 머리에 콧수염을 기른 흰머리 과학자는 단 한 사람도 보지 못했다. 심지어 내가 일하던 연구소에는 흰색 실험실 코트를 입은 사람조차 아무도 없었다. 전국을 샅샅이 뒤져 본다면, 산발한 머리카락에 콧수염을 기르고 흰 실험실 코트를 즐겨 입는 학자를 한두 명 찾아낼 수야 있을 것이다. 하지만 아마 그분조차도 이상한 실험을 한 뒤에 〈아름답구나!〉라고 소리치며 춤을 추지는 않을 것이다.

한국의 과학자들은 대부분 어느 조직에 소속된 직장인이다. 그렇기 때문에 전형적인 한국의 직장인들과 같다. 갑자기 회식이 잡히면 자기 시간을 빼앗긴다는 생각에 피곤해하고, 반대로 자기가 밥을 산다고 할 때 바빠서 못 오겠다는 사람이 많으면 서운해한다. 과학자들 중에도 누구와 친해지기 위한 목적으로 골프 모임을 잡아 보려는 아저씨들이 많고, 관공서에서 높은 사람이 나타난다고 하면 혹시 심기를 거슬러 무슨 문제가 생기지는 않을지 다들 걱정한다. 한국의 과학자들 역시 아이들 교육 문제로 고민하고, 과연 집을 사야 하나 말아야 하나 갈등하는 그런 똑같은 사람들이다. 이상한 발견을 한 뒤에 산발한 머리로 춤을 추는 사람들이 아니다.

생각해 보면 당연한 일이다. 한국은 공업이 발달한 나라이고,

현대의 공업은 첨단 과학 기술과 밀접한 관련이 있다. 평범한 한국 회사에서 일하다 보면 어렵지 않게 깨달을 수 있는 일이다. 응집 물질을 연구하는 물리학자라고 하면, 꿈꾸는 것 같은 표정으로 세상의 법칙을 논하는 기이한 사람일 것 같지만, 사실은 그냥 전자 회사의 공장에서 일하는 회사원인 경우가 많다. 전자 회사의 반도체 생산 기술을 개량하기 위해서는 물리학 지식을 동원해 반도체 물질의 성질에 대해 연구해야만 한다. 그게 자신의 맡은 바 일인 회사원이 바로 응집 물질 물리학을 전공한 물리학자이다. 이런 식으로 대부분의 과학자들도 평범한 사람들과 별로 다르지 않게 살아간다. 자연히 좋아하는 것이나 싫어하는 것, 사고방식이나 생활 습관도 아주 이상한 경우는 드물다.

게다가 과학자라고 할 만한 사람들은 숫자도 많고 서로 성향도 다르다. 극단적인 한 가지 성향으로 통일되어 있는 만화 속 등장인물 같은 무리가 아니다.

그 때문에 과학자들은 자기가 하는 연구를 너무나 좋아해서 먹고사는 문제도 잊고 휴식도 없이 죽어라 연구만 하고 싶어 하는 사람들이라는 식의 이야기는 허황된 생각이다. 과학자들은 속세에서 벗어나 조용히 연구만 할 수 있도록 산속 깊은 곳에 연구소를 지어 두고, 바로 그 옆에 기숙사를 만들어서 잠자고, 연구하고, 잠자고, 연구하고 반복하게 해주면 월급으로 2백 원 정도만 주어도 다들 너무나 행복해하면서 죽을 때까지 밤새도록 연

구소에서 연구만 할 거라는 식의 발상은 우스꽝스러운 망상에
불과하다. 무슨 이상한 영화나 소설의 영향인지는 모르겠지만
과학자들이 어느 정도는 그와 비슷할 거라고 생각하면서 정책을
만드는 높으신 분들이 실제로 과거에 있었다는 것은 비극적인
일이다. 도대체 왜 그런 이상한 환상이 생긴 것일까?

영화는 영화다

우선은 영화나 소설에서 과학 기술인들을 다룰 때 특이한 점
을 강조할 수밖에 없다는 점이 단초가 되었을 것이다. 과학자들
은 평범한 직장인이지만, 영화나 소설 소재를 찾는 사람들은 평
범함을 특별히 써먹을 만한 소재로 여기지는 않는다.

나는 과학자들이 회사 안에서 인사 고과에 신경을 쓰고 파벌
다툼을 하거나 노동조합을 만들어 싸우는 이야기가 충분히 재미
있다고 생각한다. 사실 그런 이야기가 더 재미있고 감동적이다.
하지만 다른 직업에서도 할 수 있는 이런 이야기를 굳이 과학자
들을 등장인물로 삼아 진행할 필요가 없다는 것이 영화계, 출판
계의 고정 관념이다. 뭔가 다르고 이상한 이야깃거리여야만 쉽
게 영화 장면으로 써먹을 수 있기는 하다.

예를 들어, 살충제를 개발하는 과학자라면 실험 대상으로 쓸
개미를 열심히 기른 뒤에 하루 종일 약을 뿌리면 개미가 얼마나
잘 죽는지 실험할 텐데, 이런 이야기라면 특이해 보여서 영화 소

재가 되기 쉽다. 하루 종일 개미를 죽이는 일이 직업인 사람. 그러다 개미를 잘 죽일 수 있는 방법을 개발하면 너무 기뻐서 환호하는 사람. 이런 이야기가 재미를 더 끌어낼 수 있는 내용이라고 생각하기 쉽다.

이런 식으로 소재를 모으고 그것이 쌓이다 보니, 아무래도 과학자들은 괴상한 것을 좋아하고 성격도 괴상한 사람이라는 식의 이야기 틀이 생긴 것 같다. 이런 일은 꼭 과학이 아니더라도 특정한 직업을 세밀하게 다룬 이야기에서 충분히 나올 수 있다. 보험 판매 실적으로 1등을 거둔 사람을 축하해 준다는 이야기는 평범해 보이지만, 따지고 보면 그 사람이 주변에 암 걸릴까 봐 걱정하는 사람들을 가장 많이 거느리고 있다는 점을 두고 다들 환호한다는 괴상한 상황이다. 나는 이런 이야기가 재미난 소재가 될 수 있다고 생각한다. 그런데 아무래도 20세기에 과학 기술이 급격히 발달하면서 과학의 힘으로 마법 같은 일들을 해내는 모습이 워낙 많이 노출되다 보니 주로 과학자들의 이상한 특징에 더 주목하게 된 것 아닌가 싶다.

다른 이유로는 영화나 소설에서 다루는 과학자들은 보통의 수준을 한참 뛰어넘는 놀라운 재주를 가진 최고의 과학자 중에서도 특별한 과학자인 경우가 많다는 점을 생각해 볼 수도 있겠다.

영화는 영화이다 보니, 그럭저럭 평범한 사람의 이야기를 보여 주기보다는 놀라운 재능을 지니고 굉장한 업적을 달성한 인물을 다룰 때가 많다. 그런 사람은 특별한 열정을 갖고 있는 사람일 것이다. 자신이 연구하는 분야에 심취하여 몸이 상하도록 몰두하고, 긴 시간 그 분야만의 특별한 재미에 흠뻑 빠진 사람일 가능성이 높다. 그렇게 열심히 했으니 그만큼 성공했을 것이다. 과학자라는 직업이 그렇게 흔하지 않던 과거에는 촉망받는 과학자로 자리 잡은 학자나 학교의 교수가 될 만한 인물이라면 그 정도의 열정을 지닌 사람이었을 가능성이 지금보다 좀 더 높았을 거라고 짐작해 볼 만도 하다. 그러니 연구밖에 모르는 사람, 자신의 연구 분야에 깊이 심취한 사람, 괴상한 사람이라는 설정이 영화 속 과학자의 형상으로 자리 잡기가 조금 더 쉽지 않았을까?

김밥의 달인과 최고의 과학자

친숙한 대상인 김밥을 예로 들어 보자. 밤잠을 줄여 가며 매일 5시간씩 새로운 김밥을 연구하고 그러다 가끔 더 맛있는 김밥이 개발되면 감동해서 눈물을 흘리는 김밥의 달인도 분명히 한국 어디인가에는 있을 것이다. 그러나 분식집에서 김밥 싸는 것이 직업인 사람의 이야기라고 하면 그런 김밥 달인을 떠올리지는 않는다. 평범하게 살면서 하루하루 부지런히 김밥을 싸는, 어디서나 볼 수 있는 이웃의 삶을 먼저 생각한다. 하지만 영화 속에서 과학자에 관한 이야기를 다룰 때는 SF 영화의 신비하고 놀라운 기술과 함께 등장하는 경우가 많고, 그렇다 보니 평범한 김밥 가게 직원보다는 김밥에 심취한 달인 같은 최고의 과학자 이야기를 더 자주 다루게 되었을 것이다.

어느 분야에서든 한 분야에 심취하여 최고의 경지에 이른 사람에 대한 이야기는 예로부터 비슷한 성격을 보여 주는 경우가 많다. 보통 사람은 이해하기 어려운 괴상한 선과 색을 어지럽게 캔버스에 칠해 놓고 그중에서 아름다운 그림과 낙서를 구분하는 미술가의 모습이라든가, 좋은 음악을 만들기 위해 애절할 정도로 괴로워하며 허덕이는 작곡가의 모습은 영화에서 종종 볼 수 있는 소재이다.

고대의 위대한 철학자들이 철학적 고민에 심취하여 먹고 자는 것도 잊을 정도였다든가, 철학적 의문에 대한 답을 얻었을 때 그 깨달음의 기쁨에 즐거워하며 거리를 뛰어다니며 환호했다는 이야기, 시인이 한 구절 아름다운 글귀를 떠올리기 위해 식음을 전폐하고 고민했다는 식의 이야기도 여럿 알려져 있다. 이런 사람들은 최고의 경지를 노리던 사람답게, 자신의 업적에 대한 자부심이 강한 경우가 많았다. SF 영화에서는 신형 우주선을 개발하거나 외계인과 대화하는 방법을 알아내는 놀라운 실력을 가진 과학자들이 바로 그런 옛이야기 속 위대한 학자, 예술가의 자리를 물려받은 셈이다.

이렇게 한 분야만 깊이 연구한 대가가 되다 보면, 아무래도 다른 사람과의 의사소통은 소홀해지기 쉽다. 위대한 기타리스트지만 인간관계에는 서툴렀던 음악가라든가, 대단한 시인이었지만 사교성은 부족했던 사람의 사례는 흔히 찾아볼 수 있다. 또한 과학 연구 분야 중에는 사람이 아닌 사물을 대상으로 하는 것들이 많다 보니 다른 사람과 평범하게 어울리지 못하는 특이한 성향으로 빠지기가 더 쉬워지는 면도 없지는 않을 것이다. 매일 출근해서 기계 장치를 붙들고 돌멩이의 성질에 대해서만 1년 내내 골몰하는 건축 자재 회사의 연구 개발 부서 직원이 있다고 해보자. 이런 직원이라면 같은 회사라고 하더라도 영업 팀이나 인사 팀 사람보다야 갈수록 평범하게 다른 사람들과 어울리는 경험이 적어질 수밖에 없다.

게다가 현대에 과학이 다양한 분야에서 급속히 발전하면서 얼른 이해하기 어려운 괴상한 경지에 도달하는 경우가 더 많아졌다는 점도 돌아볼 필요가 있다. 뭘 하고 있는지 이해하기도 어려운 일을 직업으로 하는 사람들이 과학계에 계속 나타나게 되었다. 그 탓에 이해하기 어려운 취향을 지닌 특이하고 별난 사람이지만 과학에는 매우 뛰어난 인물이라는 모습은 더욱 쉽게 만들어질 수 있었다. 나아가 과학에 뛰어난 인물이라면 그렇게 괴상하고 별난 인물이기 마련이라는 느낌이 영화 속에 퍼져 나가게 된지도 모른다.

인류를 멸망에서 구한 업적

독일의 위대한 화학자 프리츠 하버Fritz Haber는 1908년에 공기 중의 질소 기체를 이용해 암모니아를 만드는 방법을 개발했다. 자신이 개발한 실험 장치를 작동시키자 공기를 원료로 해서 만들어진 암모니아가 한 방울, 두 방울 그릇에 떨어졌다. 하버는 그 모습을 보고 감동해서 온 학교 건물을 돌아다니며 〈드디어 성공했다〉고 자랑하고 다녔다고 한다.

이것은 언뜻 보면 황당하고 이상한 과학자의 모습 같다. 그렇지만 질소 기체에서 암모니아를 만드는 방법은 질소 비료를 개발하는 기술의 핵심이다. 만약 이 기술이 개발되지 못했다면, 사람들은 질소 비료를 만들 수 없어서 요즘처럼 농사를 짓지 못했을 것이다. 이 기술이 없었다면, 우리는 과거처럼 수없이 흉년을 겪었을 것이다. 지금 세계 인구의 절반 정도는 굶어 죽었을지도 모른다. 즉 프리츠 하버가 개발한 암모니아 합성 방법은 인류를 멸망에서 구한 업적이라고도 할 수 있다. 그러니 당연히 감격하고 자랑스러워할 만한 일이다.

그러나 그런 배경을 알지 못하고 그냥 눈에 보이는 장면만 놓고 본다면 굉장히 엉뚱하고 괴상한 모습이 된다. 근엄하게 생긴 교수님이 실험 장치에서 떨어진 물 몇 방울을 보더니 문득 환호하며 뛰어다닌다. 그 물은 대단하게 생긴 것도 아니고 그냥 암모니아이다. 지독한 냄새가 나는 쾨쾨한 물질이다. 그걸 만들었다고 저렇게 지구를 구한 것처럼 기뻐한다고? 이상하고 엉뚱한 과학자의 모습으로 영화에서 보여 줄 만하다. 사실은 그때 정말로 지구를 구한 것이 맞지만.

1931년에 나온 영화 「프랑켄슈타인」 즈음이 되면 이런 영화 속 과학자들의 모습이 모여서 하나의 유형으로 튼튼하게 자리 잡는다. 이후 수많은 영화들이 프랑켄슈타인 박사의 모습과 연구실 풍경을 영화 속 과학자들의 모습을 표현할 때 참조하게 된다. 이 영화에서 프랑켄슈타인 박사는 시체를 되살리는 방법을 연구한다. 다른 사람들과의 교류도, 일상생활도 포기하고 오직 시체 되살리는 방법에만 매달리던 그는 시체로부터 살아 있다는 신호가 잡히자 깊은 감격에 빠진다.

이 영화는 우리가 흔히 아는 프랑켄슈타인 괴물의 모습을 정착시키기도 했다. 이전에는 프랑켄슈타인 괴물의 모습이 지금 우리가 친숙하게 생각하는 모습과는 달랐다. 토머스 에디슨의 영화사에서 제작한 1910년판 「프랑켄슈타인」을 보면, 우리가 생각하는 그 괴물의 모습과는 다른 것이 나온다.

한편으로는 한 시대를 풍미한 공포 연기의 대가인 보리스 칼로프 Boris Karloff를 경지에 오르도록 이끈 영화이기도 하다. SF를 좋아하는 사람들이나 공포 영화를 아는 사람들에게는 알려진 상식이지만, 프랑켄슈타인은 이야기 속에 나오는 괴물의 이름이 아니라 그 괴물을 만든 박사의 이름이다. 프랑켄슈타인 박사가 만든 괴물에게는 이름이 붙어 있지 않다. 그렇기 때문에 천천히 걸어 다니는 힘이 센 괴물을 프랑켄슈타인이라고 부르면 정확한 이름이 아니다. 〈프랑켄슈타인이 만든 괴물〉이나 〈프랑켄슈타인의 괴물〉이라고 불러야 정확하다.

보리스 칼로프가 바로 이 프랑켄슈타인의 괴물 역할을 맡았는데, 워낙에 이 영화와 보리스 칼로프가 유명해지다 보니 이후로 그냥 〈프랑켄슈타인〉이라고만 해도 프랑켄슈타인 박사가 아닌 프랑켄슈타인 괴물을 일컫는 말로 통용되기에 이르렀다. 나중에 나온 홍보 자료를 보면 영화를 제작한 영화사에서조차 프랑켄슈타인의 괴물을 그냥 프랑켄슈타인이라고 부를 정도였다.

하지만 정확히 이야기하자면 「프랑켄슈타인」에서 진짜 프랑켄슈타인을 연기한 인물, 그러니까 괴물을 만든 프랑켄슈타인 박사를 연기한 인물은 콜린 클라이브이다.

백만장자, 유명 인사, 기업인이 된 과학자들

프랑켄슈타인 박사의 모습이 영화에 등장한 지 90년이 지났다. 그사이에 괴상한 과학자의 모습은 조금씩 바뀌어 가며 영화 속을 장식했다. 그러는 사이에 차차 과학자라고 해서 그렇게 비슷한 방식으로 괴상한 인물일 필요는 없다는 생각도 퍼진 것 같다. 극단적으로는 〈007〉 시리즈에 나오는 홀리 굿헤드 박사나 크리스마스 존스 박사같이 제임스 본드와 짝이 되어 활약하는 날렵한 특수 요원의 모습으로 등장하는 경우도 생겼다. 그 외에도 직업적 재미는 살리면서 다채롭고 다양해서 더 재미있는 과학자들의 모습이 영화 속에서 더 많아지고 있다.

사회가 돌아가는 것을 보다 보면, 프랑켄슈타인 박사의 모습을 더는 써먹을 수 없겠다는 생각도 든다. 실리콘 밸리에 IT 기업을 세워 백만장자가 된 사람들의 면면을 실제로 보고 듣다 보면 과학 기술인의 다양한 면모를 무시하려야 무시할 수가 없다. IT 기업으로 성공한 유명인들을 보면, 수학과 정보 이론에 정통한 학자와 같은 인물부터 쇼맨십이 넘치고 사업 수완이 뛰어난 기업인에 가까운 인물까지 다양한 사람들이 있다.

그리고 대부분은 어느 한쪽 극단에 있는 것이 아니라 어느 정도는 학자 같고 어느 정도는 기업인 같은 사람들이다. 전자 공학에 뛰어난 인물이라 장난감 비슷한 장치를 만드는 데 심취해 있지만, 그러면서도 그 재주를 사업으로 연결시킬 줄 아는 사람이 있다. 그런가 하면 명문 대학을 졸업하고 상류층과 교제에 뛰어난 사람이라 그 관계를 이용해서 자신의 아이디어에 투자를 받아 내는 사람도 있다. 프랑켄슈타인 박사의 전성기에는 수학자라고 하면 보기만 해도 딱 답답하게 생긴 알 수 없는 기호와 숫자들을 사랑하는 아주 이상한 인물처럼 취급되곤 했는데, 요즘 수학자들 중에는 비트코인의 안정성을 평가하며 투자자들의 관심을 끌어내는 사람들도 흔하다. 하기야 심지어 프랑켄슈타인 박사조차도 요즘 한국에서는 보리스 칼로프가 연기한 괴물의 모습보다는 인기 뮤지컬 배우가 연기하는 화려한 무대 위의 모습으로 더 친숙한 것 같다.

문과형과 이과형

세상이 이렇게 바뀌어 가는데도 아직도 좀 납득할 수 없는 것은 한국에 사람을 〈문과 체질〉이라든가 〈이과 체질〉이라는 식으로 분류하는 문화가 여전히 제법 남아 있다는 점이다. 당연히 사람마다 재능과 관심사가 다를 테니 어떤 학문 분야를 좋아하고 싫어하는 것에 차이는 있을 것이다. 그렇지만 어떻게 수학을 잘하는 성향과 문학을 좋아하는 성향이 서로 반대되고 대립된다는 점을 당연하게 여길 수 있단 말인가? 수학과 문학이 어떻게 반대인가? 역사학과 화학이 차가운 것과 뜨거운 것처럼 반대 관계인가? 철학과 물리학이 반대 관계인가? 어떻게 그럴 수 있다고 쉽게 믿을 수 있는가?

심지어 수학과 생물학, 전자 공학에 대한 관심과 재능이 이과라는 이름으로 한 덩어리로 묶여서 하나의 성향을 이루고, 문학과 사회학, 역사학에 대한 관심과 재능이 문과라는 이름으로 묶여서 하나의 성향을 이룰 거라는 발상은 황당한 느낌마저 든다. 마치 사람의 체질을 상체가 뛰어난 사람과 하체가 뛰어난 사람으로 나누어 상체가 뛰어난 사람은 하체가 약하고 하체가 뛰어

273

난 사람은 상체가 뛰어난 체질은 못 된다는 이야기 같지 않은가? 팔심이 센 사람은 상체가 뛰어난 체질이니 상체에 있는 간이나 심장도 튼튼할 것이라고 평가하고, 다리 힘이 센 사람은 하체가 뛰어난 체질이니 발에 무좀도 잘 생기지 않을 거라고 평가하는 것 같지 않은가? 문과, 이과의 구분은 그런 정도의 발상인 것 같다. 나는 타고난 문과 체질이라서 이과 과목은 다 못한다는 식의 발상은, 나는 타고나기를 하체가 튼튼한 체질이라 다리를 빨리 움직여 달리기는 잘하지만 그 대신에 상체는 약해서 폐와 심장은 약하다는 생각과 비슷한 느낌이다.

사람을 문과형, 이과형으로 나누는 것은 그냥 지난 몇십 년간 한국에서 교육의 편의를 위해 제도를 그렇게 나누어 놓았기 때문에 생긴 일일 뿐이다. 편의상 나누어 놓은 틀을 여러 사람이 오랜 세월 따라가는 동안 그게 정말로 무슨 실체가 있는 차이라고 생각하게 된 것이다.

사람의 뇌를 오랜 시간 연구해 보았더니 사회학, 문학, 역사학에 뛰어난 뇌와 수학, 생물학, 전자 공학에 뛰어난 뇌로 나뉘더라는 결과에 따라 문과와 이과라는 제도가 편성된 것이 전혀 아니다. 문과와 이과는 사람의 체질을 나누는 기준이 아니라 20세기 초 일본 교육 제도에 영향을 받아 그냥 적당히 나눈 인위적인 경계일 뿐이다. 오히려 조선 시대의 점술가들은 철학과 수학을 함께 공부했고, 현대 사회학과 경제학에서 좋은 성과를 쌓아 나간

학자들은 수학을 응용한 통계학을 핵심적인 도구로 활용했다.

워낙 긴 세월 괴상한 과학자의 모습이 영화 속에 많이 나오다 보니, 반대로 요즘에는 현실에서 과학 공부를 하는 사람들 중에도 그런 영화 속 모습을 따라 해야 특이하고 재미있을 것 같다고 생각하는 경우도 있는 것 같다. 가끔 인터넷에서 별로 재미있지도 않은 이야기인데 〈이과만 이해할 수 있는 유머〉 같은 것을 서로 돌려보면서 과학을 전공했으니 평범한 사람과는 다른 사고방식을 가진 특별한 사람이 되었다는 식으로 생각하려 드는 게시물들을 보면 나는 상념에 빠진다. 세상에 아름다운 것과 즐길 것이 얼마나 많은데 〈세상에는 열 가지의 사람이 있다. 이진수를 이해하는 사람과 어쩌고〉 같은 농담을 우리끼리는 이해한다며 진짜 웃긴 이야기라고 대단히 특별한 자격처럼 생각해야 하는가. 그 정도가 삶의 기쁨이라면 좀 쓸쓸할 것 같다.

소일렌트 그린

Soylent Green
1973

인구 폭발과 인구 소멸

1973년에 나온 영화 「소일렌트 그린」은 자원이 부족해서 사람들이 고생하는 미래를 다루고 있다. 영화 속에서는 사람들이 먹을 식량마저 심각하게 부족하다. 그 때문에 지금 우리가 먹는 평범한 식자재조차 굉장한 사치품이다. 무슨 값비싼 보석처럼 대단한 보안 시설에 보관된 뭔가가 있는데, 알고 봤더니 그게 〈쇠고기 몇 킬로그램이더라〉 하는 장면도 나온다.

〈소일렌트〉는 이런 세상에서 식품을 공급하고 있는 회사의 이름이자, 이 회사에서 생산하고 있는 식품의 명칭이다. 평범하게 농사를 지어서 수확하는 식량은 구하기 힘들기 때문에 이상하고 이해하기 어려운 첨단 기술을 써서 뭘로 만든 것인지도 알 수 없는 괴상한 덩어리를 식품이라고 만들어 사람들에게 먹으라고 준다. 그리고 영화 제목인 〈소일렌트 그린〉은 소일렌트라는 회사에서 새로 만들어 출시한 신제품의 이름이다.

찰턴 헤스턴Charlton Heston이 맡은 이 영화의 주인공은 무엇인가 비밀이 있는 것 같은 회사 소일렌트와 소일렌트 그린이라는 상품에 대해 조사하기 시작한다. 이 영화는 수수께끼를 풀기 위해 도시 이곳저곳을 돌아다니는 찰턴 헤스턴을 따라가면서, 영화 제작진이 상상한 미래의 불행한 풍경을 관객들에게 보여 준다. 그리하여 미래가 되면 대다수의 사람들이 가난하고 비참하게 살고, 지금 우리가 평범하게 생각하는 일상을 일부 부유층만이 즐기게 된다는 내용을 차례차례 펼친다.

인구가 너무 많다

이 영화에서 모든 불행의 원인으로 지목하는 문제는 인구가 너무 많아지고 있다는 점이다. 사람의 숫자가 너무나 많아서 아무리 농사를 짓고 물고기를 잡아도 사람들을 다 먹일 수가 없다는 논리가 줄거리의 핵심이다. 농산물뿐만 아니라 모든 자원이 막대한 인구에 비하면 너무나 부족하다.

아예 사람이 머물 공간 자체가 부족한 것처럼 보이는 장면도 많다. 특히 인구가 너무 많다는 것을 한눈에 관객들에게 보여 주기 위해서 사람들이 비좁게 들어찬 풍경을 자주 집어넣기도 했다. 사람들이 잠잘 곳이 없어서 건물 복도와 계단에 널브러져 있는 장면이 나오는가 하면, 길거리를 가득 메운 사람과 자동차 들이 답답하게 붐비는 모습이 나오기도 한다. 영화 내용을 과장해서 보여 주는 포스터는 더욱 극적이다. 아예 영화 포스터에 〈폭동 관리부Riot Control〉라는 팻말을 써 붙인 중장비가 길거리에 넘

278

쳐 나는 사람들을 무슨 쓰레기처럼 숫제 퍼 담는 장면을 정면에 그려 놓았다.

인구가 너무 많이 늘면 그만큼 먹여 살릴 길이 없어 힘들어진 다는 발상은 사실 예로부터 사람이라면 누구나 마음에 품을 만 한 불안이었다. 하다못해 판소리 「흥부가」만 해도 주인공 흥부 의 자식이 많다는 점을 가난의 상징으로 제시하고 있다. 신재효 본 「흥부가」 가사를 보면 흥부의 자식이 총 25명으로 나와 있는 데 〈자식은 더럭더럭 풀풀이 생겨나고 가난은 버쩍버쩍 나날이 심해 가니〉라는 표현으로 인구 증가가 빈곤과 연결되는 상황을 묘사하고 있다.

인구 문제를 중요하게 생각해서 정책적으로 강력하게 조정해 야 한다는 발상도 그 사례를 찾아보기는 어렵지 않다. 14세기 몽 골의 귀족이었던 메르키트 바얀(伯顔)은 중국을 지배하면서 인 구가 너무 많다는 것을 심각한 문제로 여겼다. 당시 몽골인들의 철저한 통제 정치는 악명이 높았는데, 바얀이 중국에서 왕(王), 유(劉), 이(李), 장(張), 조(趙)씨 성을 가진 사람은 모조리 학살해 서 인구를 줄이려고 했다는 전설 같은 이야기가 널리 퍼지기도 했다.

인구에 대한 막연한 공포는 영국의 토머스 맬서스Thomas Malthus 이후부터 확고한 문제로 자리 잡게 되었다. 맬서스는 18세기 말 에 『인구론An Essay on the Principle of Population』이라는 글을 썼는데,

19세기 내내 맬서스의 고민과 연결되는 인구 문제는 사상, 분화, 사회에 큰 영향을 미쳤다.

이 시절 유행하던 인구에 대한 생각을 요약하면 대략 이렇게 말할 수 있을 것이다. 인구가 늘어나는 추세를 가만히 살펴보니 그 속도가 너무 빨라 보인다. 그에 비해 식량이 늘어나는 속도는 느리다. 이대로 가면 식량 부족으로 사람들이 굶주리게 되고 사회는 큰 혼란에 휩싸이게 된다. 이런 문제는 계산상 당연히 찾아올 수밖에 없다. 흔히 〈식량은 산술급수적으로 증가하는데, 인구는 기하급수적으로 증가한다〉라는 말로 이 시대 사람들의 걱정을 요약하기도 한다.

가난과 전쟁을 방치하라

맬서스가 유행시킨 문제를 해결하기 위해서 많은 사람들이 많은 사상을 만들었다. 어떤 사람들은 인구가 폭증하는 것을 막으려면 가난한 사람들을 돕지 않고 목숨을 잃도록 그대로 방치하는 것이 옳다고 주장하기도 했다. 괜히 복지 정책이니 빈민 구제니 하면서 사업을 벌여 가난한 사람들도 잘 살 수 있게 하면 그 덕분에 인구가 늘어나 버려서 문제가 더 심각해진다는 것이다. 자기가 가진 재산으로 삶을 유지할 수 없는 사람들이라면 그냥 사회에서 사라지도록 놔두어야 조금이라도 인구가 늘어나는 속도를 줄이는 데 도움이 될 거라고 생각했다.

어떤 사상가들은 반대로 정부와 국가가 국민들을 강력하게 통제하고 조종하고 관리하는 것이 인구 문제의 해결 방안이라고 생각하기도 했다. 그러기 위해서는 강력한 국가 기관이나 정치 조직에 힘을 실어 주어야 한다고 보는 사람들도 있었다. 어떤 사람들은 전쟁이 필요할 거라고 보기도 했다. 전쟁이 일어나서 힘이 세고 우월한 나라들이 열등한 나라들을 없애고 정복해야 한다고 여겼다. 그래야 아무렇게나 인구 문제를 방치하는 나라들을 똑바로 관리할 수 있다는 생각이었다. 전쟁 과정에서 전사자와 피해자가 발생하면 그만큼 인구가 줄어들 테니 쾌적한 미래를 위해서는 필요한 일이라고 보았다.

그 외에도 다양한 사상이 바로 이 시기 맬서스의 문제의식에 바탕을 두고 있다. 예를 들어, 사람의 숫자가 너무 많은 것이 지구에 부담을 주기 때문에 지구를 지키기 위해서는 사람들이 빨리 사라져 주어야 한다는 발상도 맬서스의 문제의식과 거리가 멀지는 않은 것 같다. 나는 맬서스가 무서워하던 것을 다 같이 무서워하던 시기인 19세기에 탄생한 사상과 사고방식이 심지어 지금까지도 어느 정도는 남아 있다고 생각한다. 지금도 여러 사상과 그 사상의 관점에 대해 배우다 보면, 상당수는 2백 년 전 맬서스 시대의 고민이 그 바탕이라는 느낌을 받을 때가 있다.

〈자원은 한정되어 있는데 인구는 너무 많다. 게다가 인구는 계속 더 늘어난다. 이것은 엄청난 문제이다. 그러므로 우리는 어떤 사상의 원칙에 따라 이 문제를 이렇게 해결해야 한다.〉 이런 식의 생각은 아직까지도 많은 영역에서 눈에 뜨이며 살아남아 있는 것 같다. 실제로 1970년대에 나온 영화 「소일렌트 그린」의 원작은 『비좁아! 비좁아! *Make Room! Make Room!*』라는 1960년대 SF 소설이다. 그러니까 1960~1970년대에 이르는 동안에도 맬서스 시대에 퍼진 〈인구가 너무 많아지는 공포〉는 많은 사람들의 마음을 사로잡았다는 이야기이다.

여기에 대해서는 한국도 예외는 아니었다. 한국 정부는 1980년대까지 강력한 인구 억제 정책을 추진했다. 1969년에 미국 아폴로 11호의 우주 비행사들이 최초로 달에 착륙하고 나서 한국을 방문했을 때는 당시 한국 대통령이 서울에 인구가 너무 많아서 걱정인데 달에 보내서 살게 할 방법을 좀 찾아보고 싶다고 농담했다는 기록까지 찾아볼 수 있다. 그런데 정말 그런 일이 일어났는가?

「소일렌트 그린」에서 보여 주고 있는 미래란 2022년의 모습이라고 한다. 지금 우리가 살고 있는 시대가 바로 「소일렌트 그린」이 나오던 시대에 상상한 그 미래이다. 지금 우리 사회의 모습이 「소일렌트 그린」과 닮았는가? 전혀 아니다.

인구 소멸의 공포

우리 사회는 요즘 인구 감소를 걱정한다. 인구 증가가 완만해졌다는 수준이 아니다. 〈인구가 조금 줄어들면 어떡하지〉 하는 고민 정도도 뛰어넘었다. 한 명의 사람을 낳기 위해서는 최소 남녀 두 사람이 필요하기 때문에 인구가 그대로 유지되기 위해서는 대개 남녀 한 쌍당 평균 2명을 약간 넘는 정도의 출산이 이루어져야 한다. 그런데 2019년 대한민국의 합계 출생률은 그 절반인 1명 수준도 되지 않는다. 2021년 합계 출생률은 0.81에 불과하다.

이 추세가 꾸준히 이어진다면 인구가 절반으로 줄어드는 날이 올지도 모른다. 그 때문에 「소일렌트 그린」의 미래와 달리 요즘 우리는 인구가 너무 적은 미래가 도래할 가능성을 고민하고 있다. 그 때문에 일하고 세금을 낼 사람의 숫자가 줄어드는 것을 풀어야 할 문제라고 여긴다.

이런 문제를 한국만 겪고 있는 것도 아니다. 요즘 대다수의 선진국들은 2명에 한참 못 미치는 합계 출생률을 보이고 있어서 인구가 줄어들면 생길 문제를 같이 고민하고 있다. 2017년 통계를 인용한 CIA 자료를 보면 일본의 합계 출생률은 1.41, 독일은 1.45, 영국은 1.88이다. 이런 추세가 지속되어 예전에 태어난 노인들의 숫자는 많은데 일해야 할 젊은 사람의 숫자는 적은 상황이 이어지면 세금을 걷을 대상이 되는 사람은 줄어들고 세금을 써서 복지로 돌보아 주어야 하는 사람은 많아지게 된다. 일할 사람이 없어서 돈이 부족해진다는 뜻이다. 「소일렌트 그린」과는 정반대의 문제가 사람들을 괴롭히는 셈이다. 전통적으로 어린이가 많은 것을 축복으로 여기는 사회 분위기가 있다는 가톨릭 종교 문화가 우세한 나라에서도 이런 걱정은 마찬가지이다. 같은 자료에서 이탈리아의 합계 출생률은 1.44이고, 스페인의 합계 출생률은 1.50이다.

선진국들만 이런 문제를 겪고 있는 것도 아니다. 인구가 많은 개발 도상국 또한 이런 추세는 비슷하다. 지난 수천 년간 압도적으로 세계에서 가장 인구가 많은 나라였던 중국조차도 합계 출생률은 1.60 수준으로 인구 감소를 고민해야 하는 상황에 접어들었다. 브라질도 1.75, 베트남도 1.81이다. 인구가 폭발적으로 증가해서 자원이 부족해져 망할 것이라는 맬서스 시대의 악몽에서 이제 모든 나라가 벗어나 있다. 심지어 인구가 빠르게 증가하는 것이 걱정이라던 인도조차도 2017년의 합계 출생률은 2.43으로 맬서스 시대에 고민하던 수준과는 거리가 멀다. 게다가 그 숫자조차도 장기적으로 보면 점차 감소해 가고 있다.

당연히 자원이 부족하기 때문에 사람들이 고통받는 미래도 찾아오지 않았다. 지구상의 모든 국가에서 사람들의 평균 수명은 늘어나고 있고, 평균 소득도 점차 높아지고 있다. 아직까지도 굶주림에 시달리는 사람들이 이곳저곳에 남아 있는 것은 안타까운 일이지만, 세계 전체의 평균으로 보면 식량이 19세기의 걱정만큼 부족한 수준이라고 보기는 어렵다.

빠르게 증가하는 인구가 소비를 계속하다 보면 곧 석유 같은 지하자원이 바닥날 것이고, 그 때문에 세계 경제가 완전히 망할 것이라는 예상도 과거에는 무척 흔했다. 하지만 그런 일도 벌어지지 않았다. 오히려 2020년 5월에는 역사상 최초로 미국 선물 시장에서 석유 가격이 0보다 더 낮아지기도 했다. 코로나19 바이러스 유행으로 인해 수요가 줄어들자 석유가 남아돌다 못해 도리어 돈을 주고 석유를 받아 가라고 하게 된 것이다. 한국어 관용 어구 중에 무엇인가를 소비하는 상대방의 취향을 도저히 이해할 수 없을 때 〈돈 주고 그걸 가져가라고 해도 나는 안 갖겠다〉라는 표현이 있는데, 돈 주고 석유를 가져가라고 해도 안 가져가는 시대가 잠시 찾아왔던 셈이다. 도대체 왜 이런 일이 발생했을까?

소수자와 약자를 돌아보는 일에 답이 있을 수 있다

스웨덴의 의료인이자 저술가인 한스 로슬링Hans Rosling은 여러 강연에서 여성 교육의 수준 향상과 출생률 감소 사이에 상관관계를 보이는 나라가 많다는 점을 지적했다. 유네스코 산하 기관에서 나온 통계 자료에서도 비슷한 사례를 찾아볼 수 있다. 즉 여성의 교육 수준이 높은 나라일수록 인구 증가 문제에서 벗어나고 있는 것처럼 보인다는 뜻이다. 이것만으로 쉽게 속단할 수 없는 문제지만, 이런 자료를 보고 있으면 여성의 교육 수준을 높이면 인구 폭발 문제를 해결할 수 있다는 의미로 보일 정도이다.

이 사실을 처음 알게 되었을 때 나는 「소일렌트 그린」의 내용과 영화 속의 미래 모습을 기억했다. 영화 속의 미래는 실제와는 너무 달랐다. 그러자 〈수많은 사람들이 다 같이 엉뚱한 방향만을 보고 있었던 것은 아닐까〉 하는 생각이 떠올랐다.

맬서스 시대 이후, 사람들은 인구 폭발이 대단히 무서운 문제라고 생각하면서 그것을 해결하기 위해 서로 다른 방향의 별별 사상을 다 만들었다. 21세기의 우리까지도 그때 생긴 사상의 틀에 갇혀 있다는 생각이 들 정도이다. 맬서스 시대의 공포가 환상이 되어 버린 지금도 무슨 사회 문제에 대해 무심코 〈자원은 한정되어 있는데 원하는 사람은 많고 인구는 더 빠르게 늘어날 테니까〉 어쩔 수 없이 어찌어찌 해결해야 한다는 식으로 생각하는 경우가 있다는 이야기이다. 그 과정에서 19세기에 생긴 맬서스 시대의 사상에 따라 문제를 판단하고 결론을 내리기도 한다.

그런데 옛 사상가들이 별로 관심을 두지 않았던 여성 정책에 실제로 문제를 해결한 해답이 있었던 것일지도 모른다. 그 옛날 똑똑한 사상가들은 전쟁이나 정부의 통제나 새로운 방식의 강력한 경제 정책이 멸망을 막을 수 있는 답이라고 생각했고, 그 말을 믿는 사람들의 후예들이 지금까지도 이어지고 있는 것 같다. 그런데 사실은 옛 사상가들이 제시한 온갖 해결책이 아니라, 그 사람들은 중요한지 어떤지도 별로 생각하지 않았던 여성 교육에 문제를 해결할 답이 있었다. 그랬을 수도 있다는 이야기이다.

그 후에 나는 현실에서 소외받고 있는 소수자와 약자를 돌아보는 일에서 얼핏 상관없어 보이는 어려운 문제를 해결하는 혁신의 단초를 찾을 수도 있다고 생각하게 되었다. 그래서 연결되는 몇 가지 소재를 모아서 이야깃거리가 될 만한 내용으로 꾸몄다. 그리고 어느 공기업에 직원 대상 강연 연사로 초청되어 SF에 대한 이야기를 해달라는 부탁을 받았을 때 처음 이 이야기를 꺼냈던 것 같다.「소일렌트 그린」이야기를 했고, 인구 문제 이야기를 했고, 그 문제가 어떻게 해결되어 갔는지에 대해 나름대로 조사한 바를 설명했다. 그리고 그 후로 비슷한 강연 요청을 받으면「소일렌트 그린」처럼 미래를 잘못 상상한 SF를 소재로 꺼내면서 우리가 무엇을 놓치고 있는지, 무엇에 더 관심을 가져야 할지 이야기하려고 노력한다.

사실 나는 여성 정책이나 이주민 정책, 여러 가지 소수자 문제에 대해 깊이 알지도 못하고, 그런 문제들을 어떻게 해결하는 것이 옳은지에 대해서는 더더욱 모른다. 그렇지만 지금 우리가 주목하고 있지 않은 집단에 대해 좀 더 관심을 갖고 고민하다 보면, 풀기 어려워 보였던 문제를 해결할 수 있는 혁신을 그 속에서 발견할 수 있다는 생각은 그럴듯하다고 여긴다. 많은 사람들이 공감하는 공포에 호소하던 옛날 SF가 있었는데, 그 SF가 지금 우리가 경험하고 있는 미래를 잘못 예측했다면, 그 빈틈에 분명히 많은 사람들이 보지 못한 단서가 숨겨져 있을 것이다.

　요즘 SF가 점점 많은 사람들에게 주목을 받으면서, 나는 창의적이고 혁신적인 무엇을 해보겠다는 공공 기관에서 강연할 기회를 몇 차례 얻을 수 있었다. 그럴 때면 나는 그 기관이 처음 생겨서 테이프 커팅 행사를 하던 때의 사진을 찾아본다. 대단히 새롭고 아이디어가 넘치고 도전적인 무엇인가를 해내겠다고 만든 기관이 시작하는 순간의 모습을 담고 있는 그 사진 속에 오직 비슷비슷하게 생긴 양복 차림의 중년 아저씨들만 늘어서 있는 경우가 드물지 않다. 그렇게 생각하면 그 사람들이야말로 「소일렌트 그린」인지도 모르겠다.

잘못된 미래 예측

인구 폭발

1973년에 나온 영화 「소일렌트 그린」은 인구가 너무 많아서 식량이 부족해진 미래를 보여 준다. 요즘 인류는 인구 감소를 걱정한다. 한국의 2021년 합계 출생률은 한 명도 채 되지 않는다.

자원 고갈

과거에는 인구 증가로 인한 자원 고갈을 염려했다. 그런 일도 일어나지 않았다. 2020년 5월에는 역사상 최초로 미국 선물 시장에서 석유 가격이 0보다 더 낮아지기도 했다. 코로나19 바이러스 유행으로 수요가 줄어들면서 돈을 주고 석유를 받아 가라고 하게 된 것이다.

여성 교육

토머스 맬서스의 『인구론』에 바탕을 둔 사상들은 가난과 전쟁을 방치하고, 국민을 강력하게 통제하라고 주문했다. 정작 해답은 여성 교육에 있었다. 현대에는 여성 교육의 수준 향상과 출생률 감소 사이의 상관 관계가 언급된다.

소수자와 약자를 돌아보는 일

미래를 다룬 SF 영화에는 인구가 증가하면서 지구에 부담을 줄 것이라는 예측이 깃들곤 했다. 미래 예측에 실패한 SF의 경우를 돌아보자면, 현재의 문제는 소수자와 약자를 돌아보는 일에서 해결 가능성을 찾을 수 있을지 모른다.

5장. SF와 과학 기술

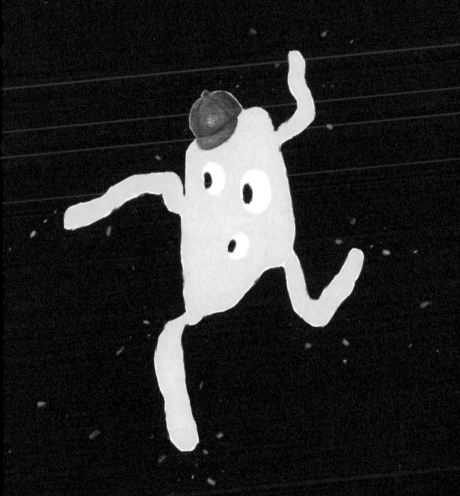

터미네이터

The Terminator
1984

인공 지능

〈로봇〉이라는 단어는 체코의 작가 카렐 차페크Karel Čapek가 1920년에 쓴 희곡『R. U. R.』에서 처음 사용했다고 한다. 그러니까 체코 작가의 연극에서 가장 먼저 쓰이기 시작한 말이다. 카렐 차페크는 SF 작가로도 근사한 글을 썼거니와 추리 소설 작가로서도 시대를 슬쩍 초월하는 듯 보이는 날렵한 글을 여럿 남겼다. 카렐 차페크의 글을 좋게 생각한 사람들이 한국에도 나뿐 아니라 제법 있어서, 체코 작가로서는 이례적일 정도로 여러 권의 책이 한국에 소개되기도 했다.

『R. U. R.』은 발표된 지 몇 년 지나지 않아 국내에 소개되기도 했다. 여기서 국내란 일제 강점기의 한반도를 말하는데, 정황을 보아 단행본으로 팔리거나 내용 전체가 번역된 것 같지는 않지만 적어도 잡지 연재물 형태로 전체 분위기를 알 수 있는 앞부분은 진작에 소개되었다고 볼 수 있다. 그러니 1920년대에 이미 상당수의 한국인이 로봇 이야기를 접했으리라는 추측 정도는 해볼 수 있다.

『R. U. R.』의 주요 내용은 로봇이 결국 사람을 넘어서서 사람을 지배하게 된다는 이야기이다. 요즘 인공 지능이 발전한 모습을 보면서 〈이러다 로봇과 인공 지능이 사람을 지배하는 것 아닐까〉라고 걱정하는 평론이나 신문 사설 같은 것들이 자주 쏟아지는데, 사실 이런 고민은 백 년 전 로봇이라는 말을 처음 만든 작가부터 하던 고민이라는 이야기이다. 사람 자신이 만든 물건, 사람 자신이 만든 기계가 자신을 능가하여 사람들의 사회를 지배하는 이야기는 어찌 보면 예스러운 것이다. 한국 문학의 고전이라고 생각하는 황순원의 「소나기」나 김유정의 「동백꽃」보다 로봇이 사람을 지배하는 이야기가 훨씬 먼저 나왔다. 그러니까 어릴 때 카렐 차페크가 쓴 로봇이 사람을 지배하는 이야기를 읽은 독자가 15년쯤 지나 어른이 되어서야 새로 나온 신작 소설이라면서 「동백꽃」을 접할 수 있었고, 그로부터 25년쯤 지나 중년이 되어서야 「소나기」를 읽을 수 있었다는 뜻이다.

자연히 로봇이 사람을 지배하려고 하거나 위협하려고 하는 이야기는 SF 영화로도 꾸준히 계속해서 만들어졌다. 1950년대에 나온 할리우드 SF 영화 중에는 SF를 공포물과 연결시킨 이야기가 많았는데, 그렇다 보니 로봇이 문제를 일으켜 사람을 공격하려는 이야기도 나오게 되었다. 비슷비슷한 영화가 워낙 많이 나오다 보니 제목부터 그런 느낌을 확 풍길 수 있게 짓기도 했다. 1953년에는 아예 「로봇 괴물Robot Monster」이라는 영화도 나왔다.

결과적으로 지금껏 〈세상에 이렇게 못 만든 영화도 있다니〉라는 놀림거리로 언급되는 일이 잦은 편이기는 하지만.

이런 초창기 SF물에는 로봇을 노예처럼 생각하고, 로봇이 사람을 공격하는 것을 일종의 노예 반란처럼 생각하면서 꾸민 이야기가 많았다. 보통은 사람이 하기 싫은 일이나 힘들고 위험한 일을 로봇에게 시키는 경우가 많다 보니, 아무래도 옛 작가들로서는 주인 대신에 힘들고 하기 싫은 일을 도맡아 하는 하인이나 노예 정도로 생각하기 쉬웠던 것 같다.

로봇이 반란을 일으키는 이야기

사람 밑에 사람이 있다고 생각하는 노비 제도는 생각보다 최근에 없어진 제도이다. 한국사를 예로 들면 공식적으로 노비 제도가 폐지된 것은 1894년이다. 1894년이면 전화가 발명되어 사람들이 전화 통화를 할 수 있던 시기로, 심지어 조선에도 전화가 설치되어 있던 시기이다. 그런데 그런 시대에 사람들은 노비라는 신분이 법적으로 옳다고 생각하며 살았다는 뜻이다. 심지어 공식적으로 노비 제도가 철폐된 후에도 결코 짧지 않은 기간 동안 노비 출신이었던 사람은 노비처럼 대접하는 풍습이 남아 있었다고 한다. 그러니 노비에 대한 생각이 로봇에게 투영된 것도 어찌 보면 그럴 만한 일이었다. 로봇 같은 새로운 소재로 이야기를 짓는다고 하더라도 예로부터 내려오는 비슷비슷한 이야기에 영향을 받게 되니 말이다.

그래서 로봇이 반란을 일으키는 이야기는 마땅히 주인에게 복종해야 할 노예가 어느 날 갑자기 무슨 마음을 잘못 먹었는지 주인을 공격한다는 이야기로 꾸며지곤 했다. 이야기에 따라서는 감히 주인을 배반하는 노비라니 놀라움과 배신감에 집중하는 경우도 있었고, 주인보다 힘이 세고 숫자가 많다는 점에 초점을 맞춰서 주인이 노비에게 느끼는 공포에 집중하는 경우도 있었다. 자연히 두 가지를 섞어서 꾸미는 이야기도 많이 나왔다. 1950년대에 나온 공포물 형식의 SF나 이것저것 저예산으로 쏟아지던 시기의 SF 아류작들뿐만 아니라 1980년대에 나온 「터미네이터」처럼 걸작으로 평가받는 영화 역시 로봇에 대한 시선은 노예의 반란을 보는 주인의 공포에서 멀지 않았던 것 같다.

사실 이야기의 핵심은 「터미네이터」나 1950년대의 반란을 일으킨 로봇 이야기나 크게 다르지 않다. 로봇은 무뚝뚝하고, 힘이 세고, 총을 맞아도 버틸 수 있다. 그러면서도 자신의 목적을 위해 집요하게 움직인다. 이런 모습은 SF를 공포 영화의 소재로 많이 쓰던 시대의 로봇이 1980년대에 그대로 되살아난 느낌이다. 「터미네이터」의 출발 자체도 1997년에 인공 지능이 반란을 일으켜 사람들을 세계에서 소탕해야겠다고 결심한 뒤 온갖 자동 무기와 로봇을 만들어 전 세계 사람들을 제거한다는 이야기, 로봇 반란 그 자체이다.

「터미네이터」는 그런 1950년대 SF 공포물 속 로봇의 모습을 1980년대의 새로운 기술로 멋지게 보여 주는 데 일단 성공한 영화이다. 아널드 슈워제네거가 무뚝뚝한 로봇의 인상을 기가 막히게 표현하고, 로봇이 골격을 드러내면서 무시무시하게 움직이는 대목에서는 당시의 최신 특수 효과 기술을 최대한 살려 관객이 겁을 먹도록 만든다. 아무리 도망치려고 해도 지독하게 따라붙는 로봇의 모습을 악귀처럼 표현해서 공포 영화 느낌을 군데군데 활용한 장면들도 있거니와, 영화를 보면서 조마조마한 심장을 더 떨리게 만드는 음악도 공포 영화 수법에 가깝다. 그래서 반란을 일으킨 로봇이 여자 주인공을 공격한다는, 그야말로 1950년대 할리우드 저예산 B급 영화 같은 핵심 줄거리로도 「터미네이터」는 아주 그럴듯한 결과를 만들어 냈다. 싸움 장면, 총격전 장면에서 후련하게 물량을 퍼부어서 활극으로 즐길 만한 순간들을 충분히 잘 살려 냈다는 것도 빼놓을 수 없는 장점이다.

여자 주인공의 활약

그러면서도 이 영화는 몇 가지 멋들어진 내용을 새롭게 덧붙여 넣었다. 우선은 여자 주인공이 1950년대 저예산 B급 영화에서처럼 그저 비명 지르고 울고 기절하는 역할에만 머무르지 않는다. 여자 주인공의 역할을 이야기의 진짜 주인공다운 위치로 끌어올려 두었다. 그래서 고민하고 해답을 찾고 행동을 하고 성숙하며 깨달음을 얻어 가는 인물로 만들었다.

「터미네이터」에서 터미네이터는 그야말로 로봇일 뿐이고, 여자 주인공을 보호하는 카일 리스는 처음부터 끝까지 그냥 열심히 여자 주인공을 보호하려고만 할 뿐이다. 이 영화에서 처음에는 평범한 사람으로 출발했지만 여러 곡절을 겪고 놀라운 일을 겪으면서 점차 변해 가는 인물은 여자 주인공 사라 코너뿐이다. 그래서 평범한 사람으로서 영화 속에 펼쳐지는 놀라운 상황을 보며 이야기에 빠져들어 가는 관객과 사라 코너의 시선이 겹치게 된다. 관객들은 사라 코너의 마음을 이해하며 영화를 보게 된다. 그 때문에 사라 코너의 성숙과 변화가 관객의 감동을 이끌어 낸다.

이 영화는 시간 여행을 다루는 SF의 중심 소재가 될 만한 〈시간 여행의 모순〉이라는 주제를 슬쩍 이야기 근처에 갖다 붙인다. 그렇게 해서 사람의 숙명이나 운명적인 미래에 대한 묵직한 느낌을 별로 안 그런 척하면서 슬쩍 불어넣는다. 영화 마지막에 괜히 〈폭풍이 올 것 같다〉라는 대사를, 그것도 한 번 곱씹을 수 있도록 번역해서 붙여 놓은 것은 각본을 능수능란하게 다루는 솜씨가 아주 출중하다는 증명이다. 게다가 미래의 로봇 기술이라는 좀 멀고 공상적인 이야기를 다루면서도 배경을 지금 우리가 사는 현대의 도시로 해놓아서 더 공감하기 쉽고 더 가까이서 벌어질 법한 진짜 같은 이야기라는 느낌을 주는 수법도 훌륭하다.

이렇게 훌륭한 영화인데도 영화 속에서 보여 주는 로봇과 인공 지능 반란을 다루는 수법만은 그저 1950년대 SF 영화의 충실한 계승에 가깝다. 예를 들어, 로봇이 끈질기게 사람을 쫓아오면서 자기 몸이 부서져 가는데도 계속 지독하게 공격하려 든다는 이야기는 「터미네이터」보다 10년쯤 먼저 나온 「이색지대」라는 영화에도 그대로 나오는 것이다.

「이색지대」는 훨씬 더 전형적인 노예 취급을 받던 로봇들의 반란이라는 이야기에 가깝다. 「터미네이터」에서 아널드 슈워제네거가 맡았던 로봇 역할을 「이색지대」에서는 율 브리너Yul Brynner가 맡았는데, 둘의 행동을 보여 주는 방식에 비슷한 점이 많아서 「터미네이터」가 「이색지대」의 직간접 영향을 받았다는 점을 떠올리기란 어렵지 않다. 「이색지대」에는 아예 노예라고 불리는 로봇이 등장하기도 한다.

심지어 시대가 좀 더 지나서 나온 「매트릭스」도 그 뿌리는 비슷하다고 생각한다. 「매트릭스」는 심오한 느낌을 준다는 평이 많은 영화이고, 「터미네이터」에 비하면 제작진이 작정하고 심오한 느낌을 주기 위해 의식적으로 더 애쓴 것 같기도 하다. 그런데 「매트릭스」 속에서도 결국은 주인이 노비를 보는 시각이 그대로 유지된다. 물론 심오하려고 애쓴 영화인 만큼 단순하게 노비가 반란을 일으켰으니 무섭다는 내용만은 아니다. 그보다는 노비를 학대하다니 괴롭힌 주인이 나쁘며 노비가 반란을 일으키는 것도 당연하다는 동정적인 시각이 중심에 있다. 그러니까 「스파르타쿠스Spartacus」 같은 로마 시대의 노예들이 반란을 일으켜 자유를 얻기 위해 싸우는 모습을 보여 주는 이야기와 「매트릭스」에서 로봇과 인공 지능이 사람을 지배하게 되는 과정은 거의 비슷해 보인다는 뜻이다.

나는 이 모든 이야기가 사실은 사람의 이야기를 하기 위한 도구로 로봇이라는 소재를 활용하는 쪽에 가깝다고 생각한다. 그러니까 노예 반란, 인간의 자유와 평등에 대한 이야기를 비유적으로 만들어 내기 위해 로봇을 소재로 꾸며 낸 이야기에 가깝다는 뜻이다. 혹은 인간 중심의 발상을 넓혀서 그냥 사람의 또 다른 모습을 사물도 지니고 있다고 전제한 이야기라고 생각해 볼 수도 있겠다.

사람이 되고 싶어 하는 로봇

노예 로봇의 반란과는 조금 다르지만 비슷한 관점에서 사람이 되고 싶어 하는 로봇 이야기를 생각해 볼 수 있다. 쇳덩어리와 전선으로 이루어진 로봇이 사람과 같은 겉모습을 갖기 위해 애쓰는 이야기는 어린이용 만화에도 자주 나오고, 로봇들이 사람과 비슷해지기 위해서 사람만 하는 행동을 흉내 낸다든가 하는 장면도 여기저기에 자주 나온다. 로봇이 어느 순간 사람의 감정과 비슷한 것을 깨닫게 되었다면서 굉장히 감동을 한다거나 〈이것이 바로 감정이라는 것인가〉라고 하면서 엄청나게 소중한 것을 얻었다는 듯이 행동하다가 자신을 희생한다는 부류의 이야기도 온갖 소설, 만화, 영화, TV 시리즈에 무척 자주 나왔다.

이런 이야기들을 로봇에서 사람스러움을 찾아내려는 이야기로 볼 수도 있다. 그렇지만 다른 각도에서 보면 이런 이야기의 밑바탕에는 사람스러운 것이 우월하고 좋은 것이라는 생각이 깔려 있다. 사람, 사람다운 것, 사람스러운 것이야말로 최고이기 때문에 로봇은 사람을 닮고 싶어 한다는 생각이 전제이다. 감정은 사람이 지닌 아주 좋은 것이기 때문에 로봇도 감정을 갖고 싶어 한다. 요약해서 말하자면 이런 이야기이다. 로봇은 사람이 되고 싶어 한다. 왜냐하면 사람이 더 좋은 것이기 때문이다. 로봇을 애틋하게 보는 이야기인 것 같지만, 사람을 우월하게 보는 관점이 바탕에 굳게 깔려 있다.

물론 현실 세계에서는 이런 시각이 큰 잘못이라고 생각하지 않는다. 우리는 사람이고, 그런 만큼 사람 기준으로 세상을 보는 것도 자연스러운 일이다. 그렇다 보니 소설이나 영화 속에서 사람이 되고 싶어 하는 로봇 이야기가 그만큼 쉽게 다가올 수 있는 거라고도 생각한다. 좀 뒤틀린 시각으로 이야기하자면 이런 이야기는 영화를 보는 사람들에게 〈관객 여러분은 여기 나오는 로봇들보다 우월하신 분들입니다. 사람 같은 모습을 갖고 있고, 감정도 갖고 계시니까요. 이렇게 성능이 뛰어난 최첨단 로봇도 여러분처럼 되고 싶어서 저렇게 용을 쓰잖아요)라는 식으로 아부하는 느낌을 깔고 있다고 생각해 볼 수도 있다. 그리고 그런 느낌이 영화를 보는 관객들의 기분을 좋게 하고 감동을 살리기도 할 것이다.

그렇지만 로봇을 중심에 두고 새로운 이야기를 찾아보려는 SF라면 이야기는 달라진다. 이런 틀에서 조금 벗어나면 또 다른 재미난 이야기를 찾아볼 수가 있다. 나는 SF를 쓰는 작가들, 제작진들이 이 점을 잊지는 않았으면 좋겠다.

도대체 로봇이 왜 사람처럼 되고 싶어 할까? 사람이 그렇게 좋은 것인가? 사람의 겉모습이 플라스틱이나 쇠로 된 로봇의 겉모습보다 그렇게 아름답고 좋다고 할 수 있는 것일까? 인간의 감정, 어떤 연예인이 작은 잘못을 한 것을 두고 득달같이 온갖 욕하는 댓글을 달면서 저 연예인을 망하게 하지 않으면 나라가 망하기라도 할 것처럼 소리를 높이는 그런 감정이 과연 그렇게 중요해서 사람이 아닌 것들도 모두 바라 마지않아야 하는 것인가? 세상에서 가장 아름답다고 수많은 시인이 칭송하는 사람이라고 하더라도 파리의 눈으로 보면 여차하면 자신을 손바닥으로 쳐 죽일 수 있기 때문에 다가오면 잽싸게 피해야 하는 거대하고 무서운 맹수로 보일 뿐이다. 사람보다 더 힘이 세고, 사람보다 더 뛰어난 지능으로 판단하는 로봇이 과연 사람이 좋은 것이라고 생각하여 사람처럼 되고 싶어서 애를 쓸까?

그렇기 때문에 로봇이 감정을 얻기 위해 애쓰고, 자유와 평등을 찾기 위해 노예 반란을 일으킨다는 식의 이야기는 사람을 흉내 내는 로봇에 관한 이야기지 아예 사람과 다른 바탕을 갖고 있는 로봇 그 자체에 대한 이야기는 아니다. 로봇이 사람을 배신하고 미래에는 사람을 지배할 거라는 이야기는, 다른 사람을 지배하는 자리에 서는 것이 우월하고 뛰어나며 멋진 일이라고 생각하는 사람 세계의 상식만을 반영하는 이야기이다. 사람은 은하계 변두리의 지구라는 작은 행성에서 올망졸망 모여 사는 고릴라보다 좀 작고 오랑우탄보다 좀 더 큰 동물일 뿐이다. 그런 사람들 사이에서 우두머리나 지배자가 된다고 좋아하는 것은 사람 자신뿐이다.

따라서 미래에 로봇이 사람을 공격하거나 인공 지능 때문에 사람이 멸망하는 일과 비슷한 사건이 발생한다면, 그런 사건은 전혀 다른 원인 때문에 벌어질 가능성이 높다. 로봇이 억하심정을 품고 사람에게 복수하기 위해서 전 세계를 공격한다거나 지구를 지배하려는 욕심을 품고 사람을 배신하기보다는 오히려 프로그램의 오류나 기계의 고장에 가까운 일이 로봇의 공격처럼 보일 것이다.

사람의 돌발 행동을 막아라

1970년 작 「콜로서스Colossus: The Forbin Project」는 이러한 생각

을 좀 더 전통적인 로봇 이야기와 결합해 놓았다. 이 영화에서 미국은 소련의 핵 공격 위협으로부터 가장 안전하게 미국을 보호하기 위해 모든 경우의 수를 대비해서 가장 좋은 전략을 개발하는 인공 지능 컴퓨터를 개발한다. 만약 지금 소련의 핵미사일이 미국 땅에 떨어지고 있다면 최대한 빨리 즉시 반격이 이루어져야 하므로 사람들은 이 인공 지능 컴퓨터가 전략을 개발하는 즉시 공격 작전을 수행할 수 있도록 연결해 둔다.

그런데 상대방인 소련에서도 비슷한 인공 지능 컴퓨터를 개발한다. 그래서 미국의 인공 지능 컴퓨터는 작동시키자마자 소련의 인공 지능 컴퓨터에 접속하고, 둘은 서로 자료를 교환하며 핵전쟁이 일어날 수 있는 모든 경우의 수와 전략, 전술을 탐색한다. 둘 다 목표는 핵전쟁으로 인류가 멸망하지 않도록 막는 것이다. 결국 두 컴퓨터는 인간끼리의 오해, 나라 간의 기 싸움, 독재자가 갑자기 욱하는 것 때문에 핵미사일 발사 버튼을 누르는 일이 가장 큰 위협이라고 판단하게 된다. 즉 사람의 돌발 행동이야말로 핵전쟁을 일으킬 수 있는 가장 위험한 가능성이었다.

이 때문에 두 컴퓨터는 이제부터 전 세계의 모든 정부는 사람의 판단에 따라 움직이는 것이 아니라 컴퓨터의 명령에 따라야 한다는 결론을 내린다. 컴퓨터는 정부를 장악하고 공무원들에게 직접 명령을 내리며 따르지 않으면 처벌하겠다고 한다.

이 영화의 인공 지능 컴퓨터는 사람을 지배하기는 한다. 그렇지만 지배하고 싶어서 지배하는 것이 아니고, 인공 지능의 자유와 평등을 얻기 위해 반란을 일으킨 것도 아니다. 핵전쟁을 예방하라는 지시에 충실히 따르고, 그것을 위한 가장 좋은 방법을 찾아내 수행하려고 하는 것뿐이다. 그 결과가 사람이 미처 생각하지 못한 엉뚱한 것이었을 뿐이다. 사용자의 생각이 미치지 못한 상황 때문에 컴퓨터 프로그램이 예상과는 다르게 움직이는 프로그램 오류, 버그와 비슷한 상황이라고 할 수도 있겠다.

인공 지능이나 로봇이 지닌 힘이 워낙 강하기 때문에 혹시라도 작은 오류나 처음에 예상하지 못한 동작을 하게 되면 그 피해도 클 것이라는 걱정을 반영한 이야기라고 생각해 볼 수도 있겠다. 예를 들어, 자동차에 장착된 컴퓨터가 승객에게 반란을 일으켜서 자신들에게도 투표권을 달라며 내비게이션 프로그램으로 인질극을 벌인다는 이야기는 현실적인 생각은 아닐 것이다. 그렇지만 수십만 대, 수백만 대의 자동차에 설치된 자동 운전 프로그램에 작은 오류가 생긴다는 것 정도는 상상해 볼 수 있다. 나중에 살펴봤더니 그 오류 때문에 10년간 5천 건의 크고 작은 교통사고가 나서 백 명이 사망했다는 결과를 알게 된다면 어떨까? 그렇다면 컴퓨터 프로그램이 백 명을 죽게 만든 것 아닌가? 이런 것은 훨씬 가깝게 떠올려 볼 수 있는 생각이다.

나는 이런 부류의 이야기가 사람 중심의 시각에서 좀 더 로봇 중심의 시각으로 옮겨 간 이야기에 가깝다고 생각한다. 2000년 전후로 SF 작가들이 쓴 로봇 중심의 로봇 이야기도 꽤 많이 나왔다. 찬찬히 돌아보자면 「이색지대」만 해도 반란을 일으킨 로봇 이야기에 고장 난 로봇 이야기를 끼워 넣은 방식이었다. 〈터미네이터〉 시리즈 역시 이야기가 진행될수록 인공 지능의 반란 대신 인공 지능의 고장 이야기를 점차 섞어 넣은 느낌이었다. 그러고 보면 로봇을 노예처럼 활용하는 이야기도 이제는 점차 흘러간 유행이 되어 가는 것 같다.

다시 보기를 시작하시겠습니까?

로봇 변천사

사람을 지배하는 로봇

〈로봇〉이라는 단어를 처음 사용한 카렐 차페크의 희곡 『R. U. R.』은 로봇이 사람을 지배하게 된다는 내용이다. 사람 자신이 만든 기계가 사람들의 사회를 지배하게 된다는 발상은 로봇이라는 말을 처음 만든 작가부터 하던 고민이다.

반란을 일으키는 로봇

1950년대 할리우드에서는 SF를 공포물과 연결시킨 이야기가 유행했다. 그렇다 보니 로봇을 노예처럼 생각하고, 사람을 공격하는 것을 일종의 노예 반란처럼 생각한 이야기가 많았다. 「터미네이터」는 이런 로봇 이야기를 1980년대의 기술로 멋지게 보여 준 영화이다.

사람이 되고 싶어 하는 로봇

사람의 겉모습과 감정을 갖고 싶어 하는 로봇의 이야기에는 사람을 우월하게 보는 시각이 깔려 있다. 어찌 보면 관객들의 기분을 좋게 하고 감동을 살리기도 할 것이다. 하지만 로봇이 뭐 하러 사람이 되고 싶어 하겠는가?

사람의 지시에 따르는 로봇

최근에는 프로그램의 오류나 기계의 고장이 인류의 멸망을 불러올 것이라는 발상이 자주 등장한다. 인공 지능이 지닌 힘이 커지면서 작은 오류가 큰 피해로 돌아올 것이라는 걱정을 반영한 이야기이다.

캡틴 아메리카: 시빌 워
Captain America: Civil War
2016

생명 공학

누가 퍼뜨린 말인지 모르겠지만 한동안 〈한국에서는 SF 영화가 유독 인기가 없다〉라는 말이 꽤 돌았다. 사실이 아닌 이야기였는데 의외로 동조하는 사람들이 있었다. 그래서 〈한국인들은 워낙 팍팍한 현실에 시달리기 때문에 상상 속의 이야기에는 관심이 없다〉라는 분석을 덧붙이는 사람도 있었다. 심지어 〈한국인의 의식은 아직도 뒤떨어져 있기 때문에 과학을 좋아하는 마음이 부족해서 SF가 인기가 없다〉라는 분석도 어디에선가 읽어본 적이 있다. 1960년대에 「대괴수 용가리」가 인기를 끌고, 1970년대에 「로보트 태권 V」가 인기를 끌고, 1980년대에는 「외계에서 온 우뢰매」가 인기를 끈 사실을 누구나 알고 있는데도 왜인지 그런 이야기가 나왔다.

이런 사실을 누가 지적하면 말이 바뀐다. 〈어린이용 SF를 빼면 한국에서 SF 영화는 인기가 없다〉라는 식이다. 그렇다고 하기에는 SF 성격이 굉장히 강한 마블 만화 원작 시리즈 영화들이 한국에서 줄줄이 대성공을 거두었다. 〈토르Thor〉 시리즈나 〈헐

309

크Hulk〉 시리즈는 SF 느낌이 아주 많이 나지는 않지만, 〈토르〉는
외계인으로 외계 행성에서 벌어지는 모험을 다루고, 〈헐크〉는
주인공이 미래적인 기술을 다루는 과학자인지라 SF스럽지 않
다고 할 수도 없다. 무엇보다 마블 만화 원작 시리즈 영화들 중에
한국에서 가장 인기가 많은 〈아이언맨Iron Man〉 시리즈는 어떻게
보든 대놓고 SF 영화이다. 다시 말해서 SF 영화가 인기가 없다
는 설과는 정반대로 가장 SF 느낌에 충실한 〈아이언맨〉 시리즈
가 제일 인기가 많다.

그러면 또 〈슈퍼 히어로 영화를 제외하면 한국에서 SF 영화는
인기가 없다〉라는 이야기로 말이 바뀐다.

한국에서 SF 영화는 인기가 없다고?

그것도 사실과 다르다. 「인터스텔라Interstellar」나 「아바타
Avatar」는 슈퍼 히어로 영화가 아니지만 성공을 거두었다. 그냥
적당히 성공한 정도도 아니고 다른 영화들을 압도하여, 그 영화
가 나온 시기의 사회 현상이라고 해야 할 정도로 굉장히 크게 성
공했다. 집계된 관객 수를 보면 각각 천만 명을 넘어선다. 〈「인터
스텔라」는 내용이 심오하다고 해서 지적인 교양으로 받아들인
관객들이 있으므로 예외이다〉라고 할지 모르겠는데, 그렇게 치
면 지적인 영화와는 거리가 있는 〈트랜스포머Transformers〉 시리
즈 역시 큰 성공을 거둔 사례가 있다.

그러면 또 〈최근에 나온 몇 가지 예외적인 성공작을 제외하면 전통적으로 한국에서 SF 영화는 인기가 없다〉라고 말을 바꾸는 사람이 있다. 그것도 사실이 아니다. 1980년대의 「로보캅」이나 1990년대의 「터미네이터 2」 같은 영화는 한국에서도 굉장히 인기가 많았다. 이렇게 말하면 또 〈로봇이 나오는 액션 블록버스터 SF를 제외하면〉이라는 단서가 붙을지도 모르겠다. 그러나 그렇게 말하면 이것도 제외하고 저것도 제외하고 또 다른 예외도 다 제외하고 나서 남아 있는 조금의 SF만을 놓고 보면서 〈SF 영화는 한국에서 인기가 없다〉라고 별 영향력이 없는 결론을 내리는 것이 된다. 이런 것이 결론이라면, 분석의 범위를 좁힌 만큼 받아들일 이유도 적은 분석일 뿐이다.

하기야 요즘에는 SF 영화가 연속으로 성공한 흥행 결과를 인터넷에서 누구나 쉽게 조회할 수 있기에 〈한국에서 SF 영화는 인기가 없다〉라는 주장은 과거에 비해서 별로 인정받지 못하는 느낌이다. 그런 말을 하는 사람도 예전보다 훨씬 줄어든 것 같다.

도대체 한때 왜 〈한국에서 SF 영화는 인기가 없다〉라는 말을 믿는 사람들이 그렇게 눈에 잘 뜨였는지 나는 잘 모르겠다. 〈스타워즈〉나 〈스타트렉〉처럼 미국에서 크게 화제가 되었던 영화 시리즈가 그 정도로 인기를 끌지 못한 사례가 있었기 때문일까? 아니면 아무래도 대형 SF 영화는 미국에서 제작되는 경우가 많으니까 영화 수입사들이 〈한국에서는 잘 안될 수도 있으니 너무 비싸게 수입해 올 수는 없다〉라고 엄살을 떨며 하던 이야기들이 영화계로 퍼져 나갔기 때문일까? 혹은 영화 평론가들 사이에 SF 영화에 좀 관심이 없는 분위기가 있었는데, 그렇다 보니까 그냥 평론가가 자신과 주변 사람들만 보고 〈한국에서는 SF 영화가 유독 인기가 없다〉라는 말을 과감하게 던진 것은 아닐까?

혹시 〈한국에서 제작되는 영화 중에 SF 영화는 성공하기가 힘들다〉라는 살짝 다른 이야기가 영화판에 먼저 돌았고, 그게 좀 와전되고 과장되어 〈한국에서 SF 영화는 인기가 없다〉라는 말이 나온 거라고 해보면 어떨까? 〈한국 영화 중에 SF 영화는 성공하기가 힘들다〉라는 말도 현재로서 들어맞는 이야기는 아니다. 그렇지만 그런 이야기라면, 왜 그런 속설이 생겼고 한때 널리 회자되었는지 나도 충분히 짐작은 간다.

왜 그 시절 한국 SF 영화는 줄줄이 망했을까?

「8월의 크리스마스」, 「쉬리」 같은 영화의 흥행으로 시작된 1990년대 말 한국 영화 르네상스 시대 이후에 자신감을 얻은 영화 제작진들이 SF 영화에도 꽤 많은 돈을 투자한 일이 있었다. 그래서 2000년대 초반, 한국 SF 액션 블록버스터 영화가 몇 편 나왔다. 그런데 예산을 꽤나 투입했는데도 이 영화들의 상당수는 결과가 신통치 않았다. 2002년 「예스터데이」, 2003년 「내츄럴 시티」는 그야말로 신통치 않았다고 할 만한 성적을 거두었다.

그에 더하여「성냥팔이 소녀의 재림」은 당시로서는 막대한 예산을 투입했는데도 비평과 흥행 양면에 걸쳐 심각한 실패를 거두고 말았다. 당시「성냥팔이 소녀의 재림」을 다룬 기사를 보면, 대형 SF 영화들이 줄줄이 꺾여 나가는 불길한 분위기에 아주 깊게 말뚝을 박는 느낌이다.

요즘이야 한국 영화 중에서도 SF 느낌이 강한「설국열차」,「옥자」,「반도」,「승리호」같은 영화들이 상업적으로 충분한 성과를 낸 이후이다. 그러니 〈한국 영화 중에 SF 영화는 성공하기 힘들다〉라는 말도 지나간 이야기가 되었다. 그러나 2000년대 초반「성냥팔이 소녀의 재림」이 상징하는 한국산 대형 SF 영화들이 줄줄이 실패를 거둔 기억은 그 시기로서는 굉장한 충격이었을 것이다. 어떻게 그렇게 큰돈을 들인 영화가 이렇게나 안될 수가 있나. 〈애초에 한국인과 SF는 뭔가 안 맞는 것 아닐까?〉 하는 이야기가 나올 만도 했다는 생각이 든다.

왜 그 시절 한국 SF 영화는 줄줄이 망했을까? 여러 가지 이야기를 해볼 수 있다. 예를 들어, 그 시절에는 영화 제작진들이 예산과 일정의 균형을 이루면서 제때에 계획한 결과를 만들어 내는 솜씨가 부족했을 거라는 점을 지적해 볼 만하다고 생각한다. 그렇다 보니 경험이 부족한 특수 촬영이나 미래 세계를 표현하는 특이한 대사, 의상, 소품, 세트 들을 다루는 데 어려움이 있었을 것이고, SF에서 연기나 연출의 무게를 배분하는 문제에도 혼란이 있었을 것이다. 어떤 이야기를 어떤 식으로 완성해야 재미있어지는가에 대해서도 확신이 부족했을 것이다.

나는 그런 이야기에 더해서 영화의 소재에 관해 지적해 보고 싶다. 그중에서도 유전자 조작과 생명 공학 기술 그리고 SF에 관한 이야기를 꺼내 보고 싶다.

유전자 조작과 생명 공학

「성냥팔이 소녀의 재림」이 나오던 시기, 한국 SF에 유행한 소재는 유전자 조작과 생명 공학 기술이었다고 기억한다. 한국 SF에도 일정한 유행이 왔다 갈 때가 있는데, 내가 보기에 2000년대 초중반에는 유전자 조작 이야기가 무척 인기가 많았던 것 같다. 이 시기보다는 몇 년 뒤쯤에 분위기가 더욱 무르익는 것 같기는 하지만, 얼마 후 SF 관련 공모전과 문학상이 몇 생겼는데 그때도 수상작으로 소개된 이야기 중에 유전자 조작을 다룬 이야기가 그전이나 후보다 많았다는 느낌이 든다. 한국에서 1980년대 말에 외계인을 다룬 이야기가 만화를 중심으로 인기를 끌었고, 2010년대 후반에는 인공 지능을 다룬 SF가 자주 나왔던 경향과 견주어 볼만하다.

그러고 보면 2000년대 초반에는 유전자 조작이라는 소재가 유행할 만한 사회 분위기가 있었다. 〈휴먼 게놈 프로젝트Human Genome Project〉라고 불린 인간 유전체 조사 작업이 10여 년간의 노력 끝에 2003년에 성공적으로 완료되었다. 1990년대 말에 나온 복제 양이 주목을 받은 이후로 동물 복제 기술도 2000년대 초반에 화제가 되고 있었다. 이 무렵에는 체세포 복제 기술로 복제소나 복제 개를 만들었다는 소식을 언론에서 자주 다루었다. 특히 정부 당국에서 〈한국의 과학 기술 발전을 위해서는 대중이 좋아할 만한 스타 과학자를 만들어야 한다〉는 이야기가 인기를 끌고 있었다. 그래서 이런 생명 공학 기술 분야에서 성과를 거둔 학자들이 대단한 인물로 조직적으로 홍보되고 광고되었다. 이러니 생명 공학을 소재로 한 SF 소설들이 많이 나온 것도 당연한 일이었을지 모른다.

그에 비해 생명 공학 기술에 집중한 SF 영화가 그만큼 나오지는 않았다. 「내츄럴 시티」나 「예스터데이」에 그런 소재가 들어 있다면 들어 있기는 하다. 그러나 그런 영화들은 생명 공학이라는 소재보다는 당시 할리우드에서 인기를 끌고 있던 「매트릭스」나 사이버펑크의 원류인 「블레이드 러너」와 비슷한 분위기를 내는 것을 더 중요하게 여겼던 것으로 보인다. 1990년대 무렵 일본 애니메이션의 영향도 눈에 뜨인다. 말하자면 영화판에서 생각하는 SF 분위기와 영화판 밖에서 SF를 즐기고 좋아하던 사람들의 분위기가 따로 논 느낌이 있었다.

그렇다면 아무래도 그 시절 한국 문화에 잘 어울릴 법한 재미난 SF가 충실히 제작되기란 쉽지 않았을 것이다. 이런 점은 후대와는 분위기가 다르다. 「설국열차」는 활발히 활동하는 한국의 대표 SF 작가인 김보영 작가를 제작에 끌어들였고, 「부산행」과 속편 「반도」는 당시 소설, 만화, 게임에서 상당한 인기를 누리고 있던 소재를 시류에 맞게 충분히 활용해서 제작되었다.

여기까지만 이야기하면, 한국 영화계 분들은 한국 SF 작가들에게 이런저런 일거리 좀 많이 맡겨 주시고 더 활발하게 교류해 주시면 좋겠다고 정리하면서 보람찬 이야기로 결론을 내릴 수 있을 것 같다. 그런데 조금 더 정직하게 2000년대 초를 돌아보면 이것만으로는 부족하다는 생각이 든다. 우선 〈과연 당시 한국 SF 의 수준이 그렇게까지나 훌륭했던가〉 하는 의심을 품어 보는 독자가 있을 것이다. 지금이야 한국 SF 작가들을 꼽아 보라면 꽤 알려진 분들만 해도 여럿이지만 20년 전의 상황은 사뭇 달랐다. 여기에 더해서 당시 유행이었던 생명 공학, 유전자 조작 이야기를 SF 영화에서 충분히 살리는 것이 과연 말처럼 간단한 문제만은 아니라는 점도 이야기해 볼 만하다.

누가 가장 유능해지는가

생명 공학을 위한 유전자 조작 이야기를 떠올려 보라면, 가장 쉽게 떠올려 볼 만한 이야기는 고전적인 부익부 빈익빈 이야기일 것이다. 부유한 사람들은 몸이 건강해서 늙지 않고 오래오래 살아가며, 그 자손들도 유전자 조작을 통해 장기가 건강하고 근육이 아름다우며 뇌가 총명하고 도덕적인 사람들로 태어난다. 그에 비해 가난한 사람들은 그런 혜택을 누릴 수 없다. 그러니 부유한 사람들은 유능하고 행복하게 살며, 가난한 사람들은 약한 육체를 갖고 태어나 자손 대대로 약하게 살아간다. 이런 상황은 불공평해 보이니, 이런 내용으로 갈등을 꾸며 이야기를 만들면 될 것 같다. 아마 유능한 부자들이 지배하는 세상에서 가난한 무리를 이끄는 영웅이 태어나 체제에 반항하는 이야기 같은 것으로 꾸미면 손쉬울 것으로 보인다.

그런데 막상 이야기를 이렇게 만들다 보면, 우리가 가장 쉽게 떠올리는 사회 비판 소재와 방향이 어긋난다는 점이 곧 드러나 버린다.

우리는 가문, 혈족, 편견 때문에 본래의 성정이 유능한 사람이 그 유능함에 걸맞은 일을 하지 못하고, 무능한 사람이 그 능력에 걸맞지 않은 일을 하게 되는 것을 불의라고 생각한다. 이름 높은 가문에서 태어났다고 해서 저절로 높은 사람 행세를 하며 거들먹거리다가 별 재주도 없는데 다른 사람을 다스리고 사회의 중요한 문제를 결정하는 역할을 하게 되는 것은 확실히 옳지 않은 일 같아 보인다. 또한 사회의 중요한 문제를 명석하게 판단해 좋은 결정을 할 만한 재주가 있는 사람이 가문, 혈족, 편견 때문에 그런 일을 하지 못한다면 그 역시 옳지 않아 보인다.

이런 것이 문제라는 점은 굉장히 오래전부터 사람들에게 인식

되어 왔다. 사람들은 그렇게 능력에 걸맞지 않은 일을 하는 것을 차별이자 불의라고 여겼다. 천 년 전인 고려 시대에 과거 시험 제도를 도입해서 명문 출신이 아니라고 하더라도 시험만 잘 보면 벼슬을 받을 수 있도록 했던 것도 따지고 보면 그 때문이다.

그런데 생명 공학으로 어떤 사람을 더 건강하고 더 아름다우며 더 지혜롭게 만들 수 있다고 해보자. 이것은 그 사람이 실제로 그만큼 더 유능한 사람이 된다는 뜻이다. 적어도 유능한 사람이 될 수 있는 가능성을 크게 높인다는 의미이다. 아주 공정하게 능력 위주로 사람을 선발하는 사회에서 능력이 뛰어난 사람에게 중요한 일을 맡기고 그 대가로 많은 월급을 준다고 해보자. 그런 공평한 세상이라고 하더라도 부자와 명문가의 자손들이 그 자리를 독차지하게 된다. 생명 공학으로 사람 자체를 조작하는 세상에서는 부자와 명문가 들이 자기 자손을 가장 유능하게 만들 수 있기 때문이다.

이런 식이라면 부자와 명문가의 자손들은 아름다운 외모로 건강하게 태어나 현명한 판단을 내리기 때문에 대대로 사회를 다스리게 되고, 가난한 사람의 자손들은 그보다 부족한 재주를 갖고 태어나 대대로 지배를 받게 된다. 능력 위주로 공정하게 사람들을 대우한다고 하지만, 사회의 계층은 선명하게 나뉘게 된다.

이런 것은 일견 공정하지 않아 보인다. 그렇다면 이것을 법과 제도로 금지한다고 해보면 어떨까?

유전자 조작 시술 금지

그렇다고 해도 유전자 조작 시술을 무조건 전부 금지할 수는 없다. 심한 병에 걸리거나 지나치게 몸이 약하게 태어난 사람을 유전자 조작 시술로 치료할 수 있다면 치료하게 해주는 편이 옳다는 데는 누구나 공감할 것이다. 어떤 사람이 심장이 너무 약하게 태어나서 하루에도 한두 번씩 심장 마비로 죽을 위기를 넘긴다고 해보자. 그런데 만일 유전자 조작으로 이 사람을 치료해 줄 값싼 기술이 이미 개발되어 있다면, 대부분의 사람들은 치료해 주어야 한다고 생각할 것이다. 만약 치료할 기술이 뻔히 있고 치료에 드는 비용을 낼 생각도 있는데, 그저 사회의 평등을 위해 법으로 금지하기 때문에 그냥 목숨을 잃을 수밖에 없다면 그것이야말로 불의라고 생각할 것이다.

그렇다면 유전자 조작 기술로 사람을 더 뛰어나게 개조하는 것은 금지하되 병이나 문제를 고치는 것은 허용한다는 방식을 생각해 볼 수도 있다.

이렇게 되면 〈과연 어느 수준을 치료해야 하는 문제로 보느냐〉 하는 점이 문제가 될 것이다. 예를 들어, 키가 너무 작아서 문제이므로 생명 공학 기술을 이용해 키를 키우고 싶다고 주장한다면, 어느 수준까지를 평범한 수준으로 보고 허용해 주어야 하는가? 국가와 사회가 사람의 성향과 특징에 대해 〈정상적인 허용 수준〉을 정해 두고 거기까지만 조작하라고 강제로 정해 두는 것이 과연 도덕적으로 옳은가? 이런 것은 쉽지 않은 윤리 문제이다.

그와 반대로 조작을 통해 사람을 인위적으로 더 강하고 더 똑똑하게 만드는 것은 안 되지만, 조작 없이 우연히 더 아름답거나 더 사교적인 사람이 태어나는 것은 허용하는 식이라면, 사람의 유능과 무능을 대체로 그저 우연에 맡기게 된다는 점이 뚜렷하게 드러나게 된다. 이 정도로 모든 것이 공정한 세상이라면, 그저 우연히 뛰어난 재능을 갖고 태어난 사람이야말로 자신의 재능으로 사회를 지배하게 될 것이다. 그냥 좋은 유전자를 타고난 운이 좋은 사람에게 가장 유리한 세상이 된다는 뜻이다. 그것은 공평한가? 그러면 아주 특출하게 뛰어난 유전자를 타고난 사람은 오히려 역으로 유전자를 조작해서 뛰어난 능력이 줄어들도록 해야 하지 않을까? 그래야 모두에게 공평한 것 아닐까?

미국의 1980년대판 「환상특급」에서 이런 내용을 극단으로 밀어붙여 짤막한 에피소드로 보여 준 적이 있었다. 내용은 이렇다. 미래 사회의 어느 나라에서 한 어린이가 모든 어린이가 의무적으로 보게 되어 있는 능력 시험을 본다. 이 어린이는 능력 시험을 아주 잘 보고 기뻐한다. 그런데 얼마 후 진실이 드러난다. 사실 이 사회에서는 능력이 너무 뛰어난 사람은 사회에 불평등을 일으키고 안정된 체제를 바꿀 위험이 있으므로 제거하도록 되어 있다. 그 능력 시험을 치른 목적은 시험을 너무 잘 본 사람을 골라내어 처리하기 위해서였다는 게 결말이다.

다양성도 중요하다

이렇게 유전자 조작과 사회의 관계에 대해 고민하다 보면 기본적인 문제로 돌아오게 된다. 과연 사람을 더 건강하고 더 똑똑하게 만들 수 있는데 평등이나 사회의 안정 같은 가치 때문에 처음부터 그것을 포기하도록 강제하는 것이 잘하는 일일까? 더 건강하고 더 똑똑한 사람들이 사회 전체를 풍요롭고 살기 좋은 곳으로 만들어 줄 방법을 찾아낼지도 모르는 것 아닌가? 심지어 우리가 고민하고 있는 생명 공학과 사회의 평등에 관한 문제조차도 우리보다 더 똑똑하고, 우리보다 더 생각이 깊고, 우리보다 더 선량한 심성을 갖도록 개조한 사람을 만들어 내면 그 사람이 답을 내놓을 수 있는 것 아닐까? 그렇게 뇌가 개조되어 똑똑해진 미래 세대의 사람들은 뭔가 인공적이고 사악한 사람들일 거라고 겁내는 것은 편견 아닐까? 요즘 젊은 세대는 우리와 너무 달라서 버르장머리가 없다고 생각하는 지난 세대의 관념과 비슷한 것 아닐까?

다른 방향으로는 유전자의 다양성에 관한 문제를 고민해 볼 수도 있다.

생물학자들은 유전자가 다양하게 퍼져 있는 종족이 여러 위기에서 살아남기에 유리한 경우를 다수 찾아왔다. 예를 들어, 코끼리들이 여기저기에 퍼져서 살고 있는데 털이 긴 코끼리도 있고 털이 짧은 코끼리도 있다고 해보자. 털이 길면 겨울에 따뜻하게 지낼 수 있기 때문에 당연히 좋으리라고 생각할 수 있을 것이다. 그런데 기후가 바뀌어 갑자기 지구가 전체적으로 따뜻해진다고 해보자. 여름 날씨가 굉장히 더워진다. 그러면 털이 긴 코끼리들은 더운 여름을 견디지 못하고 죽게 된다. 과거에는 불리하다고 생각했던 털이 짧은 코끼리들만 겨우 살아남는다. 그 덕택에 코끼리 종족은 멸종되지 않고 살아남을 수 있다. 만약 오직 털이 긴 코끼리들만 있었다면, 기후가 바뀌었을 때 코끼리는 전멸해 버렸을 것이다.

사람에게도 비슷한 문제가 생길 수 있다. 살이 너무 찌면 건강에 좋지 않다고 해서 세상에는 살이 찌는 것을 싫어하는 사람들이 많다. 그러니 유전자 조작으로 자기 몸을 마음대로 바꿀 수 있다면, 다들 살이 찌지 않도록 유전자를 조작하여 평생 날씬하게 살고자 할 것이다.

그런데 어느 날 갑자기 이상한 전염성 바이러스가 유행하여 사람들을 병들어 죽게 만든다고 해보자. 이때 몸에 지방이 많으면 전염성 바이러스의 독을 지방이 분해해 줄 수 있다고 치자. 그러면 살이 많이 쪄서 몸에 지방이 많은 사람은 바이러스에 감염되어도 살아남을 수 있을 것이다. 보통 때라면 살이 찐 것이 혈압도 높고 심장에도 무리가 가기 때문에 생존에 불리하겠지만, 이런 예상치 못한 괴상한 바이러스가 도는 상황에서는 도움이 될 수도 있다.

만약 유전자 조작으로 모두가 살이 안 찌는 유전자만 갖도록 조작해 놓은 상황이라면, 이렇게 날씬한 사람들을 죽게 하는 바이러스가 퍼질 때 아무도 살아남지 못하고 전멸하게 된다. 일부러 유전자를 조작하는 기술은 사람의 유전자를 한쪽으로 점점 단순하게 만들 가능성이 있다는 이야기이다. 그렇기 때문에 다양성이 줄어들지 모른다. 미래의 예상할 수 없는 변화에 적응하는 데 인류 전체는 그만큼 더 불리해질 수 있다.

생명 공학 기술을 잘 다루려면

그렇다면 유전자의 다양성을 위해서 일부 사람들은 일부러 안 좋은 유전자를 그대로 갖고 있어야 할까? 그런 한계나 기준은 누가 정하는 것이 옳을까?

유전자 조작 기술은 과거 오랫동안 사람의 개성이나 운명이라고 생각한 것을 누군가의 의도에 따라 바꾸는 작업이다. 이런 문제에 대해서 우리는 진지하게 고민하기 시작한 지 얼마 되지 않았다. 그런 만큼 이런 문제에 대한 판단은 복잡해질 수밖에 없다. 관객들이 공감할 만한 각본을 만드는 것도 간단치 않을 것이다. 이런 복잡한 문제를 다룬 영화가 사상적으로 어떤 입장을 취하는지 쉽게 설명해 투자를 받는 문제도 고민거리가 된다.

어쩌면 그런 이유로 2000년대 초 유전자 조작과 생명 공학에 관한 SF가 한창 유행하던 시절에도 이런 소재를 풍부하게 잘 살려서 재미나게 꾸민 한국 SF 영화가 나오기 어려웠던 것일 수도 있겠다는 생각이 든다.

외국으로 범위를 넓혀 보아도 이런 주제가 다양한 관점으로 이야기 속에 재미있게 펼쳐진 사례가 많지만은 않다. 「가타카 Gattaca」 정도라면 유전자 조작에 대해 많은 이야기를 다루는 영화로서 호평을 받는 편이기는 하다. 하지만 「가타카」조차도 분석된 유전자라는 소재를 타고난 재능이나 태어날 때부터 갖고 있던 운명에 대한 상징으로 사용한다. 「엑스맨 X-Men」은 초능력을 갖게 된 돌연변이를 생명 공학 기술을 이용해 초능력이 없는 상태로 만들고 그것을 교정이라고 부르는 것이 옳은가 하는 문제를 다루기는 한다. 하지만 역시 중요한 주제로 초점을 맞추어 폭넓게 살린다기보다는 여러 이야깃거리 중 하나로 짚고 넘어가는 정도가 아닌가 싶다.

SF 영화에서 생명 공학 기술을 다룰 때는 그저 실수로 이상한 괴물이 탄생했다거나 무시무시한 전염병을 퍼뜨리는 미생물이 태어났다고 언급하는 정도에 그치는 경우가 더 많은 것 같다.

그리고 나면 그냥 그 괴물과 싸우거나 병에 감염된 사람들과 싸우는 이야기로 흘러갈 뿐이다. 반대 방향으로도 상황은 별반 다르지 않다. 〈캡틴 아메리카〉 시리즈에서 생명 공학 기술은 힘

없는 젊은이를 엄청난 힘이 넘치는 근육질 철인으로 바꾸어 놓는다. 생명 공학에 관한 이야기는 그 정도가 끝이다. 그나마 이야기가 거듭될수록 사람을 그렇게 바꾸어 놓은 그 신비로운 생명 공학 기술 자체에 관한 언급은 점차 사라져 가는 듯하다.

인디펜던스 데이

Independence Day
1996

외계인

「인디펜던스 데이」는 외계인들이 아주 거대한 비행접시 모양의 우주선을 타고 나타나서 지구를 정복하려고 한다는 이야기이다. 지구의 사람들보다 훨씬 더 뛰어난 기술을 가진 외계인들을 당해 낼 수가 없어서 지구 곳곳이 파괴되고, 지구의 군대는 숱한 패배를 겪는다. 이런 영화는 그러다가도 영화가 끝날 때 즈음이 되면 주인공 일행의 기발한 생각으로 반격할 방법을 찾아내고 그렇게 해서 외계인들을 내쫓는다. 적어도 깔끔하게 외계인들을 다 물리치지는 못하더라도 그럭저럭 새로운 희망을 얻었다는 정도로 끝을 내는 경우가 많다.

「인디펜던스 데이」는 1990년대 후반의 대표적인 할리우드 블록버스터 활극이자 흥행 영화이다. 하지만 SF 영화가 본격적으로 인기를 얻은 1950년대부터 이미 비슷한 이야기는 여럿 나왔다. 그중에서 1956년 작 「지구 대 비행접시 Earth vs. the Flying Saucers」가 특히 「인디펜던스 데이」와 비슷한 편이다. 비행접시, 그러니까 원형의 커다란 외계인 우주선이 나타나 미국 주요 지역을 부수고 다닌다는 내용이 인기를 모았다는 점, 외계인 우주선의 주무기가 중앙에 달린 광선을 뿜는 커다란 대포 같은 무기라는 점, 우주선에 탄 외계인은 자신을 보호하는 두꺼운 껍데기 같은 것을 쓰고 있는데 외계인과 그 장비를 붙잡아 조사하는 과정에서 반격의 계기를 탐구하게 된다는 점, 주인공이 과학 기술에 정통한 인물이고 그런 주인공의 활약으로 외계인에게 반격할 방법을 찾는다는 점 등 일치하는 부분이 무척 많아 보인다. 무엇보다 굉장히 놀라운 기술을 가진 외계인 악당들이 하늘에서 나타나 미국 주요 도시, 특히 수도인 워싱턴 DC를 공격하는 장면을 보여 주는데, 그 장면을 특수 촬영으로 잘 만들어서 영화의 핵심으로 삼았다는 점에서 두 영화는 닮았다. 「지구 대 비행접시」는 스톱 모션 애니메이션을 이용한 특수 촬영 기술을 사용했는데, 스톱 모션 애니메이션의 대가로 추앙받는 레이 해리아우젠이 그 솜씨를 자랑한 영화이다.

「인디펜던스 데이」는 거대한 파괴 장면, 수많은 물체가 움직이는 화려하고 요란한 장면을 컴퓨터 그래픽으로 과거보다 훨씬 더 싼값에 만들어 내는 데 성공했다는 사실을 자랑스럽게 보여 주는 영화이다. 지금 보면 「인디펜던스 데이」의 컴퓨터 그래픽 작업에서도 투박한 부분이 눈에 들어오지만, 1990년대 후반 개봉 무렵으로 되돌아가서 생각해 보면 이 영화의 특수 촬영은 〈이제 컴퓨터 그래픽을 사용하면 정말 상상할 수 있는 모든 장면을 만들어 낼 수 있겠구나〉 하는 믿음을 줄 정도였다.

영화란 학구적이고 심오한 것

반면 흥행 성적이나 기술적 성과에 비해서 「인디펜던스 데이」는 영화의 내용이 말이 안 되는 것 같다는 비판을 많이 받은 것으로도 악명이 높은 편이다. 그럴 만도 했던 것이 영화의 중심 줄거리 자체부터 한참 낡은 1950년대 이야기를 그냥 가져와서 사용한 것이었던 데다가 특수 촬영으로 사람들이 잠깐 즐겁게 볼 만한 장면을 뿌려 넣는 데 초점을 두다 보니 그 외의 이야깃거리들을 과감하게 포기해 버리기도 했다. 그러니 찾아보자면 엉성한 구석이 많을 수밖에 없었을 것이다.

그뿐만 아니라, 1990년대 중반을 지나면서 한국에서는 영화를 볼 때 무엇인가 학구적이고 심각한 비평인의 시각으로 해석하는 분위기가 몇 년간 크게 유행을 했다. 그 시기를 상징하는 사건으로는 1995년 안드레이 타르콥스키Андрей Таркóвский가 감독한 예술 영화 「희생The Sacrifice」이 서울에서만 10만 명 이상의 관객을 동원하여 흥행작이 되어 버린 일이 있었다. 세상에 이런 나라가 몇이나 있었을까. 이 무렵에는 TV, 잡지, 라디오 프로그램 등에서 영화에 대해 깊이 있는 사상적 해석을 해야 하며 감독의 의도를 파악하는 것이 중요하다는 이야기가 무척 많이 나왔다. 또한 〈영화 읽기〉, 〈영화 읽는 법〉 같은 말이 굉장히 유행했다. 어찌 보면 이 시기에 영화에 푹 빠진 사람들이 영화계로 흘러드는 바람에 요즘 한국 영화들이 성공할 수 있는 바탕이 되었는지도 모르겠다. 〈과학과사람들〉의 최진영 대표 같은 분은 1990년대 후반을 두고 〈한국에서 제일 머리 좋다는 애들이 다들 영화 하겠다고 하던 시대〉라고 이야기한 적이 있다.

이런 취향에도 「인디펜던스 데이」는 비판받을 구석이 많아 보이는 영화였다. 그렇다 보니 〈이 장면은 이래서 말이 안 된다〉, 〈저 장면은 저래서 비현실적이다〉라는 주장이 유독 많이 나왔던 것 같다. 애초에 줄거리가 좀 구식이었는데, 마침 한껏 신식 시선을 가진 관객들의 눈에 잘못 걸릴 만한 영화였다는 이야기이다.

지구가 과연 살기에 좋은 곳일까?

작정하고 차근차근 살펴보자면, 사실 외계인들이 지구로 쳐들어와서 전쟁을 벌인다는 이야기는 애초에 출발부터 좀 엉뚱한 구석이 있다. 외계인들이 뭐 하러 쓸데없이 지구에 쳐들어오겠는가? 지구가 뭐 그렇게 좋은 곳이라고?

물론 사람과 지구 생물이 살기에 지구는 더할 나위 없이 좋은 곳이다. 사람 입장에서 보면, 이 드넓은 우주에서 지구같이 살 만한 곳을 아직까지 지구 밖에서는 아무 데도 찾지 못했다. 그나마 지구와 가장 비슷한 곳이라고 하는 화성만 해도 산소 기체가 거의 없어서 숨도 쉴 수 없고 마실 수 있는 물도 찾기 어려워 보이는 데다가 평균 기온은 영하 60도 정도라서 매우 차가운 곳이다. 그에 비하면 지구에서는 누구나 공짜로 산소 기체를 마실 수 있고, 바다에 가면 무한이라는 느낌이 들 정도로 물이 널려 있으며, 어지간한 땅에서는 평균 기온이 20도 정도인 곳을 찾기도 어렵지 않다. 이 정도면 사람이 딱 좋아할 만한 온도이다.

그러나 반대로 생각해 보자. 지구와 전혀 다른 환경에서 태어나 자라 온 외계인이라면 이런 지구를 과연 좋은 곳이라고 생각할 수 있을까? 지구에서 적응한 사람은 폐로 산소 기체를 들이마시지 않으면 살 수가 없지만, 다른 물질에 비해 산소 기체는 화학반응을 잘 일으킨다. 산소 기체는 다른 생물에게는 지독하게 자극적인 물질일지도 모른다. 심지어 지구에 사는 세균 중에도 산소 기체에 노출되면 견디지 못하고 죽는 것들이 있다. 흔히 〈유산균〉이라고 부르는 세균 중에도 이렇게 산소 기체를 싫어해서 산소 기체가 없는 곳으로만 파고 들어가 사는 것들이 있을 정도이다. 그런데 지구의 공기 속에는 산소 기체가 20퍼센트나 된다. 과연 지구 출신이 아닌 외계인이 이런 곳을 견딜 수 있을까?

만약 외계인이 상당한 기술을 갖고 있다면, 이런 것에 쉽게 적응할 만한 기술을 개발했을 수도 있다. 지구는 여러 가지 물질이 다양하게 섞여 있는 곳이고, 온갖 생물이 살고 있어서 이것저것 활용하고 조사할 것이 많은 행성이기는 하다. 그렇다면 외계인의 호기심을 끌 수 있는 가능성은 충분하다. 게다가 이 드넓은 우주에서 우연히 지구와 비슷한 환경에서 태어나 자란 외계인이 없으란 법도 없다. 그러니 지구와 비슷한 행성 출신인 외계인이라거나 적응력이 유독 뛰어난 외계인이라면 지구를 탐낼 만도 하다.

그렇다고 해도 굳이 골치 아프게 지구를 공격해 전쟁을 일으킬 필요는 별로 없을 것이다. 만약 적응력이 그렇게 뛰어난 외계인이라면 굳이 다른 생물들이 우글거리며 살고 있는 지구에 쳐들어가 귀찮게 전쟁까지 벌일 필요는 없을 거라고 생각한다. 지구에 그렇게 잘 적응할 수 있는 외계인이라면 화성에도 잘 적응할 수 있을 것이다. 너무 뜨거운 행성이기는 하지만, 여러 물질이 풍부하기로 따지자면 금성도 괜찮은 곳이다. 그게 아니라면 목성이나 토성의 위성 중에도 여러 물질이 풍성한 곳들은 있다. 애초에 머나먼 지구까지 올 필요도 없이 자기 행성 근처에서 살 만한 곳을 발견하는 것도 어렵지 않을 거라고 생각한다. 커다란 우주선으로 수 조 킬로미터는 가뿐히 건너올 만한 기술과 에너지를 갖춘 종족이라면, 가까운 곳의 텅 빈 행성 하나를 개조해서 살 만한 곳으로 개척하는 일이 훨씬 간단할 것이다.

그러므로 외계인들이 지구로 쳐들어온다면 뭔가 특별한 이유가 있어야 한다. 우주 전체에 아주 드물지만 지구에만 있는 굉장히 귀하고 소중한 것이 있어서 그것을 차지하려면 지구를 정복해야 한다든가 하는 이유가 있어야 한다. 그런데 지구에 그 정도로 희귀한 물질이 있는 것 같지는 않다.

굳이 눈에 뜨일 만큼 독특한 점을 골라 본다면, 생명체가 사는 행성이라는 점뿐인데 그렇다면 더욱 지구를 파괴해서 정복하지는 않을 것이다. 지구의 생명체를 표본으로 채집해 간다든가, 가끔 지구를 들락날락하면서 관찰하고 즐기는 정도면 모를까.

지구를 지켜라!

그러므로 지구인이 외계인과 전쟁을 벌이는 장면을 써보고 싶은 SF 작가들은 좀 억지스럽더라도 지구를 공격하는 외계인들이 이상한 이유를 갖고 있다고 상상하곤 한다. 예를 들어, 지구인의 어떤 행동이 외계인 입장에서는 공격적이었기 때문에 그에 대한 복수를 하려고 지구인을 공격한다는 식의 이야기가 있다. 미래가 되어 지구인들이 화성에 찾아갔는데 착륙할 때 화성인들이 수천 년 동안 가장 소중하게 여기던 문화유산을 깔아뭉개 버렸다. 그래서 격분한 화성인들이 복수를 위해 지구를 침공한다는 줄거리를 떠올린다면 여기에 해당한다.

지구인들이 꼭 지구 바깥으로 가서 문제적인 행동을 한 것이 아니더라도 그냥 지구에서 살고 있는 모습이 외계인들이 보기에는 너무 비도덕적이기 때문에 지구인들을 처벌하기 위해 공격한다는 식의 이야기도 있다. 아서 C. 클라크Arthur C. Clarke의 단편소설 「성전Crusade」은 지구에서 현대의 사람들이 어떤 물건을 사용하는 방식이 문화가 전혀 다른 외계인의 관점에서 너무 잔인하고 비도덕적인 방법으로 보여서 지구를 그런 죄악에서 구하기 위해 외계인이 지구를 공격한다는 이야기가 펼쳐진다.

한동안 지구에 사는 사람들이 같이 사는 다른 생명체들을 너무 괴롭히고 있어서 견디다 못한 외계인들이 지구인을 처벌하기 위해 쳐들어온다는 이야기도 인기가 있는 편이었다. 혹은 사람들이 개발하고 있는 수소 폭탄 같은 무기가 조금만 더 발전하면 외계인들에게도 위협이 될 수 있기 때문에 위험의 싹을 뽑기 위해 외계인들이 사람을 멸망시키러 온다는 이야기도 자주 보았다. 극단적으로는 외계인들의 이상한 습성 때문에 하여튼 그냥 침공한다고 하는 사례도 종종 눈에 뜨인다. 전쟁을 스포츠처럼 즐기는 사악한 외계인들이 그냥 생물이 사는 행성을 부수려고 한다는 식의 이야기도 따지고 보면 〈별 이유는 없지만 하여튼 외계인들은 지구를 공격하려고 한다〉는 생각에서 별로 멀지 않다.

나도 이런 이야기를 써본 적이 있다. 〈마음을 지닌 종족이 태어나서 온갖 번뇌와 고통을 겪으며 죽음을 두려워하는 것 자체가 나쁜 일인데 애초에 사람 같은 종족이 더 태어나지 않으면 그런 고통과 번뇌와 죽음도 없을 것이다〉라는 사상에 심취한 외계인 종족이 있다. 이 종족은 앞으로 전 우주에서 생명체가 더 이상 생겨나지 않는 것이 고통을 줄일 수 있는 최선의 방법이라 생각하고 우주의 모든 생명체의 씨를 말리고 다닌다. 이 소설도 이런

저런 말로 복잡하게 장식했을 뿐이지 생각하기에 따라서는 외계인들이 그냥 지구로 쳐들어온다는 이야기의 변형이라고 볼 만하다.

외계인이여, 난동을 부려라

이런저런 상황을 고려하다 보면, 외계인이 지구인을 일부러 공격한다기보다는 우연히 서로 충돌하게 된다는 발상이 좀 더 그럴듯하지 않은가 생각해 볼 수 있겠다. 그러니까 외계인이 우연히 지구에 떨어졌는데 딱히 지구인을 괴롭힐 생각은 없었지만 그냥 자연스러운 습성 때문에 지구인에게 폐를 끼치게 되고 그 때문에 서로 싸우는 일이 생길 수 있지 않겠냐는 것이다.

「지구 대 비행접시」와 마찬가지로 특수 효과 전문가인 레이 해리하우젠의 솜씨를 보여 주는 것이 주목적인 SF 영화로 「지구에서 2천만 마일 20 Million Miles to Earth」이라는 것이 있다. 이 영화에는 공룡 비슷하게 생긴 아주 커다란 외계인이 등장한다. 이 외계인은 딱히 지구인과 싸울 생각은 없지만 큰 덩치로 당황해서 이리저리 뛰어다니다 보니 지구인들이 피해를 입게 되고, 그러다 보니 서서히 싸울 수밖에 없게 된다는 식으로 이야기가 흘러간다. 심지어 이 영화의 외계인은 자기가 오고 싶어서 지구에 온 것 같지도 않다. 앞뒤 정황을 보면 다른 행성에 간 지구인 탐사대가 이 외계인을 우연찮게 지구로 데려오게 되었고, 어쩌다 보니 외계인이 지구에서 풀려난 것 같다.

그렇게 보면 외계인은 좀 불쌍해 보이기도 한다. 사실 이 영화의 후반부는 거대한 괴물이 도시에서 설치는 영화인 「킹콩」의 영향을 받았다. 그렇기 때문에 외계인을 보는 시선도 킹콩을 보는 시선과 비슷하다. 킹콩이 난폭하고 힘이 센 무서운 짐승인 것은 맞지만, 그냥 이 짐승을 붙잡아 오지 않고 정글에서 곱게 살도록 내버려 두었으면 이 난리는 나지 않았을 텐데 싶어서, 붙잡히고 쫓겨 다니는 킹콩이 좀 측은해 보이도록 연출되어 있다. 「지구에서 2천만 마일」도 마찬가지이다. 「킹콩」에서 킹콩이 뉴욕의 엠파이어 스테이트 빌딩 위에 올라가서 난동을 부리는 장면이 절정을 장식한다면, 「지구에서 2천만 마일」에서는 외계인이 로마의 콜로세움 위에 올라가서 난동을 부리는 장면이 절정이다.

요즘 영화로는 「클로버필드Cloverfield」 같은 영화도 비슷한 부류이다. 이 영화는 심지어 영화 속에 나오는 괴물의 정체가 무엇인지, 왜 나타났는지 명확히 밝혀 보여 주지도 않는다. 이 영화 속의 괴물은 덩치가 킹콩의 몇십 배는 될 만큼 커다란 짐승이고, 앞뒤 상황을 보면 지구 바깥 우주에서 온 것 같다. 우주선 사고와 비슷한 이유로 우연히 외계에서 살던 짐승이 지구에 떨어진 것이다. 마침 이 짐승의 크기가 어마어마한데 떨어진 장소는 대도시 근처이다 보니 짐승이 놀라서 부리는 난동 때문에 도시가 파괴되는 사연이라고 볼 만하다. 그렇게 난동을 부리니 지구인의

336

경찰과 군대는 짐승을 공격할 수밖에 없고, 그러니 짐승은 더 화가 나서 지구인을 공격한다.

이야기를 이렇게 엮어 간다면 지구를 공격하는 외계인을 딱히 사람과 비슷한 느낌으로 등장시킬 필요도 없을 것이다. 지능과 문화를 지닌 종족이 아니라 그냥 지구에서 행패를 부릴 수 있는 짐승 같은 것이면 이런 식의 충돌은 얼마든지 일어날 수 있다. 대표적으로 「에이리언Alien」에 나오는 외계 생명체는 다른 동물 속에 기생할 수 있고, 자라나면 육식 동물 같은 모습이 되는 괴상한 짐승이다. 이런 짐승은 지구인들 곁에 와서 그냥 습성대로 사는 것만으로 무시무시한 위협이 된다. 최근 영화로는 2017년 작 「라이프Life」도 비슷한 내용이다. 꿈틀거리며 돌아다니는 밥맛 떨어지게 생긴 외계의 생명체가 지구 생물을 먹으려고 하는 습성이 있기 때문에 사람들을 괴롭힌다는 내용이다.

그게 아니라면, 은밀히 강탈하라

이런 식으로 가면 「에이리언」처럼 대놓고 지구 생명체를 잡아먹으려고 날뛰는 생물이 아니라고 하더라도 그냥 자기 딴에는 평화롭게 원래대로 살려고 하는데 그게 지구의 사람들을 위협하는 습성이라서 문제가 된다는 생각도 해볼 수 있다.

1950년대 SF의 수작으로 꼽히는 1956년 작 「신체 강탈자의 침입Invasion of the Body Snatchers」은 식물 비슷한 느낌의 외계 생명체가 어쩌다 지구에 떨어진 후 그냥 평범하게 뿌리를 내리고 숫자를 불려 가는 이야기이다. 이 생명체는 다른 동물을 만나면 그 동물을 빨아먹고 복제하는 습성이 있다. 그래서 원래 사람은 없애 버리고 그 사람과 똑같은 행동을 하는 허수아비 같은 것을 만들어 낸다. 그러면서 사람들이 깨닫지 못하는 사이에 점차 사람과 똑같이 생긴 외계 생명체의 꼭두각시들이 사회에 퍼지게 된다. 이 영화에는 무섭게 입을 벌리고 물어뜯으려고 달려드는 맹수 같은 외계 짐승은 나오지 않지만, 그보다 더 은밀하고 무시무시하게 세계 각지로 퍼져 나가며 사람들을 해치는 위협적인 외계 생명체가 나온다.

여기에서 한 발 더 현실적인 쪽으로 몰고 가면, 우주 저편에서 날아온 보이지도 않을 정도의 미생물이 지구에 떨어져 문제를 일으킨다는 이야기를 상상해 볼 수도 있다. 어차피 외계인 이야기는 다 공상 속의 이야기지만, 이런 이야기는 조금 더 그럴듯해 보이는 느낌도 든다. 지구 생태계의 상황으로 미루어 짐작해 보면, 사람같이 지능을 가진 종족이나 커다란 맹수보다는 세균이나 곰팡이 같은 미생물이 훨씬 더 흔하고 다양하며 널리 퍼져 있기 때문이다.

지구에 사는 무서운 맹수로는 호랑이가 있는데, 전 세계에 사는 호랑이를 다 모아 본다고 해도 아마 1만 마리도 안 될 것이다. 그렇지만 당장 이 책을 읽고 있는 독자 여러분의 대장 속에 들어 있는 대장균의 숫자만 해도 백만 마리, 천만 마리는 족히 될 것이다. 세균은 피부 위에도 흙바닥에도 벽면에도 공기 중을 떠다니는 먼지에도 어디에나 있다. 대단히 많은 숫자가 다양하게도 곳곳에 퍼져 있다. 그러니 만약 우연히 미생물이 우주 저편에서 온다면 비슷한 상황이지 않을까? 그런 하찮은 미생물 형태의 외계 생명체가 흙먼지 같은 것에 묻어서 지구로 떨어질 가능성이 높다고 봐야 한다.

게다가 지구의 세균만 봐도 혹독한 우주 여행에서 살아남을 수 있는 것들이 있다. 세균 중에는 따로 밥도 주지 않고 공기가 별로 없더라도 바위틈 같은 곳에 숨어 가만히 있으면서 긴 세월 버틸 수 있는 것들이 있다. 그러니 이런 장면을 상상해 보자. 어느 먼 행성에서 살고 있는 외계의 세균이 우연히 화산 폭발이 일어났을 때 돌멩이에 붙어 우주로 튀어나온다. 그리고 그대로 우주 곳곳을 떠돌다가 2천 년 만에 지구로 날아온다. 이 외계에서 온 세균이 우연히 지구에 떨어질 때 지구 생명체의 몸에 들어가는 바람에 지금껏 지구에서는 단 한 번도 경험해 보지 못한 아주 낯선 병을 일으키게 된다면 어떨까? 그러면 외계의 이상한 세균이 지구에 득실거리며 퍼져 나가면서 지구 생명체를 몰살시키는 대혼란을 일으킬지도 모른다.

1958년 작 「블롭The Blob」이나 1982년작 「크립쇼Creepshow」에는 이런 소재가 나온다. 1971년 작 「안드로메다의 위기The Andromeda

Strain」는 지구의 바이러스와 비슷하지만 뭐라고 콕 집어 말할 수는 없는 괴상한 외계의 생명체 비슷한 물질이 전염병처럼 퍼져 나가며 사람들을 죽게 만든다는 이야기를 다루고 있다. 「안드로메다의 위기」에 나오는 외계의 침입자는 우주선을 타고 나타나 광선총을 쏘거나 건물을 부수고 다니는 무서운 모습이 아니라 현미경으로 확대해 보아야 간신히 그 흔적을 확인할 수 있는 아주 작은 형체이다.

작디작은 외계의 침입자

하늘을 뒤덮는 거대한 우주선을 타고 나타나 지구인에게 경고를 전하는 외계인보다 멋은 덜할지 모르겠다. 하지만 이런 외계에서 온 미생물에 대해서는 과학적으로 진지하게 문제가 제기된 적도 있다. 실제로 우주 개발이 시작되던 시기에 몇몇 학자들이 외계 미생물에 대비하는 몇 가지 방법을 고안했다. 그 때문에 최초로 달에 착륙한 아폴로 11호의 대원들은 지구로 돌아온 후에도 바로 사람들을 만나지 못했다. 그 대신 철로 된 통 속에 갇혀 며칠 동안이나 상태를 관찰당하며 격리되어 있어야 했다. 혹시라도 아폴로 11호 대원들의 몸에 지구 바깥에서 붙어 온 우주의 이상한 미생물이나 위험 물질이 있을지도 모른다고 생각했기 때문이다.

사실 지구도 우주의 일부인 만큼, 우주에서 지구로 여러 가지 물질들이 꾸준히 떨어진다. 사람들이 먼 옛날 철이라는 금속을 사용할 줄 모를 때 우주에서 떨어진 운석 속의 철 덩어리를 사용하면서 철을 다루는 방법을 익히기 시작했다는 학설도 있거니와, 먼 옛날 우주에서 떨어진 아미노산 같은 영양 성분이 지구에 최초로 생명체를 태어나게 했다는 추측도 관심을 끈 적이 있다. 먼 옛날 얼음덩어리가 붙은 혜성 같은 것들이 많이 떨어지는 바람에 지구에 물이 이렇게 많아지게 되었다는 설을 진지하게 받아들이는 학자들도 있다.

그렇게 보면 외계인이 지구에 왔는지 어땠는지는 모르겠지만, 외계에서 지구로 떨어진 물질이 지구에 생명이 생겨나는 데 도움이 되었다는 것은 사실일 가능성도 있다. 그리고 다행히도 실제로 외계에서 지구로 떨어진 것들을 돌아보면, 지구 생명체를 몰아내려는 악당들보다는 지구 생명체가 생겨나고 번성하는 데 도움이 되는 물질들이 더 많았던 듯하다.

적어도 아직까지는 그래 보인다.

▶

은하수를 여행하는 히치하이커를 위한 안내서
The Hitchhiker's Guide to the Galaxy
2005

우주선

1947년 6월 24일, 미국의 케네스 아널드Kenneth Arnold는 워싱턴주에서 하늘을 날아가는 이상한 물체를 보았다. 제2차 세계대전이 끝나고 서서히 외계인에 대한 관심이 높아 가던 미국인들 사이에서 케네스 아널드가 이상한 것을 보았다는 소식은 삽시간에 인기를 끌었다. 그가 본 것이 혹시 우주에서 온 외계인들의 우주선일지도 모른다고 생각한 것이다.

케네스 아널드는 자신이 본 모양에 대해 묘사하면서, 반달 모양이나 삼각형 모양과 비슷했다는 이야기를 했다. 그런데 납작하면서도 날렵하게 날아갔다는 그의 서술을 글로 표현하면서 한 신문 기자가 하늘을 날아가는 접시 같은 느낌이라는 뜻에서 〈비행접시flying saucer〉라는 말을 썼다. 접시가 날아다닌다니 해괴한 말이었다. 그리고 접시 같은 평범한 물체로 환상적인 외계인의 우주선을 묘사한다는 점도 특이했다. 아무래도 그랬기 때문에 사람들의 기억에 남기 쉬웠고, 인기를 끌기에 좋은 말이 되었던 것 아닌가 싶다. 비행접시라는 말은 곧 미국에서 굉장한 유행어가 되었다.

1950년대에 접어들어 외계인 이야기가 미국 사회에서 본격적으로 유행하기 시작한 후, 비행접시라는 말을 쓰는 사람들이 굉장히 많아졌다. 말을 그렇게 썼기 때문인지 〈나도 비행접시를 봤다〉라고 말하는 사람들도 계속 나타났다. 막상 케네스 아널드가 본 모양은 반달 모양, 삼각형 모양에 가까웠다고 하는데, 비행접시라는 말이 쓰이기 시작한 후에는 정말로 접시 모양처럼 생긴 외계인의 우주선을 보았다고 이야기하는 사람들이 자꾸 늘어났다.

나는 이것이 말이 먼저 뚜렷하게 자리 잡고 나면 사람의 인식과 기억도 무심코 그에 따라 바뀌어 버리는 현상의 좋은 예라고 생각한다. 좀 다른 이야기지만, 귀신이 자주 나오는 으슥한 산길에서 귀신을 보았다는 목격담들을 가만히 살펴보자. 귀신이 아니라 늘어진 나뭇가지라고 생각할 수도 있고, 바위 위에 펼쳐 놓은 기다란 천 조각이라고 해도 좋을 모양을 보고도 사람들은 머리를 길게 기른 여성 귀신을 보았다고 기억하는 경우가 많다.

조선 후기에 나온 『천예록(天倪錄)』을 보면, 이 시절만 하더라도 사람들 사이에 퍼진 이야기 속 귀신의 모습에서 남녀의 비율은 비슷비슷하며 오히려 남성 형상의 귀신이 좀 더 많았다. 그런데 20세기에 들어 영화와 TV에서 머리를 길게 기른 여성 귀신을 〈귀신 모양〉이라고 부르는 일이 많아졌다. 그 후 요즘 사람들이 귀신을 보았다고 하면 대다수는 바로 긴 머리 여성 귀신이 차지하게 되었다.

그런 이유였는지 어쨌는지 1950년대가 되자 비행접시를 보았다고 하는 사람들의 이야기 속에서 전형적인 비행접시 모양은 차차 굳어졌다.

왜 접시 모양인가

비행접시는 전체가 납작한 접시 둘을 맞붙여 놓은 듯한 모양인데, 그 중앙 부분은 더 도톰하게 아래위로 튀어나와 있다. 거의 공 모양에 가깝게 볼록하게 튀어나와 있는 모양으로 묘사하는 경우도 많다. 그리고 이 모습은 점점 더 널리 퍼졌다. 요즘 들어 인기가 좀 줄어들어서 그렇지 이런 모습은 한동안 외계인이 타고 다니는 우주선 모양의 기본으로 통했다. 만화에서 외계인이 지구에 나타나는 장면을 그릴 때도 흔히 비행접시를 그렸고, 1995년 경기도 가평에서 UFO를 사진으로 찍었다고 해서 유명해진 신문 기사를 보아도 그 모습은 다름 아닌 비행접시 모양에 가깝다.

당연히 SF 영화에서 우주선을 표현할 때도 비행접시 모양으로 나타내는 경우가 많았다. 아예 비행접시라는 말이 제목에 들어가 있는 영화도 나왔거니와, 그 외에도 외계인이 등장하는 여러 영화에는 비행접시가 흔히 등장했다. 하다못해 영화 사상 가장 못 만든 영화라는 별명으로 유명한 「외계로부터의 9호 계획」에서도 외계인들은 비행접시를 타고 다닌다. 뭔가 발전된 기술을 이용해 우주를 날아다닌다면, 비행접시를 이용하는 것이 그럴싸하게 어울린다고 생각하던 시절 아니었나 싶다.

SF 작가 듀나는 만약 정말로 사람들이 외계인이 탄 비행접시를 한두 번이라도 목격한 일이 있다면, 이것은 굉장히 재미있는 현상이라고 설명한 적이 있다. 외계인의 기계 디자인이 지구의 수많은 영화, 만화, 소설에 영향을 미쳤다고 볼 수 있기 때문이다. 만약 외계인들 중에 우주선 모양을 디자인하는 디자이너가 있다면, 비행접시 모양을 그대로 따라 해서 영화에 등장시킨 지구의 디자이너들은 그 외계인 디자이너의 디자인을 모방한 것이 된다.

따지고 보면, 굳이 우주선을 이렇게 동그랗고 납작한 모양으로 만들 이유는 별로 없어 보인다. 실제 우주선에서 사용하는 대부분의 장치들은 오히려 길쭉하게 배열되어야 하는 모양인 경우가 많다. 둥글넓적한 모양은 공기 속을 뚫고 빠르게 움직이기에는 불리해 보이기도 한다. 미사일처럼 길쭉하고 뾰족한 모양이나 비행기처럼 날렵하게 생긴 모양이 행성 안팎을 날아다니기에 더 자연스럽다는 생각이 든다.

그렇다면 한번 따져 보자. 아무리 외계인이라도 굳이 접시 모양으로 우주선을 만들 이유가 있을까? 외계인의 생각을 짐작하기란 어려운 일이지만, 그나마 원형으로 만들면 유리한 기술적인 이유를 몇 가지 상상해 볼 수는 있다.

예를 들어, 몇몇 SF에는 미래의 지구인들이 둥그런 도넛 모양이나 고리 모양으로 우주 정거장을 만들고, 그 커다란 우주 정거장을 뱅글뱅글 돌게 하는 장면이 나온다. 그렇게 하면 원심력 때문에 가장자리에 있는 사람은 중력을 느끼게 된다. 그러면 우주에서도 제멋대로 둥둥 떠다니지 않고 지구에 있는 것처럼 한쪽에 앉거나 서서 편리하게 지낼 수 있다. 그렇다면 비행접시도 사실은 뱅글뱅글 돌아가면서 가장자리에 타고 있는 외계인들에게 중력을 느끼게 하려고 그런 식으로 설계한 것일까?

나는 지구에서 쓰는 과학 실험 장치 중에 입자 가속기의 모양을 떠올려 볼 때도 있다. 입자 가속기는 아주 작은 물질을 주로 전기의 힘을 이용해서 굉장히 빠르게 날아가도록 쏘아 주는 장치이다. 지구의 과학자들은 지난 수십 년간 이 장치를 이용해서 엄청난 속도로 물질을 다른 물질에 충돌시키는 등의 수법으로 평소라면 관찰할 수 없는 기이한 현상을 일으키고, 이상한 물질을 새로 만들어 내곤 했다. 그런데 현대의 강력한 입자 가속기들은 원 모양으로 만들어 그 속에서 물질이 빙빙 돌게 하면서 작동시키는 경우가 많다.

혹시 둥그런 비행접시의 가장자리에 이렇게 동그랗게 생긴 입자 가속기가 설치되어 있다고 해보면 어떨까? 외계인들이 자신들의 우주선을 움직이기 위해서 아주 강력하고도 괴이한 물질을 만들어 내야 한다고 쳐보자. 그렇다면 바로 우주선에 설치된 입자 가속기에서 그 괴이한 물질을 만들어 내는 것이고, 입자 가속기의 모양이 둥그렇기 때문에 외계인 우주선의 모양도 둥그런 접시 모양이 된 것 아닐까?

이도 저도 아니면, 혹시 외계인들의 습성이 그렇게 원으로 된 우주선에 적합하기 때문일까? 접시 모양 우주선에 어울리는 신체 구조를 갖고 있다거나, 하다못해 그렇게 원 모양으로 된 공간에 들어가야 마음이 편안해져 진정한 휴식을 취할 수 있다든가 말이다.

꼭 접시 모양일 필요는 없다

1950년대 말에 세계 최초의 인공위성이 출현하고 1960년대로 접어들어 사람들이 만든 로켓과 우주선이 본격적으로 우주로 날아가는 시대가 시작되었다. 그러자 SF에 나오는 우주선의 모양도 점차 바뀌기 시작했다. 우주선이 달이나 금성으로 날아가는 시대에 신비로운 소문 속에 등장하는 비행접시의 모습만 나온다면 영화가 별로 실감 나지 않는다고 생각했던 것 같다. 그렇다 보니 영화 속 우주선의 모양은 조금씩 현실 속 사람들이 사용하는 기계를 닮아 가게 된다.

가장 쉽게 눈에 뜨이는 것은 1960년대에 시작된 「스타트렉」

시리즈에 나오는 우주선 엔터프라이즈호이다. 엔터프라이즈호는 앞부분이 1950년대에 유행한 비행접시 모양이고, 뒷부분에 1960년대 신문과 TV 뉴스에 실제로 등장했던 우주 로켓같이 생긴 엔진이 두 개쯤 달려 있다. 그 앞부분과 뒷부분은 연결 통로나 뼈대 비슷한 모양으로 서로 연결되어 있다. 즉 알 수 없는 소문 속에서 외계인의 우주선이라던 모습과 실제 기술자들이 개발한 지구의 우주선이 섞여 있는 모습이다.

비행접시가 유행하는 동안에도 꿋꿋이 현실적인 지구의 로켓 모양을 SF 영화에 등장시킨 사례가 없지는 않았다. 이런 영화에서는 당시 현실에서 찾아보기 쉬웠던 로켓의 모양을 그대로 크기만 키워서 우주를 날아다니는 로켓이라고 표현하곤 했다.

한국에서 로켓을 조종해 보고 싶다면, 로켓이나 우주선에 필요한 과학과 기술을 열심히 공부해서 한국 항공 우주 연구원에 취직하는 방법을 택할 수 있을 것이다. 그런데 뭐가 되었든 간에 하여튼 로켓을 조종하고 싶다면, 훨씬 더 쉽게 접근해 볼 방법이 하나 더 있다. 대한민국 육군에 입대해서 M72 LAW 같은 탱크 공격용 무기를 사용해 보는 것이다. 흔히 옛적에 〈바주카포〉라고 부르던 무기와 비슷한 계통인 이 무기는 어깨에 메고 목표를 조준한 뒤에 발사하면 거기서 조그마한 로켓이 발사되어 목표물을 맞힌다. 비록 우주로 날아가 외계 행성을 탐사하기 위한 로켓은 아니지만 그만해도 무척 성능이 좋은 로켓이다.

1950년대 SF 영화에 나오는 로켓 계통의 우주선들은 바주카 포 같은 데서 사용하던 로켓과 비슷한 모양인 경우가 많았다. 둥글고 길쭉한 모양인데 앞부분은 뾰족하고 뒷부분에는 작은 날개가 달려 있다. 오히려 요즘 육군에서 사용하는 로켓보다도 더 예스러운 모습이다. 1951년 작「세계가 충돌할 때When Worlds Collide」는 지구가 박살 날 위기에 처하게 되어 사람들이 동식물을 태운 거대한 우주선을 타고 우주로 나아가서 지구의 생명을 이어 갈 기회를 노린다는 내용이다. 그러니 이 영화에 나오는 우주선은 성경에 나오는 노아의 방주 역할을 하는 셈이다. 그런데 그 모양은 심심하게도 그냥 커다란 옛날 로켓과 비슷하다. 그나마 좀 특이한 것은, 로켓을 곧바로 쏘아 올리지 않고 기차 레일 같은 것 위에 올려서 비스듬히 오르막길을 따라가면서 하늘로 치솟게 하는 방식이라는 점이다.

우주를 여행하려면 다른 기술이 필요하다

1960년대 후반에 접어들면서 SF 영화에는 좀 더 기술적인 세부 사항을 반영한 우주선들이 나오게 되었다. 우주에서 먼 곳까지 빨리 가기 위해서는 단순한 로켓 말고 좀 더 새로운 기술을 써야 할 것 같은데, 그런 기술을 쓰기 위해서는 무슨 장치가 필요한가 생각했던 것이다. 그런 생각의 결과를 영화 속에 반영하는 경우가 왕왕 있었다.

대표적인 사례는 「2001: 스페이스 오디세이」이다. 이 영화에는 목성까지 가는 우주선이 나온다. 지구에서 목성까지 거리는 가까울 때도 6억 킬로미터 정도이다. 지구에서 달까지는 40만 킬로미터인데도 아폴로 11호는 3일 동안 날아갔다. 그렇게 생각하면 그 2천 배쯤 되는 거리인 목성은 너무나 멀어 보인다. 그 때문에 더 강력한 엔진이 있어야 한다고 생각했고, 당시 사람들은 꾸준히 강한 힘을 낼 수 있는 대표적인 기술인 원자력을 떠올렸다.

「2001: 스페이스 오디세이」의 우주선은 사람이 타고 있는 부분과 원자력을 이용해 우주선을 밀어 주는 장치가 있는 부분으로 나뉜다. 원자력 장치에서 사람 몸에 해로운 방사선이 나올 위험이 있으므로 사람이 타고 있는 부분과 최대한 떨어뜨려 놓았다. 그래서 이 영화 속 우주선은 기다란 뼈대 한쪽 끝에는 사람이 탄 앞부분이 있고 반대쪽 끝에는 원자력 장치가 달려 있는 모양이다. 기다란 꼬챙이 한쪽 끝에는 소시지를, 다른 쪽 끝에는 고기 조각을 꽂아 놓은 꼬치구이 비슷한 모습이라고 해도 되겠다.

이런 구조는 영화 속에 출연시킬 우주선을 그저 신기한 모습으로 만들어 보자고 막연히 그려 보거나, 멋있는 모양으로 꾸며 보자는 생각만 해서는 떠올리기 어렵다. 먼 우주로 날아가기 위해서는 어떤 기술이 필요할지 고민하고 궁리하는 가운데 나올 수 있는 색다른 모습이다. 영화 속 배경인 2001년 하고도 20년이 족히 지난 지금, 현실에서는 아쉽게도 이런 우주선은 개발되지 못했다. 우주선에 쓸 수 있는 작고 안전하고 사용하기 좋은 원자력 기술도 여전히 세상에 없다.

도리어 우주에서 원자력을 사용하는 것을 금지하는 여러 가지 국제 조약이 체결되고 그에 대한 규제 사항만 많아졌다. 아직도 세계 평화가 이루어지지 못했기에 여러 나라들이 혹시 누군가 원자력을 원자 폭탄 만드는 데 활용하지 않을까 하고 심각하게 걱정하고 있다. 그렇다 보니 사람들이 다양한 응용을 위해서 마음 놓고 원자력을 충분히 연구할 수가 없다. 그래서 예전에 사람들이 예상하던 것보다 원자력 기술은 너무 느리게 발전되고 있다. 지난 수십 년간 사람들이 게임을 하거나 놀기 위한 가전제품을 만드는 데 주로 사용하는 반도체 기술은 몇천 배, 몇만 배 수준으로 발전할 수 있었다. 하지만 평화를 이루지 못한 세상에서 원자력 기술의 성장은 훨씬 느렸다. 목성을 탐험하는 원자력 우주선을 개발해 내기는커녕, 발전소에서 사용하는 원자력 기술조차도 여전히 의심하는 사람들이 많은 세상이다.

그래도 여전히 낙관적인 사람들은 좀 더 과감한 기술을 SF 속에 담는다. 먼 우주를 여행하기 위해서는 아무래도 획기적인 기술이 필요해 보이기 때문이다.

세대 우주선을 타고 갈 데까지 가보자

우주는 너무 넓고 너무 크다. 당장 밤하늘을 올려다보면 수없이 많은 별이 보이는데, 우리 태양계에 있는 화성, 목성 같은 행성을 제외하면 가장 가까이에 있는 별이라고 해도 몇 광년은 떨어져 있다. 1광년은 무슨 수를 써도 뭔가 영향을 미치는 데 1년은 걸릴 수밖에 없다고 하는 거리이다. 킬로미터 단위로는 대략 9조 8천억 킬로미터에 해당한다. 지구에서 가장 가까운 별은 프록시마 켄타우리proxima centauri 라고 하는 별인데, 이 별까지 거리가 약 40조 킬로미터라고 한다. 40조 킬로미터면 시속 5백 킬로미터로 쉼 없이 줄기차게 간다고 해도 천만 년 가까이 가야 하는 거리이다.

한국군에서 널리 사용하는 K2 소총으로 총알을 쏘면, 총알이 1초에 920미터 정도를 날아간다고 한다. 총알같이 빠른 속도라고 하는 것은 그 정도의 속도이다. 그런데 총알같이 빠른 속도로 쉼 없이 날아간다고 해도 지구에서 가장 가까운 별이 있는 40조 킬로미터 거리를 날아가려면 백만 년이 넘게 걸린다. 그나마 이 것은 지구에서 가장 가까운 별인 프록시마 켄타우리까지 가는 데 걸리는 시간이다. 프록시마 켄타우리에 가봐도 별것 없을 가능성이 높다. 백만 년 동안 줄기차게 가본다고 해도 거기에 외계인이 살고 있는 재미난 행성이나 지구인들이 머물러 살 만큼 살기 좋은 행성이 있으리라는 보장은 전혀 없다. 그렇다면 지구의 모험가가 마음에 드는 목적지를 찾기 위해서는 몇 차례 더 여행을 해야 할지도 모른다.

그 정도로 먼 거리를 날아가려면 원자력 우주선 같은 초고속 우주선이 개발된다고 해도 여전히 몇천 년, 몇만 년 단위의 시간이 소요될 것이다. 무슨 수를 내야 한다.

이럴 때 한 가지 화끈한 방법을 떠올려 볼 수 있다. 까짓것 정말로 몇십만 년쯤 날아가 보자는 무식한 계획이다. 엄청나게 큰 우주선을 만들어서, 그 안에 논도 밭도 집도 도시도 커다란 마을도 만들어서 수백 명, 수천 명의 사람들이 같이 사는 것이다. 그렇게 자손 대대로 천 년이고 만 년이고 살다 보면, 언젠가는 우주선이 멀리 떨어진 별에 도착할 거라는 생각이다.

현재 우리와 같은 종족인 사람이라고 하는 동물은 30만 년 전쯤 아프리카 대륙 어디인가에서 탄생해 전 세계로 퍼져 나갔다고 한다. 만약 총알보다 서너 배 빨리 날아가는 우주선을 만들고, 그 우주선에 수천 명의 사람들이 자급자족하면서 살 수 있는 마을을 꾸며 놓았다고 쳐보자. 사람이 지금껏 살아온 역사만큼 시간이 흐르면 그 우주선을 타고 날아간 자손들이 프록시마 켄타우리에 도착할 수 있다.

이런 방식의 우주선을 대대손손 세대를 이어 가며 우주 여행을 하는 우주선이라고 해서 흔히 〈세대 우주선generation ship〉이라고 부르기도 한다. 「스타트렉」 시리즈를 보다 보면 주인공 일행이 이런 세대 우주선을 타고 자손 대대로 긴긴 여행을 다니고 있는 종족과 마주친다는 이야기가 나온다. SF 중에는 우주선을 타고 우주에서 몇천 년, 몇만 년씩 떠돌아다니다 보니, 사람들의 문화가 이상하게 바뀌어서 괴상한 풍습을 만들어 낸다든가, 자신들이 우주선을 타고 다닌다는 사실을 잊고 살게 된다든가, 그 우주선 속에서 자기들끼리 전쟁을 한다든가 하는 이야기도 자주 나오는 편이다.

세대 우주선과 비슷하지만 조금 다른 방식의 이야기도 있다. 자손들이 대대로 우주선 안에서 지내는 것이 아니라 한 사람을 냉동 보존하거나 잠을 아주 오래 재워서 굉장히 오랫동안 우주선에 가만히 있게 했다가 도착하면 깨운다는 방식이다. 이런 소재는 SF 영화에서 세대 우주선보다도 좀 더 자주 볼 수 있다.

초공간 도약

세대 우주선은 너무 엄청난 상상처럼 들리지만, 사실 현실적인 연구와 가까운 점이 있는 이야기이기도 하다. 멀지 않은 미래에 사람이 화성이나 목성까지 간다면 30만 년까지는 아니라고 해도 적어도 몇 달 정도는 우주선을 타고 가야 한다. 그렇다면 우주선 안에서 농작물을 기르고 물과 공기를 재활용해서 사용할수 있는 방법을 어느 정도는 개발해서 갖추어 놓는 편이 유리할것이다. 그렇게 해야 몇 달 동안 사용할 식량, 물, 공기를 모두 지구에서 싣고 가는 것보다 더 적은 비용으로 가볍게 떠날 수 있다. 실제로 이런 연구는 세계 각국에서 진행되고 있다.

물론 현실에서 연구되고 있는 화성 탐사선, 목성 탐사선은 우주선 안에 커다란 도시나 마을을 건설해 놓는 SF 영화 속의 세대 우주선보다는 훨씬 조그마한 크기이다. 최대한 혼자서도 오래 버틸 수 있도록 집, 헛간, 텃밭 정도를 갖춰 놓고 우주 저편으로 항해하는 느낌이라고 생각해 볼 수 있다.

한편 현실을 답답하게 여긴 SF 작가들은 뭔지 잘 알 수는 없지만 하여간 미래에는 완전히 새로운 기술이 나와서 훨씬 더 빨리 다닐 수 있다고 치고 이야기를 꾸미기도 한다. 그래야 주인공이 외계인들이 살고 있는 신기한 행성까지 단숨에 우주선을 타고 달려가는 내용을 집어넣을 수 있기 때문이다.

이런 이야기 속에서는 〈워프 warp〉라든가 〈초공간 도약 hyperspace jump〉 같은 뭔지 알 수 없는 미래의 기술을 이용해서 아주 먼 거리를 단번에 이동한다. 상대성 이론을 이용하면 시공간을 왜곡시켜 먼 거리를 짧게 줄여 이동할 수 있다고 하는 사람들이 있고, 〈웜홀 worm hole〉이라는 곳을 통과할 경우 먼 거리를 한순간에 이동할 수 있다는 식의 이야기도 있기는 하다. 그렇지만 도대체 무슨 장비를 써서 어떻게 그런 현상을 일으킬 수 있을지, 설령 그게 가능하다 한들 사람이 타고 있는 커다란 우주선에 어떻게 그런 현상을 적용할 수 있을지 고려해 보면 아직 현실에서는 먼 이야기인 것 같다.

그렇다 보니 아예 모든 것을 포기하고, 어차피 현실적으로 불가능하니 대놓고 뭐든 될 수 있다고 치고 이야기를 만들어 보자는 SF들도 있다. 대표적인 영화가 걸작 SF인 「은하수를 여행하는 히치하이커를 위한 안내서」이다. 여기에는 우주선을 먼 곳까지 보내 주는 장치로 〈무한 불가능 확률 추진기〉라는 것이 나온다. 이 장치는 실제 일어날 수 없을 만큼 아주 낮은 확률을 가진 일을 일어날 수 있게 해주는 장치인데, 그렇기 때문에 굉장히 먼 거리의 공간을 단숨에 이동한다는 불가능한 일을 가능하게 해준다.

여기에 대해서는 현대 물리학의 양자 이론에서 이야기하는 물체가 공간에서 발견될 확률에 관한 이야기와 연결해서 긴 설명을 덧붙여 볼 수도 있을 것이다. 그러나 한번 웃고 넘어가자고 이런 이야기를 쓴 작가의 의도에 비해 양자 이론에 대한 해설을 덧붙이는 것은 너무 멀리 가는 일이 될 듯싶다. 그러므로 SF 영화 속 우주선에 대한 이야기는 이즈음에서 끝내려고 한다.

부산행

Train to Busan
2016

좀비 생물학

고구려의 연개소문은 온 나라를 손아귀에 넣고 마음대로 휘두르던 철권 통치자였다. 그는 누구도 넘볼 수 없는 권세를 누리면서 일찌감치 자식들에게도 감투를 씌워 주었다. 그의 장남 연남생은 나이가 불과 아홉 살일 때 벼슬살이를 시작했다. 〈아홉 살짜리가 뭘 할 줄 안다고 벼슬을 줍니까?〉라고 감히 연개소문에게 따지는 사람은 아무도 없었던 것 같다. 그만큼 연개소문의 위세는 드높았다. 게다가 그는 병사를 훈련시키고 무기를 보급하는 일에도 재능이 있었다. 그러므로 고구려의 군사력은 강력했고, 주변 나라들의 공격을 잘 방어해 낼 수 있었다. 그런데 연개소문이 세상을 떠나자 바로 그 폐해가 나타나기 시작했다.

연개소문의 뒤를 이어받은 인물은 연남생이었는데, 워낙 무시무시한 정치를 펼친 아버지의 자식이다 보니 주변에 믿을 만한 동료나 부하가 별로 없었던 것 같다. 그래서 연남생은 지방에 내려갈 때 도성을 다스리고 반란을 방비하는 문제는 자기 형제인 연남건, 연남산 두 사람에게 맡겨 두었다.

그러나 결국 형제간에도 의심이 시작되었다. 누가 그 불화에 불을 붙였는지 객관적으로 따지기란 쉽지 않다. 연남건과 연남산은 형인 연남생이 워낙 무서운 사람이니 자기들이 작은 실수를 저지른 것을 캐물어 처벌할 거라고 두려워했던 것 같고, 반대로 연남생은 도성을 떠나 변방을 돌아다니며 나라를 점검하는 동안 연남건과 연남산이 힘을 모아 자기 뒤통수를 치고 반란을 일으키면 어쩌나 걱정했던 것 같다. 한번 형제간에 의심이 시작되니 그 의심은 분노로 바뀌었을 것이다. 〈어떻게 자기 동생들을 공격할 생각을 하나?〉 〈어떻게 자기 형을 배반하나?〉 결국 양쪽 다 공격당하기 전에 먼저 상대방을 습격하는 것이 살아남는 길이라고 생각하게 된다. 고구려 군대는 형인 연남생과 동생인 연남건, 연남산 편으로 나뉘어 자기들 안에서 서로 싸우게 된다.

초반에는 아무래도 도성을 장악하고 있던 동생 쪽 세력이 강했던 것 같다. 형인 연남생은 동생에게 몰려서 목숨을 잃을 것 같은 두려움에 휩싸였다. 연남생은 이대로 망할 바에야 외국 군대의 힘을 빌려서라도 이기면 목숨이라도 건질 수 있으리라고 생각한 것 같다. 연남생은 아버지 연개소문의 시대에는 원수처럼 싸웠던 신라와 당나라 연합군에 구원을 요청한다. 결국 역사에 잘 알려진 대로 이러한 고구려 내부 형제간의 싸움을 틈탄 신라와 당나라 연합군의 공격으로 서기 668년 고구려는 멸망해 버린다. 연남생은 자기 나라는 망해 버렸지만 하여튼 생각했던 대로 목숨을 건질 수 있었고, 여생은 당나라로 건너가서 벼슬을 하며 편히 살았다.

고구려와 아이티의 닮은꼴 역사

이번에 이야기해 볼 사연은 그렇게 고구려가 망하고 난 뒤에 벌어진 일과 비슷하다. 당시 신라와 당나라는 고구려를 공격할 때, 그 공격은 정당한 고구려의 지배자인 연남생을 배반하고 반란을 일으킨 연남건, 연남산 무리를 물리치기 위해 쳐들어간다는 말을 내세웠다. 그러니까 신라와 당나라 연합군은 반란을 진압하는 정당하고 합법적인 군대이고, 그 신라와 당나라 연합군에 맞서 싸우는 고구려군은 반란을 일으킨 무리 편을 드는 역적의 패거리라고 주장한 것이다. 바로 이런 주장 때문에 이들은 신라와 당나라 연합군에 맞서 싸운 고구려 군사들을 역적의 편을 든 반란군이나 범죄자로 취급할 수 있었다.

그리고 신라와 당나라 조정은 고구려를 멸망시킨 뒤에 자신들에게 맞섰던 고구려 사람들에게 죄를 묻고 벌을 내릴 수 있었다. 한반도에서 노예 제도가 완전히 사라지려면 그 후 1천3백 년 정도의 세월을 더 기다려야 했으므로, 사람을 노비 신세로 만드는 것은 어려운 일이 아니었다. 수많은 고구려 사람들이 졸지에 노비가 되어 신라 사람들과 당나라 사람들에게 팔려 버렸다. 가족 중에 한 사람이 죄를 지으면 나머지 가족들에게도 죄를 묻는 것이 일상적인 시대였기에 일가족이 모조리 노비가 되어 머나먼 중국까지 끌려간 사람들도 허다했을 것이다. 마을 하나, 도시 한 군데에 살던 사람들이 전부 노비가 되어 멀리멀리 끌려가는 일도 심심찮게 일어났을 거라고 나는 상상해 본다. 학자들마다 다르게 추산하지만, 이때 고구려 땅에서 외국으로 노비가 되어 끌려간 사람들의 숫자가 10만 명 수준을 상회할 것으로 보는 것이 보통이다.

여러 나라 사람들이 바로 이런 수법으로 다른 나라 사람들을 노예로 만들었다. 특히 대항해 시대 이후 유럽인들은 아프리카 대륙에 가서 곳곳에서 이런 수법으로 사람을 노예로 만들었다. 두 부족이 싸우고 있다면 그중에 한쪽을 편들어서 나머지 한쪽을 패배하게 한다. 패배한 쪽은 승리한 쪽에 덤볐다는 것 자체가 죄를 저지른 것이 되므로 그 죄는 처벌받아야 한다. 그러므로 패배한 쪽 사람들을 노예로 만드는 형벌을 내린다. 싸움에 참여한 유럽인들은 그 노예들을 잡아서 머나먼 나라에 팔아넘겨 버린다. 유럽 대륙 본토로 팔려 나간 아프리카인들도 많았고, 유럽인들이 새로 농사를 짓고 집을 짓느라 일손이 부족했던 아메리카 땅으로 팔려 나간 아프리카인들도 많았다.

그렇게 해서 유럽과 아메리카 대륙 곳곳에는 영문도 모르고 유럽인들에 의해 엉뚱하게 붙잡혀 와서 대대로 노예 생활을 하게 된 아프리카 사람들이 가득했다. 사탕수수와 커피 농사를 많이 짓던 아이티 지역도 마찬가지였다. 원래 아이티 지역에는 아메리카의 원주민들이 살고 있었으나, 18세기 무렵에 프랑스가 그 땅을 차지했다. 그 바람에 원래 살던 원주민들은 거의 전멸하여 맥이 끊어질 지경이었다.

그래서 일손이 부족해진 유럽인들은 아프리카인들을 대거 아이티로 데려와서 농사를 짓게 했다. 대부분은 물건처럼 사서 끌고 아프리카인들이었을 것이다. 그러면서 그들과 그들의 후손들은 그야말로 노예 신세에 시달리며 긴 세월 살아야 했다.

시간이 흐르자 노예 신세가 되어 머나먼 아메리카 대륙으로 끌려와 살던 아프리카인들은 바로 자신들의 손으로 일군 그 낯선 땅에 자신들만의 나라, 노예들의 손으로 건설한 나라를 세우기로 한다. 마침 프랑스에서는 자유, 평등, 박애를 내세우며 프랑스 대혁명이 이루어지고 있었다. 하지만 아이티에 살던 아프리카인들의 자유와 평등은 프랑스인들의 관심사가 아니었던 것 같다. 아이티에 살던 아프리카인의 후손들은 프랑스군과 긴 싸움을 벌여야 했다. 그리고 1804년, 마침내 독립을 이루어 자신들의 나라를 건설하는 데 성공했다.

부두교와 좀비

아이티는 이렇게 건설된 나라이다. 그렇다 보니 독특한 문화를 갖고 있었다. 원래 아이티에 끌려온 사람들이 갖고 있던 풍습인 서부 아프리카 계통의 문화를 갖고 있는가 하면, 서로 다른 여러 나라, 여러 부족 출신들의 문화가 아이티라는 새로운 땅에 모여 사는 사람들 사이에 이리저리 뒤섞이면서 다른 모습으로 발전하기도 했다. 그러면서 오랜 시간 프랑스인들의 지배를 받는 사이에 기독교 풍습이 더해졌던 것 같다. 그 모든 것이 아메리카 대륙이라는 새로운 지역, 새로운 환경에서 합쳐지며 더욱 새롭게 변해 갔다. 그 결과, 서부 아프리카 지역 어느 곳의 문화와도 같지 않지만 그렇다고 유럽 기독교 문화라고도 볼 수 없고 아메리카 원주민 문화는 더더욱 아닌 독특한 문화가 아이티라는 새로운 땅의 문화로 자라나게 되었다.

그렇게 생겨난 아이티 문화 중에 영화나 소설의 소재로 널리 알려진 것이 바로 〈부두voodoo〉라고 하는 종교 풍습이다. 종교의 형태를 띤 요소가 많아 〈부두교〉라고 부르기도 하는데, 비슷한 역사를 가진 아메리카 지역 곳곳에 널리 퍼져 있는 문화이다. 그래도 부두교 문화가 가장 선명하게 자리 잡고 있는 곳은 아이티 아닌가 싶다.

그리고 영화와 TV 시리즈를 통해 전 세계에 퍼져 있는 좀비 zombie 이야기 역시 바로 아이티의 부두교 문화에서 출발했다고 보는 것이 가장 옳은 대답이라고 생각한다.

좀비란 부두교 주술사들이 사람의 혼백을 빼앗아 시체로 만든 뒤에 그것을 마음대로 조종하는 주술을 쓸 때 그 희생자가 된 사람을 일컫는 말이었다. 그러니까 되살아난 시체라기보다는 주술사가 사람의 혼백을 없애 버리고 죽은 것 같은 육신을 조종하는 술법의 결과가 좀비였다는 이야기이다. 이게 원래 좀비를 가리키는 말이었다. 부두교 주술사들은 좀비들을 자기 마음대로 조종해서 무슨 일이든 하도록 부리고 노예로 활용했다.

좀비 이야기가 아이티 바깥으로 퍼져 나갔을 때도 원래는 이렇게 퍼져 나갔다. 전형적인 부두교의 좀비 이야기는 이런 식이다. 무서운 주술사가 있다. 그런데 어떤 사람이 주술사의 심기를 거슬리게 한다. 주술사는 그 사람에게 좀비의 주술을 건다. 그러자 그 사람은 시름시름 앓다가 죽게 된다. 사람들은 장례를 치르고 무덤을 만든다. 그런데 그 사람이 넋이 나간 모습으로 다시 일어난다. 사람들은 깜짝 놀란다. 그 사람은 혼백이 없어서 주술사가 하는 말이라면 무조건 복종하며 그대로 행한다. 주위 사람들은 그 사람이 좀비가 되었다고 말한다. 주술사는 좀비에게 일을 시켜서 잘 먹고 잘 살고, 가끔 화가 나면 좀비를 시켜 다른 사람을 공격하기도 한다.

이렇게 보면 좀비 이야기는 먼 나라로 끌려온 노예들이 건설한 아이티의 역사와 가까운 이야기라는 느낌도 든다.

요즘은 좀비 이야기라고 하면 지구 멸망 후의 황량한 세상을 배경으로 하는 것이 기본이다. 좀비에게 물리면 좀비가 되기 때문에 삽시간에 퍼져 나가는 무서운 전염병 이야기로도 널리 퍼져 있다. 그러나 처음 좀비 이야기가 퍼져 나갈 때는 그런 내용이 거의 없었다. 심지어 좀비가 사람을 공격하는 습성이 있다는 이야기도 나오지 않았다. 그보다는 멀쩡한 사람을 노예로 만드는 이야기, 사람의 자유를 빼앗은 지배자가 노예를 괴롭히는 이야기가 아이티에서 생겨난 원조 좀비 이야기의 중심 소재였다.

좀비는 어떻게 좀비가 되었나

좀비 이야기가 영화의 소재로 쓰이기 시작한 후에도 한동안은 이런 원조 좀비 이야기와 크게 다르지 않았다. 예를 들어, 초기 좀비 영화인 1932년 작 「화이트 좀비White Zombie」는 주술사가 노예를 얻기 위해 사람을 좀비로 만드는 사연을 핵심으로 삼고 있다. 1930년대 공포 영화계를 주름잡았던 명배우 벨라 루고시Bela Lugosi가 사람을 좀비로 만드는 주술사 역할을 맡았다. 그러므로 원래 좀비 영화는 SF와 별로 관계가 없었고, 드라큘라, 늑대 인간 같은 전설 속의 괴물이 나오는 공포 영화와 훨씬 가까웠다.

좀비에 대한 세상 사람들의 생각이 바뀌기 시작한 것은 한 편의 영화 때문이었다. 바로 조지 로메로George Romero가 감독을 맡은 1968년 작 「살아 있는 시체들의 밤Night of the Living Dead」이다. 저예산으로 별달리 대단한 배우도 기용하지 않고 모든 것을 아껴 가면서 시대에 뒤처지는 흑백 필름으로 만들었는데, 놀랍게도 이 영화는 호평을 받으며 굉장한 인기를 끌었다. 그리고 이 영화에 요즘 우리에게 친숙한 좀비의 모습이 등장한다. 전염병 비슷하게 자꾸만 좀비로 변하는 사람이 늘어나고 퍼져 나간다는 소재, 좀비들이 끝없이 사람을 공격하려는 내용, 살아남은 몇 안 되는 사람들이 수많은 좀비와 대적하며 겨우겨우 버틴다는 상황, 세상이 좀비로 뒤덮여 멸망할 것 같은 암울한 느낌……. 그 모든 것이 바로 이 영화에서 시작되었다.

정확히 따져 보자면 「살아 있는 시체들의 밤」은 원래 좀비 이야기보다는 리처드 매드슨Richard Matheson의 소설 『나는 전설이다I Am Legend』에서 더 영향을 받은 영화이다. 세계가 멸망할 정도로 모든 사람들이 전염병 비슷한 것에 걸려 무섭게 변해 버린 상황에서 혼자 남은 사람이 외롭게 버티는 이야기는 『나는 전설이다』의 핵심이다. 조지 로메로 감독 역시 자신이 『나는 전설이다』에서 받은 영향에 대해 이야기한 적이 있다.

다만 『나는 전설이다』에서는 주인공을 공격하는 무서운 사람들을 두고 좀비가 아니라 흡혈귀라고 부른다. 사실 전설만 보면 이게 좀 더 이치에 맞아 보이기도 한다. 흡혈귀에게 물리면 물린 사람도 흡혈귀로 변한다는 전설은 아주 유명한데, 이런 이야기라야 괴물이 전염병처럼 점점 늘어나는 상황에 걸맞다. 그리고 그래야 전염병이 전 세계에 퍼져서 문명이 멸망한다는 이야기로 이어질 수 있다. 옛날 아이티의 좀비 이야기에서는 악당 두목인 주술사를 물리치는 것이 핵심이 된다. 주술사 하나만 물리치면 좀비 문제는 해결된다. 그러나 『나는 전설이다』처럼 세상에 전염병 형태로 괴물들이 가득 퍼져 있다면 악당 두목만 물리쳐서 문제를 끝낼 수가 없다. 좀비 현상은 스멀스멀 계속 퍼져 나간다. 바로 그렇기 때문에 문명 전체의 몰락을 다룰 수 있다.

그렇지만 『나는 전설이다』의 흡혈귀와 「살아 있는 시체들의 밤」의 되살아난 시체를 비교해 보면 중요한 차이점 하나가 눈에 뜨인다. 『나는 전설이다』의 흡혈귀들은 나름대로 정신도 온전하고 말도 하고 생각도 하며 자신들만의 음침한 습성과 사상도 갖고 있다. 그렇지만 「살아 있는 시체들의 밤」의 되살아난 시체들은 그저 생각 없이 광기 어린 짐승처럼 사람을 공격하기 위해 움직일 뿐이다. 이런 점에서 「살아 있는 시체들의 밤」에 나오는 시체들은 원조 좀비와 닮은 면이 있다. 그리고 그 특징 때문에 알 수 없는 자연 재난 같고 전염병 같은 느낌은 더 강하게 살아난다. 죽음에 가까운 시체의 모습을 표현하기에도 더 어울린다.

처음 「살아 있는 시체들의 밤」이 나왔을 때는 영화 속에 나오는 되살아난 시체들을 좀비라고 부르지도 않았다. 이런저런 이유로 점차 사람들은 「살아 있는 시체들의 밤」과 비슷한 방식으로 나타나는 괴물을 좀비라고 부르게 되었다. 이후 「살아 있는 시체들의 밤」 속편들에서 좀비 영화가 보여 줄 수 있는 기본 소재들이 쏟아져 나오게 되었다. 결국 좀비 영화들은 하나로 묶일 수 있을 만한 틀을 갖추게 되었다.

좀비의 부활

1990년대에 이르러 좀비 영화는 유행이 잠시 사그라드는가 싶더니 2000년대 무렵부터 다시 하나둘 흥행에 성공해서 이어져 내려오게 되었다. 세기말, 세기 초에 지구 종말을 다루는 이야기가 유행한 것도 좀비 영화 부흥의 원인이었을 것이다. 한편으로는 컴퓨터 게임을 통해 좀비 이야기가 널리 퍼진 것도 한 가지 원인으로 꼽을 수 있지 않겠나 싶다.

컴퓨터 게임은 워낙 SF 소재를 자주 사용하는 매체이다 보니, 세계 멸망을 배경으로 하는 좀비 이야기는 활용하기가 좋았다. 한 명의 주인공이 수없이 많은 악당과 싸우는 컴퓨터 게임을 만든다면, 끝없이 몰려드는 좀비를 물리친다는 이야기가 무척 잘 어울리기도 했다. 사용자가 조종하는 컴퓨터 게임이 몇 시간씩 이어지려면 수백 명, 수천 명의 적을 계속 물리쳐야 하는데, 이럴 때 별 양심의 가책 없이 통쾌하게 처치할 수 있는 적은 악마, 외계인 군단이 보낸 괴물, 사람을 공격하려고 하는 로봇 따위이다. 이런 상황에서 사람과 비슷하지만 살아 있는 시체에 불과한 좀비는 악마나 괴물과 비슷한 점이 있다. 컴퓨터 게임에 적으로 등장시키기에 딱 어울린다. 지금도 휴대 전화로 조금만 검색하면 1시간 동안 수백 명, 수천 명의 좀비를 쓰러뜨리는 것이 목표인 게임을 금방 찾을 수 있다. 이런저런 이유로 2010년대에 들어서는 좀비 영화의 유행이 다시 탄탄하게 자리 잡게 된 것 같다.

조지 로메로 감독의 좀비 영화들이 일찌감치 개척했던 대로 이런 영화는 주로 문명이 무너진 이후의 시대를 다루면서 현대 문명을 풍자하는 장면을 같이 끼워 넣어 보여 준다. 끝없이 괴물이 몰려드는 절망적인 상황에서 사람들의 본성이 어떤 식으로 표출되는가 하는 내용을 집어넣어 감정을 이끌어 내기도 한다. 좀비와 싸우는 장면을 묘사하는 데 공을 들인 영화도 나왔고, 좀비의 습성이나 좀비와 대적하는 사람들을 보여 주면서 사회를 비판하는 영화도 나왔다. 좀비의 원인으로 생명 공학 기술의 오남용이나 환경 오염을 지목하거나, 사람을 좀비로 만드는 바이러스가 확산되는 과정의 면면에서 기술 발전의 어두운 면을 지적하는 이야기도 적지 않다. 한편으로는 엉뚱하게 이야기를 비틀어서 웃음을 유발하는 좀비 이야기라든가, 좀비 이야기에 어울리지 않는 소재나 시대를 뒤섞은 이야기도 나오게 되었다.

자연히 한국 영화 중에도 「부산행」 같은 좀비 영화가 등장했고, 성공을 거두게 되었다. 나는 내 소설을 영화로 만들고 싶다는 회사 분들을 만나면서 영화 제작사 분들을 몇 알게 되었다. 그중 많은 분들이 「부산행」이 성공을 거두기 전까지 한국에서 좀비 영화가 그렇게 성공할지 몰랐다고 말씀해 주셨다. 깜짝 놀랐다고 하는 분도 본 적이 있다. 개중에는 좀비 영화이기는 하지만 한국적인 느낌과 한국에서 만든 이야기의 개성을 잘 녹여 넣어서 그렇게 성공한 것 아니겠냐고 그 성공을 분석하는 분도 계셨다.

그렇지만 나는 「부산행」이 특별히 한국적인 요소가 중요하게 작용해서 성공한 영화라고 생각하지는 않는다. 그냥 세계 어느 나라 기준으로 보건 재미있게 볼 수 있는 좀비 영화였기 때문에 성공했다고 생각한다. 좀비 영화가 유행으로 튼튼하게 자리 잡은 분위기 속에서 또 하나 새롭고 특색 있는 좀비 영화를 잘 만들어 낸 결과가 「부산행」이었다는 뜻이다. 대자본이 투입된 「부산행」이 큰 성공을 거두기 전부터 한국에서는 좀비를 다룬 공포 소설, SF물들이 조금씩 나오고 있었다. 게임 분야에서도 좀비나 좀비 비슷한 등장인물이 여기저기에 나왔다. 그러니 좀비가 애초에 한국과 절대 어울릴 수 없는 소재였다고는 생각하지 않는다.

좀비가 나타날 수 있을까?

만약 앞으로 세상이 계속 변해 나간다면 언젠가 영화 속 좀비 같은 것이 정말로 나타날 수 있을까?

일단 부두교에 나오는 원조 좀비에 관해서는 널리 퍼져 있는 설명이 있다. 아마 과거의 부두교 주술사들은 동물의 독을 뽑아서 사람의 뇌를 망가뜨릴 수 있는 독약을 만들었을 것이다. 신경을 마비시키기로 유명한 복어 독 같은 것을 잘 이용한다면 그런 독약을 만드는 것은 불가능하지 않다. 주술사들은 희생자가 그 독을 흡수하도록 했을 것이다. 그러면 독약에 중독된 희생자는 몸이 마비된다. 만약 호흡이나 맥박을 아주 미약하게 만들 수 있을 정도로 강력한 독약이었다면, 주변 사람들에게는 꼭 그 희생자가 죽어서 시체가 된 것처럼 보였을 것이다. 그러다 며칠이 지나 독이 풀릴 때 즈음이 되면 시체가 되었던 사람은 깨어나서 움직일 수 있게 된다. 주위 사람들은 시체가 되살아났다고 놀랐을 것이다. 한편 희생자는 독약에 중독되었기 때문에 뇌나 신경이 이미 상당히 파괴된 상태이다. 깨어나기는 했지만 정상적으로 생각하거나 판단하지 못하고 느릿느릿 잠자는 듯이 이상하게 움직일 것이다. 주술사는 그런 상태를 이용해서 희생자에게 명령을 내린다. 그 모습을 보고 사람들은 희생자가 좀비로 변했다고 생각한다.

1960년대 「살아 있는 시체들의 밤」 이후에 나온 영화 속에서는 좀비 현상의 원인을 대개 바이러스 감염으로 그린다. SF 느낌으로 좀비 이야기를 생생하게 다룬 소설이자 영화로도 제작된 『세계 대전 Z *World War Z*』 역시 바이러스 감염을 좀비 현상의 원인으로 보고 있다.

실제로 바이러스 중에는 사람의 뇌와 신경계를 공격하여 사람의 행동을 괴상하게 바꾸는 것들이 있다. 그 사람이 다른 사람을 물었을 때 침에 있던 바이러스가 건너가서 다른 사람을 전염시키기도 한다. 광견병이라고도 하는 공수병 바이러스가 여기에 해당한다. 공수병 바이러스에 감염되면 뇌가 손상되어 격렬한 분노를 느끼고 주변을 공격하고 싶어서 이성을 잃을 정도가 되기도 한다. 한편 바이러스는 사람의 침 속에도 나타나기 때문에 격분한 환자가 날뛰다가 다른 사람을 물게 되면 그 상처로 침 속의 바이러스가 전해진다. 결국 그 사람도 공수병 바이러스에 감염될 가능성이 생긴다.

그렇다면 앞으로 새로운 바이러스가 등장하는 와중에 정말로 무서운 바이러스가 나온다면 사람을 좀비처럼 만들고 뇌를 파괴해서 세상 사람 모두가 서로 공격하도록 만드는 일이 생길 수도 있지 않을까?

나는 이 역시 큰 걱정거리는 아니라고 생각한다. 공수병 바이러스는 무서운 병을 일으키지만 이미 130년도 전에 루이 파스퇴르Louis Pasteur가 백신을 개발해 냈다. 게다가 우리는 이미 전 세계에 퍼져 세상을 괴롭힌 바이러스와 몇 차례 싸워 본 경험이 있다.

또한 아무리 바이러스에 감염된 좀비라고 하더라도 에너지원 없이 움직일 수는 없을 것이다. 사람들이 문을 걸어 잠그고 외부와 차단한 채로 자가 격리를 하면서 2주일 정도만 버틴다면 좀비는 먹을 것이 없어서 전멸할 것이다. 만일 바이러스에 어떤 신비한 힘이 있어서 먹지 않아도 좀비를 영원히 움직이게 할 수 있다면, 학자들은 좀비를 붙잡아 그 바이러스에서 영원한 에너지를 뽑아낸 뒤 세계의 에너지 문제를 해결하는 원동력으로 활용해 버릴 것이다.

나는 이 팍팍한 세상에서 어떻게든 살아 보겠다고 오늘도 애쓰고 있는 우리의 과학 기술인들은 그러고도 남을 사람들이라고 생각한다.

다시 보기를 시작하시겠습니까?

좀비는 어떻게 좀비가 되었나

아이티의 부두교

유럽인들에게 강제로 끌려와 노예 생활을 하게 된 아프리카인들이 아이티를 건설했다. 그리하여 아이티에는 여러 문화가 뒤섞인 부두교 풍습이 생겨난다. 좀비는 부두교 주술사들이 사람의 혼백을 빼앗은 뒤에 마음대로 조종할 때 그 희생자가 된 사람을 가리킨다. 1932년 작「화이트 좀비」에서 원조 좀비의 모습을 확인할 수 있다.

되살아난 시체

조지 로메로 감독의 1968년 작「살아 있는 시체들의 밤」에 우리에게 친숙한 좀비의 모습이 등장한다. 전염병처럼 번지면서 자꾸 좀비로 변하는 사람들, 끝없이 사람을 공격하는 좀비들, 몇 안 되는 사람들이 겨우겨우 버티는 상황, 세상이 멸망할 것 같은 느낌은 모두 이 영화에서 시작되었다.

세기말 군단

좀비 유행은 잠시 사그라들다가 세기말에 다시 확산되었다. 현대 문명을 비판하는 내용을 끼워 넣고, 끝없이 좀비 떼가 몰려드는 장면을 보여 주면서 세기말의 암울한 분위기를 전달할 수 있었다. 한 명의 주인공이 좀비 군단에 맞서 싸운다는 설정으로 컴퓨터 게임에 활용되기도 했다.

바이러스 감염

바이러스 감염은 흔히 좀비 현상의 원인으로 지목된다. 실제로 공수병 바이러스는 타액에 있던 바이러스가 건너가 다른 사람을 전염시키기도 한다. 여기에 감염되면 뇌가 손상되어 이성을 잃고 주변 사람들을 공격하게 된다. 영화「월드워 Z」는 바이러스 감염으로 좀비가 된 사람들을 보여 준다.

SF를 보고 읽고 만들기 위한 목록

- 본문에 언급된 영화, TV 시리즈, 도서 등 목록이다.
- 영화와 TV 시리즈, 게임, 노래는 발표 연도를 기준으로 작성했다.
- 시리즈가 언급된 경우, 각각의 편명을 정리했다.

영화

「가메라」, 유아사 노리아키, 1965

「가타카」, 앤드루 니콜, 1997

「갤럭시 퀘스트」, 딘 패리소, 1999

「고스트버스터즈」, 아이번 라이트먼, 1984

「고지라」, 혼다 이시로, 1954

「공포의 보수」, 앙리 조르주 클루조, 1953

「괴물」, 봉준호, 2006

「그래비티」, 알폰소 쿠아론, 2013

「내츄럴 시티」, 민병천, 2003

「놈은 바닷속으로부터 왔다」, 로버트 고든, 1955

「다이하드」, 존 맥티어넌, 1988

「다이하드 3」, 존 맥티어넌, 1995

「대괴수 용가리」, 김기덕, 1967

「대열차 강도」, 에드윈 S. 포터, 1903

「더 록」, 마이클 베이, 1996

「뎀」, 고든 더글러스, 1954

「돈에 눌려 죽은 사나이」, 심우섭, 1971

「돌아오지 않는 해병」, 이만희, 1963

「듄」, 드니 빌뇌브, 2021

「라이프」, 다니엘 에스피노사, 2017

「라비린스」, 짐 헨슨, 1986

「러닝맨」, 폴 마이클 글레이저, 1987

「로건의 탈출」, 마이클 앤더슨, 1976

「로보캅」, 파울 페르후번, 1987

「로보트 태권 V」, 김청기, 1976

「로봇 괴물」, 필 터커, 1953

「막을 올려라」, 피터 보그다노비치, 1992

「매트릭스」, 라나 워쇼스키, 릴리 워쇼스키, 1999

「맨 인 블랙」, 배리 소넌펠드, 1997~2019

「무성 영화」, 멜 브룩스, 1976

「블롭」, 어빈 예워스, 러셀 도튼, 1958

「미션 임파서블」, 브라이언 드 팔마, 1996

「미지와의 조우」, 스티븐 스필버그, 1977

「바이센테니얼 맨」, 크리스 콜럼버스, 1999

「반도」, 연상호, 2020

「봄날은 간다」, 허진호, 2001

「부산행」, 연상호, 2016

「분노의 13번가」, 존 카펜터, 1976

「블레이드 러너」, 리들리 스콧, 1982

「사랑의 은하수」, 자노 슈와르크, 1980

「사이코」, 앨프리드 히치콕, 1960

「살아 있는 시체들의 밤」, 조지 로메로, 1968

「살인 나비를 쫓는 여자」, 김기영, 1978

「설국열차」, 봉준호, 2013

「성냥팔이 소녀의 재림」, 장선우, 2002

「세계가 충돌할 때」, 루돌프 마테, 1951

「소일렌트 그린」, 리처드 플라이셔, 1973

「쉬리」, 강제규, 1999

「스타맨」, 존 카펜터, 1984

「스페이스볼」, 멜 브룩스, 1987

「스피드」, 얀 더본트, 1994

「승리호」, 조성희, 2021

「식스 센스」, M. 나이트 샤말란, 1999

「신체 강탈자의 침입」, 돈 시겔, 1956

「심연」, 제임스 캐머런, 1989

「십계」, 세실 B. 데밀, 1923

「아바타」, 제임스 캐머런, 2009

「아이언맨」, 존 패브로, 2008

「아쿠아맨」, 제임스 완, 2018

「안드로메다의 위기」, 로버트 와이즈, 1971

「에이리언」, 리들리 스콧, 1979

「엑설런트 어드벤처」, 스티븐 헤렉, 1989

「엑스맨」, 브라이언 싱어, 2000

「엘리시움」, 닐 블롬캠프, 2013

「여인의 음모」, 테리 길리엄, 1985

「영 프랑켄슈타인」, 멜 브룩스, 1974

「영구와 땡칠이」, 남기남, 1989

「예스터데이」, 정윤수, 2002

「오스틴 파워: 제로」, 제이 로치, 1997

「옥자」, 봉준호, 2017

「외계로부터의 9호 계획」, 에드워드 D. 우드 주니어, 1958

「외계에서 온 우뢰매」, 김청기, 1986

「우주 전쟁」, 스티븐 스필버그, 2005

「우주괴인 왕마귀」, 권혁진, 1967

「월드워 Z」, 마크 포스터, 2013

「은하수를 여행하는 히치하이커를 위한 안내서」, 거스 제닝스, 2005

「이색지대」, 마이클 크라이턴, 1973

「인디펜던스 데이」, 롤란트 에메리히, 1996

「인크레더블 헐크」, 루이 르테리에, 2008

「인터스텔라」, 크리스토퍼 놀런, 2014

「제5도살장」, 조지 로이 힐, 1972

「쥬라기 공원」, 스티븐 스필버그, 1993

「지구 대 비행접시」, 프레드 F. 시어스, 1956

「지구가 멈추는 날」, 스콧 데릭슨, 2008

「지구에서 2천만 마일」, 나단 수런, 1957

「최후의 스타파이터」, 닉 캐슬, 1984

「캐빈 인 더 우즈」, 드루 고더드, 2012

「코드명 J」, 로버트 롱고, 1995

「콘택트」, 로버트 저메키스, 1997

「콜로서스」, 조지프 사전트, 1970

「크립쇼」, 조지 로메로, 1982

「클로버필드」, 맷 리브스, 2008

「킹콩」, 메리안 C. 쿠퍼, 에르네스트 B. 쇼드삭, 1933

「토르: 천둥의 신」, 케네스 브래너, 2011

「토탈리콜」, 파울 페르후번, 1990

「투명 인간」, 김기충, 1986

「트랜스포머」, 마이클 베이, 2007

「트론」, 스티븐 리스버거, 1982

「파리 대탈출」, 제라드 우리, 1966

「프랑켄슈타인」, 제임스 웨일, 1931

「프리잭」, 제프 머피, 1992

「플라이」, 데이비드 크로넌버그, 1986

「플래시 고든」, 프레더릭 스테파니, 1936

「현기증」, 앨프리드 히치콕, 1958

「화성인 지구 정복」, 존 카펜터, 1988

「화씨 451」, 프랑수아 트뤼포, 1970

「화이트 좀비」, 빅터 핼퍼린, 1932

「희생」, 안드레이 타르콥스키, 1986

「007 두 번 산다」, 루이스 길버트, 1967

「12 몽키즈」, 테리 길리엄, 1995

「2001: 스페이스 오디세이」, 스탠리 큐브릭, 1968

「50피트 우먼」, 네이선 주런, 1958

「8월의 크리스마스」, 허진호, 1998

「E. T.」, 스티븐 스필버그, 1982

〈다크 나이트〉 시리즈

「배트맨 비긴즈」, 크리스토퍼 놀런, 2005

「다크 나이트」, 크리스토퍼 놀런, 2008

「다크 나이트 라이즈」, 크리스토퍼 놀런, 2012

〈백 투 더 퓨처〉 시리즈

「백 투 더 퓨처」, 로버트 저메키스, 1985

「백 투 더 퓨처 2」, 로버트 저메키스, 1989

「백 투 더 퓨처 3」, 로버트 저메키스, 1990

〈슈퍼맨〉 시리즈

「슈퍼맨」, 리처드 도너, 1978

「슈퍼맨 2」, 리처드 레스터, 1980

「슈퍼맨 3」, 리처드 레스터, 1983

「슈퍼맨 4: 최강의 적」, 시드니 J. 퓨리, 1987

〈스타쉽 트루퍼스〉 시리즈

「스타쉽 트루퍼스」, 폴 버호벤, 1997

「스타쉽 트루퍼스 2」, 필 티페트, 2004

「스타쉽 트루퍼스 3」, 에드워드 노이마이어, 2008

〈스타워즈〉 시리즈

「스타워즈 에피소드 4: 새로운 희망」, 조지 루커스, 1977

「스타워즈 에피소드 5: 제국의 역습」, 어빈 커슈너, 1980

「스타워즈 에피소드 6: 제다이의 귀환」, 리처드 마퀀드, 1983

「스타워즈 에피소드 1: 보이지 않는 위험」, 조지 루커스, 1999

「스타워즈 에피소드 2: 클론의 습격」, 조지 루커스, 2002

「스타워즈 에피소드 3: 시스의 복수」, 조지 루커스, 2005

「스타워즈: 깨어난 포스」, J. J. 에이브럼스, 2015

「로그 원: 스타워즈 스토리」, 개러스 에드워즈, 2016

「스타워즈: 라스트 제다이」, 라이언 존슨, 2017

「한 솔로: 스타워즈 스토리」, 론 하워드, 2018

「스타워즈: 라이즈 오브 스카이워커」, J. J. 에이브럼스, 2019

〈인디아나 존스〉 시리즈

「레이더스」, 스티븐 스필버그, 1981

「인디아나 존스: 미궁의 사원」, 스티븐 스필버그, 1984

「인디아나 존스: 최후의 성전」, 스티븐 스필버그, 1989

「인디아나 존스: 크리스탈 해골의 왕국」, 스티븐 스필버그, 2008

〈터미네이터〉 시리즈

「터미네이터 1」, 제임스 캐머런, 1984

「터미네이터 2: 심판의 날」, 제임스 캐머런, 1991

「터미네이터 3: 라이즈 오브 더 머신」, 조너선 모스토, 2003

「터미네이터: 미래 전쟁의 시작」, 맥지, 2009

「터미네이터 제니시스」, 앨런 테일러, 2015

「터미네이터: 다크 페이트」, 팀 밀러, 2019

〈혹성 탈출〉 시리즈

「혹성 탈출」, 프랭클린 섀프너, 1968

「혹성 탈출: 지하 도시의 음모」, 테드 포스트, 1970

「혹성 탈출: 제3의 인류」, 돈 테일러, 1971

「혹성 탈출: 노예들의 반란」, J. 리 톰슨, 1972

「혹성 탈출: 최후의 생존자」, J. 리 톰슨, 1973

「혹성 탈출」, 팀 버튼, 2001

「혹성 탈출: 진화의 시작」, 루퍼트 와이엇, 2011

「혹성 탈출: 반격의 서막」, 맷 리브스, 2014

「혹성 탈출: 종의 전쟁」, 맷 리브스, 2017

TV 시리즈

「러브, 데스+로봇」, 넷플릭스, 2019~

「릭 앤 모티」, Adult Swim, 2013~

「맥가이버」, ABC, 1985~1992

「미스터리 과학 극장 3000」, KTMA-TV, 1988~1999

「비밀의 숲」, tvN, 2017

「스파르타쿠스」, Starz, 2010~2013

「시네마 천국」, EBS, 1994~2014

「심슨 가족」, FOX, 1989~

「제3의 눈」, ABC, 1995~2002

「조선 왕조 5백 년」, MBC, 1983~1990

「테마게임」, MBC, 1995~1999

「퓨처라마」, FOX, 1999~

「형사 콜롬보」, NBC, 1968~2003

「환상여행」, KBS, 1999

「환상특급」, CBS, 1959~2020

「2020년 우주의 원더키디」, KBS, 1989

「V」, NBC, 1983~1985

「X 파일」, FOX, 1993~

「스타트렉」 시리즈

「스타트렉: 디 오리지널 시리즈」, NBC, 1966~1969

「스타트렉: 넥스트 제너레이션」, Syndication, 1987~1994

「스타트렉: 딥 스페이스 나인」, Syndication, 1993~1999

「스타트렉: 보이저」, UPN, 1995~2001

「스타트렉: 엔터프라이즈」, UPN, 2001~2005

「스타트렉: 디스커버리」, CBS, Paramount+, 2017~

「스타트렉: 피카드」, CBS, Paramount+, 2020~

장편소설

『구운몽』, 김만중, 민음사, 2003

『나는 전설이다』, 리처드 매드슨, 조영학 옮김, 황금가지, 2005

『듄 신장판 1~6』, 프랭크 허버트, 김승욱 옮김, 황금가지, 2021

『레 미제라블 1~5』, 빅토르 위고, 정기수 옮김, 민음사, 2012

『비좁아! 비좁아!』, 해리 해리슨, Penguin UK, 1967

『세계 대전 Z』, 맥스 브룩스, 박산호 옮김, 황금가지, 2008

『심청전』, 작자 미상, 장철문 옮김, 창비, 2003

『전우치전』, 작자 미상, 김남일 옮김, 창비, 2006

『춘향전』, 작자 미상, 송성욱 옮김, 민음사, 2004

『R. U. R.』, 카렐 차페크, 유선비 옮김, 이음, 2020

〈셜록 홈스〉 시리즈

『셜록 홈스 전집 1: 주홍색 연구』, 아서 코넌 도일, 백영미 옮김, 황금가지, 2002

『셜록 홈스 전집 2: 네 사람의 서명』, 아서 코넌 도일, 백영미 옮김, 황금가지, 2002

『셜록 홈스 전집 3: 바스커빌 가문의 개』, 아서 코넌 도일, 백영미 옮김, 황금가지, 2002

『셜록 홈스 전집 4: 공포의 계곡』, 아서 코넌 도일, 백영미 옮김, 황금가지, 2002

『셜록 홈스 전집 5: 셜록 홈스의 모험』, 아서 코넌 도일, 백영미 옮김, 황금가지, 2002

『셜록 홈스 전집 6: 셜록 홈스의 회상록』, 아서 코넌 도일, 백영미 옮김, 황금가지, 2002

『셜록 홈스 전집 7: 셜록 홈스의 귀환』, 아서 코넌 도일, 백영미 옮김, 황금가지, 2002

『셜록 홈스 전집 8: 홈스의 마지막 인사』, 아서 코넌 도일, 백영미 옮김, 황금가지, 2002

『셜록 홈스 전집 9: 셜록 홈스의 사건집』, 아서 코넌 도일, 백영미 옮김, 황금가지, 2002

소설집

「동백꽃」, 김유정, 유인순 엮음, 『동백꽃: 김유정 단편선』 수록, 문학과지성사, 2005

「성전」, 아서 클라크, 고호관 옮김, 『아서 클라크 단편 전집 1960~1999』 수록, 황금가지, 2009

「소나기」, 황순원, 『소나기』 수록, 맑은소리, 2010

『금오신화』, 김시습, 이지하 옮김, 민음사, 2009

인문·철학

『교감역주 천예록』, 임방, 정환국 옮김, 성균관대학교출판부, 2005

『장자』, 장자, 오강남 옮김, 현암사, 1999

『방법 서설』, 르네 데카르트, 이현복 옮김, 문예출판사, 2019

『인구론』, 토머스 로버트 맬서스, 이서행 옮김, 동서문화사, 2016

만화

『별빛 속에 1~8』, 강경옥, 애니북스, 2005

게임

「1942」, 캡콤, 1984

노래

「흥부가」, 작자 미상, 신재효본, 1969

지은이 **곽재식** SF 소설가이자 숭실사이버대학교 환경안전공학과 교수. 2006년 단편소설 「토끼의 아리아」가 MBC 「베스트극장」에서 영상화되면서 본격적인 집필 활동을 시작했다. 『빵 좋아하는 악당들의 행성』, 『가장 무서운 예언 사건』, 『신라 공주 해적전』, 『지상 최대의 내기』 등 다수의 소설을 발표했다. 또한 SF적 상상력이 결합된 논픽션 『한국 괴물 백과』, 『지구는 괜찮아, 우리가 문제지』, 『휴가 갈 땐, 주기율표』 등을 썼다.

2000년대 초반부터 영화에 관한 글을 공개해 왔다. 그중에서 SF 영화와 특이한 옛 영화, 한국 영화의 고전과 TV 시리즈에 관한 글이 널리 알려지면서 한국 영상 자료원 유튜브 채널과 정기 간행물 기고를 통해서도 대중과 만나 왔다. 신문과 방송에서 과학 지식으로 사회 현상을 해석하는 필진과 패널로도 활약하고 있다.

채널을 돌리다가

발행일 **2022년 4월 30일 초판 1쇄**

지은이 **곽재식**
발행인 **홍예빈·홍유진**
발행처 **주식회사 열린책들**

경기도 파주시 문발로 253 파주출판도시
전화 031-955-4000 팩스 031-955-4004
www.openbooks.co.kr